D1735654

PRÜFUNGS-
KLAUSUREN

7 Original-Klausurarbeiten

mit Lösungen

aus der

Steuerberater- und

Steuerinspektoren-Prüfung

Band 2000

efv ERICH FLEISCHER VERLAG

ISBN 3-8168-5041-3

© 2000 Erich Fleischer Verlag, Achim bei Bremen.

Gesamtherstellung: H.M. Hauschild GmbH, Bremen

Vorwort

Der Band „Prüfungsklausuren mit Lösungen" erscheint mit dieser Auflage im 30. Jahr. Er enthält eine Zusammenstellung der drei bundeseinheitlichen Klausuren aus der Steuerberater-Prüfung 1999/2000 und von vier Original-Klausuren aus der Steuerinspektoren-Prüfung 1999.

Um dem Leser die Orientierung zu erleichtern, wurden den einzelnen Klausuren die jeweils enthaltenen Problemstellungen schlagwortartig vorangestellt. Auf diese Weise wird neben der vollständigen Klausurlösung auch eine selektive Bearbeitung einzelner Fragestellungen ermöglicht. Wie auch bei den bisherigen Bänden sind die Aufgaben nach der Prüfungs-art (Steuerberater/Steuerinspektor) gekennzeichnet. Die Lösungen befin-den sich im zweiten Teil des Bandes, vom Aufgabenteil durch ein farbiges Zwischenblatt getrennt. Bei diesen Lösungen handelt es sich nicht um sog. Musterlösungen, sondern vielmehr um Lösungsvorschläge; dabei ist davon auszugehen, dass auf die einzelnen Probleme in der vorgegebenen Bearbeitungszeit nicht mit der Ausführlichkeit des Lösungsvorschlages ein-gegangen werden kann.

Neben der inhaltlichen Auseinandersetzung mit dem umfangreichen Prüfungsstoff ist es die Intention der „Prüfungsklausuren mit Lösungen", Informationen über die übliche Form sowie den Aufbau von Prüfungs-arbeiten und möglichen Lösungen zu vermitteln. Diese für den Prüfungs-erfolg notwendigen Kenntnisse können mit den noch erhältlichen Bänden der Vorjahre sinnvoll ergänzt werden.

Wir hoffen, dass auch dieser Band wieder dazu beiträgt, Kenntnislücken zu schließen und die erforderliche Routine bei der Bearbeitung von Klausuren zu schaffen. Wir wünschen allen Prüfungskandidaten ein erfolgreiches Examen.

Achim, im März 2000

ERICH FLEISCHER VERLAG

Inhalt

---

* Erste Seitenzahl = Aufgabe; zweite Seitenzahl = Lösung

Voranmeldungszeitraum – Tausch mit Baraufgabe – Beförde-
rungslieferung – Abzugsverfahren gem. § 18 Abs. 8 UStG –
Umsatzsteuer – Option – Nebenleistungen – selbstständige Teilleistungen – nicht steuerbare Tätigkeit eines Hoheitsbetriebes –
Vorsteuerberichtigung gem. § 15 a UStG – Organschaftsverhältnis – Versendungslieferung – Kommissionsgeschäft gem. § 3
Abs. 3 UStG – Mindest-Bemessungsgrundlage – Überlassung
von Standard-Software – Urheberrechte – Private PKW-Nutzung – Unfallkosten – Aufwendungs-Eigenverbrauch

Anfechtung eines Grundlagenbescheides – Zahlungsverjährung – Erstattungsanspruch – Antrag auf Aufhebung der Vollziehung – Aussetzung von Amts wegen – Klageart – Klagefrist –
sachliche und örtliche Zulässigkeit einer Klage – Frist und Form
einer Klage – Telefax – Gegenstand des Klagebegehrens – Vorverfahren – Beschwerde – Ausschlussfrist – Festsetzungsverjährung – Begründetheit der Klage – Klageänderung – Erweiterung der Anfechtungsklage – Originalvollmacht – Wiedereinsetzung – Steuerhinterziehung – Strafverfolgungsverjährung –
straflose Vorbereitungshandlungen – Wirksamkeit einer Selbstanzeige – Sperrgründe – Auskunftsverweigerungsrechte – Festsetzung von Hinterziehungszinsen – Erlass eines Bescheides
während Klageverfahren – Sprungklage

Teil I: Einkommensteuer

Einkünfte aus selbstständiger Arbeit – Gründung einer GmbH –
Vorgesellschaft – verdeckte Sachgründung – Betriebsaufgabe –
Aufgabegewinn – Geschäftsführer-Anstellungsvertrag – Rückwirkungsverbot – Überstundenvergütungen – verdeckte Gewinnausschüttungen – Rente wg. berufsbedingter Mindereinnahmen – Ausschüttungen aus Eigenkapital i. S. d. § 30 Abs. 2
Nr. 4 KStG – Aktienkaufoptionen – Veräußerung einer wesentlichen Beteiligung – Veräußerungsverlust – sonstige Einkünfte –
Schadenersatzrente – Schmerzensgeldrente – Spekulationsgewinn – Schuldzinsenabzug – ausschüttungsbedingte Verringe-

---

* Erste Seitenzahl = Aufgabe; zweite Seitenzahl = Lösung

rung eines Veräußerungsgewinns – außergewöhnliche Belastungen – anzurechnende Steuerabzugsbeträge

Teil II: Körperschaftsteuer

Gesellschafter-Geschäftsführer – Gewinntantieme – verdeckte
Gewinnausschüttung – Rückwirkungsverbot – Bilanzkorrektur –
Festsetzungsverjährung – dauernde Wertminderung – Teilwertabschreibung – Herstellung der Ausschüttungsbelastung – Forderungsverzicht – nahe stehende Person – verdeckte Einlage –
werthaltige Restforderung – verbilligtes Gesellschafterdarlehen
– Verzicht auf Nutzungsentgelt als Einlage – Mantelkauf – Verschmelzung – rechtliche und wirtschaftliche Identität – Verlustabzug – Rückgängigmachung einer verdeckten Gewinnausschüttung – Satzungsklausel – korrigierter Gewinn – Gliederung
des verwendbaren Eigenkapitals

Aufgabe 6: Buchführung und Bilanzwesen

Gründung einer Kommanditgesellschaft – Einbringung von
Wirtschaftsgütern in Personengesellschaft – tauschähnlicher
Vorgang – Einlage einer wesentlichen Beteiligung – Einbringung eines ganzen Betriebs – negative Ergänzungsbilanz –
Betriebsgrundstück – notwendiges Sonderbetriebsvermögen –
niedrigerer Teilwert – Warenbestand – Vermögensverlust durch
Feuerschaden – AfaA – geleistete Anzahlungen – teilentgeltlicher Erwerb eines Grundstücks – Rückstellung wg. Patentrechtsverletzung – Prozesskosten – verdeckte Einlage –
Abstandszahlung an Pächter – Abbruchkosten als Anschaffungskosten – Tausch mit Baraufgabe – verdeckte Gewinnausschüttung – Vorsteuerabzug

Aufgabe 7: Verfahrensrecht und andere Steuerrechtsgebiete

Teil I: Abgabenordnung und Finanzgerichtsordnung

Nichterfassung von Warenverkäufen – Hinterziehung gem.
§ 370 AO – Steuerverkürzung – Vorsatz – Steuergefährdung –
Berichtigung eines ESt-Bescheides – Festsetzungsverjährung –
nachträglich bekannt gewordene Tatsache – grobes Verschul-

9

den – Einspruch – Drei-Tage-Regelung (§ 122 AO) – Einspruchsfrist – Zulässigkeit einer Klage – Klagefrist – Inhalt der Klage – Verpflichtungsklage – ähnliche offenbare Unrichtigkeit – Änderung eines Steuerbescheides

Teil II: Umsatzsteuer

Unternehmereigenschaft – GbR – Bruchteilsgemeinschaft – Vermittlung von Lebensversicherungen – sonstige Leistung – offener Steuerausweis – Nutzungsüberlassung – Mehrfamilienhaus – Vermietungsleistung – Option – Teilleistungen – Zuordnungswahlrecht – steuerbarer Eigenverbrauch – unentgeltliche Leistung nach § 3 Abs. 9 a Nr. 1 UStG – Vorsteuerabzug – steuerfreie Umsätze – Vorsteueraufteilung – Vorsteuerkorrektur – Lieferung eines Grundstücks – Ausfuhrlieferungen – Ausfuhrnachweis – Nullregelung – Abzugsverfahren – steuerpflichtige Werklieferung – Lieferung eines PKW – private PKW-Nutzung – 1 v. H.-Methode

Teil III: Erbschaftsteuer und Schenkungsteuer

Testament – Grundstücke – Kapitalbeteiligung – Bargeld – Bankguthaben – Aktien – Hausrat – Vermächtnis – testamentarische Rentenverpflichtung – Nachlassverbindlichkeiten – Erblasserschulden – Erbfallschulden – Geldvermächtnis – Sachvermächtnis – Beerdigungskosten – Berücksichtigung früherer Erwerbe – Steuerentlastungsbetrag nach § 19 a ErbStG – steuerpflichtiger Erwerb

Aufgabe 1: Steuern vom Einkommen und Ertrag

Prüfungsklausur für die Steuerinspektoren-Prüfung 1999

(Lösung Seite 73)

GmbH & Co. KG – Anteile an Komplementär-GmbH als Sonderbetriebsvermögen – Sonderbetriebseinnahmen – Ergänzungsbilanz – Mehrwerte – Geschäftsführergehalt – Auslagenersatz – Pensionszusage – Pensionsrückstellung – Gewinnverteilung – ausgleichsfähiger Verlust nach § 15 a EStG – Erbauseinandersetzung – Abfindungszahlung – teilentgeltlicher Erwerb – selbst genutzte Wohnung – Gesamtrechtsnachfolge – Miteigentumsanteil – Grundstückserwerb gegen dauernde Last – Veräußerung einer wesentlichen Beteiligung gegen Leibrente – Sofortversteuerung – laufende Versteuerung – Spekulationseinkünfte – Sonderausgaben – Vorsorgeaufwendungen – Aufwendungen für Haushaltshilfe – Behinderten-Pauschbetrag – Pflege-Pauschbetrag

Bearbeitungszeit: 5 Stunden

Hilfsmittel: Steuergesetze und Steuerrichtlinien

A. Sachverhalt

1. Persönliche Verhältnisse

Matthias Greiner (M), geboren am 25. 07. 1954, und Franziska (F), geboren am 09. 11. 1956, wohnen in Ludwigsburg. Die seit 1978 verheirateten Eheleute leben im gesetzlichen Güterstand. Aus der Ehe sind zwei Kinder hervorgegangen.

– **Jasmin** (J), geboren am 15. 06. 1979, besuchte bis Mitte Juli 1998 ein Gymnasium in Ludwigsburg und studiert seit 28. 10. 1998 in Tübingen. Die tägliche Fahrt zum Studienort war ihr bald zu lästig. Deshalb mietete sie ab Mitte November 1998 in Tübingen eine Wohnung. Seither besucht sie ihre Eltern nur noch gelegentlich an Wochenenden und in den Semesterferien. Bis einschließlich Oktober erhielt J von ihren Eltern ein monatliches Taschengeld von 100 DM. Seit November 1998 erhält sie monatlich 700 DM, außerdem bezahlen die Eltern die Miete von 400 DM für die Wohnung in Tübingen.

Die eigenen Einnahmen der J setzen sich lt. Lohnsteuerkarte wie folgt zusammen:

– Aushilfslohn in den Monaten Juli und August 1998: à 2.000 DM = 4.000 DM
– Aushilfslohn von September – Dezember: à 500 DM = 2.000 DM

Ferner erhält sie Zuschüsse nach dem BAFöG ab November 1998 i. H. von monatlich 300 DM, die aus Versehen erst Anfang 1999 ausbezahlt wurden.

– **Thomas** (T), geboren am 14. 03. 1984, ist seit seiner Geburt schwerstkörperbehindert (Grad der Behinderung 100, Merkmal „H" im Behindertenausweis) und bedarf deshalb in erheblichem Umfang fremder Hilfe.
Aus diesem Grund beschäftigen M und F seit Jahren eine rentenversicherte Haushaltshilfe, deren Tätigkeit auch die Betreuung des Kindes
umfasst. Die Aufwendungen für die Haushaltshilfe (Arbeitslohn, Sozialversicherungsbeiträge) haben 1998 monatlich 2.500 DM betragen, davon
entfallen auf die Pflege und Betreuung von T monatlich 500 DM.

Für beide Kinder erhielten M und F während des ganzen Kalenderjahres
Kindergeld i. H. von 220 DM monatlich. (Gehen Sie davon aus, dass die
Gewährung von Kinderfreibeträgen nicht günstiger wäre.)

2. Einkünfte des M

2.1 Firma X-GmbH & Co. KG

Die X-GmbH & Co. KG (künftig: KG) betreibt in Ludwigsburg eine Groß-
und Einzelhandlung mit Metallwaren. An der KG sind beteiligt:

– als **Komplementär**

X-GmbH – ohne kapitalmäßige Beteiligung –

– als **Kommanditisten**

Matthias Greiner (M) mit 70 v. H.;   Festkapital 350.000 DM
Klaus Hauser (H) mit 30 v. H.;   Festkapital 150.000 DM

Die GmbH erhält neben einem Ersatz ihrer Auslagen einen Anteil von –
angemessen – 5 v. H. vom Gewinn für das Haftungsrisiko. Am Verlust ist
sie nicht beteiligt.

M und H sind am verbleibenden Gewinn sowie am Verlust und den stillen
Reserven entsprechend ihrer Beteiligung mit 70 : 30 beteiligt. Die Gewinne
der Vorjahre wurden von den Gesellschaftern stets nach der Bilanzfeststellung entnommen, sodass außer den beiden Festkapitalkonten kein weiteres Kapitalkonto vorhanden ist. Die Steuerbilanz der KG entspricht im
Übrigen der Handelsbilanz. Für 1998 erklärte die KG einen Verlust von
800.000 DM.

Folgende Geschäftsvorfälle sind auf ihre Richtigkeit zu überprüfen:

2.1.1 Anteil an der GmbH

Das Stammkapital der GmbH beträgt 50.000 DM. Alleingesellschafter der
GmbH war bis zum 31. 12. 1997 Klaus Kaiser (K). Mit Wirkung vom 01. 01.
1998 hat M diesen Anteil für 100.000 DM erworben. Die Finanzierung
erfolgte aus eigenen Mitteln.

Die GmbH betreibt keinen eigenen Geschäftsbetrieb. Ihr Wirtschaftsjahr entspricht dem Kalenderjahr. Für 1997 hat sie 2.800 DM (einschließlich Kapitalertragsteuer und Solidaritätszuschlag) im April 1998 an M ausgeschüttet, der die Ausschüttung privat vereinnahmte.

2.1.2 Anteil an der KG

Ebenfalls mit Wirkung vom 01. 01. 1998 hat M den Kommanditanteil des K für 500.000 DM erworben. Den das Festkapitalkonto übersteigenden Betrag von 150.000 DM hat M in einer Ergänzungsbilanz zum 01. 01. 1998 zutreffend wie folgt aktiviert:

Mehrwert Grund und Boden	30.000 DM
Mehrwert Gebäude	50.000 DM
Mehrwert Maschine	40.000 DM
Mehrwert Firmenwert	30.000 DM

Die Restnutzungsdauer des Gebäudes (Baujahr 1984) beträgt noch 60 Jahre, für die Maschine noch 8 Jahre. In der Bilanz der KG wird das Gebäude mit 2 v. H. von 600.000 DM (Restbuchwert 480.000 DM) und die Maschine degressiv mit 30 v. H. abgeschrieben (Restbuchwert 49.000 DM).

Die Ergänzungsbilanz zum 31. 12. 1998 enthält dieselben Beträge wie die Ergänzungsbilanz zum 01. 01. 1998.

2.1.3 Finanzierung Kaufpreis

Zur Bestreitung des Kaufpreises von 500.000 DM nahm M ein Darlehen von 300.000 DM auf. Die 1998 entstandenen und bezahlten Zinsen betrugen 27.000 DM. Eine Tilgung erfolgte 1998 noch nicht. M behandelte das Darlehen und die Zinsen als privaten Vorgang.

2.1.4 Geschäftsführergehalt

Geschäftsführerin der KG ist die GmbH. Sie erhält dafür von der KG aufgrund eines schuldrechtlichen Vertrags den Ersatz ihrer Auslagen i. H. von 115.000 DM (Gehalt 100.000 DM, gesetzlich soziale Aufwendungen 15.000 DM). Dieser Betrag ist in der Buchführung der KG als Aufwand und in der Buchführung der GmbH als Ertrag erfasst. Geschäftsführer der GmbH ist M, der damit für die GmbH die Geschäftsführung der KG übernimmt. Das Gehalt des M beträgt 100.000 DM brutto. Nach Abzug von je 15.000 DM Lohnsteuer und Sozialversicherungsbeiträge wurden ihm 70.000 DM überwiesen. Die GmbH minderte ihren Gewinn um diesen Lohnaufwand.

2.1.5 Pensionszusage

Die GmbH erteilte ihrem Geschäftsführer M bereits im Januar 1998 eine dem Grunde und der Höhe nach nicht zu beanstandende Pensionszusage, deren versicherungsmathematischer Barwert am 31. 12. 1998 30.000 DM beträgt, und bildete in ihrer Bilanz eine Pensionsrückstellung in dieser Höhe. Auch dafür erhielt sie von der KG einen Ersatz i. H. von 30.000 DM, der als Aufwand bei der KG und als Ertrag bei der GmbH erfasst ist. Die Voraussetzungen des § 6 a Abs. 1 und 2 EStG sind erfüllt.

2.2 Erbschaft, Erbauseinandersetzung

Am 30. 03. 1998 ist der Vater des M gestorben. Erben sind M und sein Bruder je zur Hälfte. Der Nachlass setzt sich wie folgt zusammen:

– Zweifamilienhaus, Wert 1.000.000 DM, davon Grund und Boden 200.000 DM
– GmbH-Anteil, Wert   200.000 DM
– Barvermögen   100.000 DM
– Restdarlehen für Zweifamilienhaus 400.000 DM

Von Anfang an war den Erben klar, dass M das Zweifamilienhaus erhalten soll, dafür das Darlehen übernimmt und der Bruder das übrige Vermögen (GmbH-Anteil und Barvermögen) erhält. Wegen der unterschiedlichen Höhe des zugewiesenen Vermögens einigten sich die beiden auf eine Ausgleichszahlung des M von 150.000 DM. Die Erbauseinandersetzung erfolgte am 15. 07. 1998. Die Vereinbarung enthielt auch die Regelung, dass die Einnahmen aus dem übernommenen Vermögen von Anfang an (= 30. 03. 1998) dem Übernehmer zustehen und Ausgaben von ihm zu tragen sind.

Das Zweifamilienhaus (Baujahr 1994) hatte der Verstorbene im August 1996 für 800.000 DM einschließlich Nebenkosten erworben (davon Anteil Grund und Boden 200.000 DM). Die größere Wohnung (150 qm) nutzte der Vater bis zu seinem Tode zu eigenen Wohnzwecken, die kleinere Wohnung (50 qm) ist langfristig für monatlich 600 DM vermietet. Der Mieter überwies die Miete jeweils pünktlich am 01. eines Monats, ab April auf ein Konto des M.

M ist am 15. 05. 1998 mit seiner Familie in die größere Wohnung eingezogen. Vor dem Einzug hat er diese Wohnung für 3.000 DM neu tapezieren lassen. Folgende Kosten, die das gesamte Grundstück betreffen, sind 1998 von M bezahlt worden:

– laufende Kosten (ab April 1998)   4.000 DM
– Schuldzinsen monatlich   2.500 DM

Die Belastung des Girokontos erfolgte jeweils am letzten Tag eines Monats. Die Abbuchung für März 1998 erfolgte am 31. 03. noch auf dem Girokonto des verstorbenen Vaters.

Anmerkung:

- M und F haben bisher weder § 10 e EStG noch § 7 b EStG in Anspruch genommen, noch eine Eigenheimzulage erhalten.
- Die Einkunftsgrenze des § 5 EigZulG ist **nicht** überschritten.
- Der Vater des M hat wegen Objektverbrauchs für dieses Objekt keine Eigenheimzulage erhalten.

2.3 Erwerb Grundstück

Mit Wirkung vom 01. 07. 1998 erwarb M von seinem Onkel (geboren am 18. 10. 1923) das bisher von diesem zu eigenen Wohnzwecken genutzte Einfamilienhaus (Baujahr 1930). Als Kaufpreis wurde eine lebenslange monatliche Zahlung i. H. von 5.000 DM vereinbart (Kapitalwert nach Anlage 9 zum BewG 378.600 DM [= Verkehrswert], davon Anteil Grund und Boden 20 v. H.). Der Kaufvertrag sieht vor, dass die laufenden Zahlungen gem. § 323 ZPO verändert werden können. Die Nebenkosten des Kaufvertrags übernahm der Onkel des M. Ab 01. 08. 1998 vermietete M das Gebäude für monatlich 1.000 DM. Die laufenden Grundstückskosten haben ab Juli 1998 monatlich 300 DM betragen und wurden von M in 1998 bezahlt.

Zahlungsbeginn für die Rente war der 01. 07. 1998.

3. Einkünfte der F

3.1 Einkünfte aus selbstständiger Arbeit

Die nicht zu beanstandenden Einkünfte der F aus ihrer Architektentätigkeit haben 1998 550.000 DM betragen.

3.2 Veräußerung GmbH-Anteile

Zum Privatvermögen der F gehört ein 30%iger Anteil an der Y-GmbH (Anschaffung 1995 für 80.000 DM) und ein 20%iger Anteil an der Z-GmbH (Anschaffung im Dezember 1997 für 40.000 DM + Nebenkosten 1.200 DM). F veräußerte diese Anteile am 25. 05. 1998. Den Anteil an der Y-GmbH veräußerte sie für eine lebenslängliche monatliche Rente von 750 DM ab Juni 1998 (Kapitalwert nach Anlage 9 zum BewG 137.043 DM). In diesem Betrag ist unstreitig der auf 1997 entfallende, aber noch nicht ausgeschüttete anteilige Gewinn von 15.000 DM enthalten. Den Anteil an der Z-GmbH veräußerte sie für 60.000 DM. Der Kaufpreis war in 10 Monatsraten à 6.000 DM zu entrichten, erstmals am 10. 06. 1998. Die Z-GmbH schüttete für 1997 keinen Gewinn aus.

4. Sonderausgaben

Als Sonderausgaben machen M und F für 1998 geltend:

– Arbeitnehmeranteil zur Sozialversicherung des M	15.000 DM
– Krankenversicherung F	6.000 DM

B. Aufgabe

1. Ermitteln Sie den gesondert und einheitlich festzustellenden Gewinn (Verlust) 1998 der X-GmbH & Co. KG und die Gewinnanteile (Verlustanteile) der Gesellschafter.

2. Berechnen Sie das zu versteuernde Einkommen 1998 der Eheleute Matthias und Franziska Greiner und geben Sie Veranlagungsart und Tarif an. Gehen Sie auch darauf ein, ob die Eheleute zu Recht Kindergeld erhalten haben. Eventuelle Wahlrechte bei der Ermittlung der Einkünfte sollen so ausgeübt werden, dass sich möglichst niedrige Einkünfte ergeben. Auf § 9 a Satz 1 Nr. 2 EStG ist nicht einzugehen.

3. Steuerliche Vergünstigungen und Steuerermäßigungen sind im größtmöglichen Umfang zu gewähren und in der Lösung darzustellen. Erforderliche Anträge gelten als gestellt.

4. Prüfen Sie, ob und ggf. in welcher Höhe eine Eigenheimzulage nach dem Eigenheimzulagengesetz zu gewähren ist.

5. Begründen Sie Ihre Lösungen unter Hinweis auf gesetzliche Vorschriften und Verwaltungsanweisungen. Soweit nach Ihrer Auffassung keine ertragsteuerlichen Auswirkungen eintreten, ist gutachtlich zu beurteilen.

Aufgabe 2: Bilanzsteuerrecht

Prüfungsklausur für die Steuerinspektoren-Prüfung 1999

(Lösung Seite 86)

Handelsbilanz – Steuerbilanz – Bp-Bilanz – Rückstellung für unterlassene Instandhaltung – ungewisse Verbindlichkeit – öffentlich-rechtliche Verpflichtungen – aktivierungspflichtiges WG – Betriebsvorrichtung – Gesamtgewinn einer KG – notwendiges Sonderbetriebsvermögen – Sonderbetriebseinnahmen – Veräußerung eines GmbH-Anteils – § 6 b-Rücklage – Geschäftsführergehalt – Einbringung eines Einzelunternehmens in eine Personengesellschaft – Wahlrecht gem. § 24 Abs. 2 UmwStG – Buchwerte – Teilwerte – negative Ergänzungsbilanzen – Grunderwerbsteuer – Firmenwert – Abschreibungen – nach § 34 EStG begünstigter Veräußerungsgewinn

Bearbeitungszeit: 5 Stunden

Hilfsmittel: Steuergesetze und Steuerrichtlinien
                      HGB

Vorbemerkungen für alle Teile der Arbeit:

Alle Personen sind unbeschränkt steuerpflichtig.

Bilanzstichtag ist in allen Fällen der 31. 12. (Wirtschaftsjahr = Kalenderjahr).

Es werden – soweit möglich – Einheitsbilanzen (Handelsbilanz = Steuerbilanz) aufgestellt.

Die Jahresabschlüsse werden immer im Mai des Folgejahres erstellt.

Es wird in jedem Jahr der niedrigste Gewinn im Rahmen der rechtlichen Möglichkeiten gewünscht. Sonderabschreibungen sind nicht vorzunehmen.

Bereits erteilte Steuerbescheide stehen unter dem Vorbehalt der Nachprüfung.

Die Umsätze werden nach vereinbarten Entgelten versteuert. Es besteht die Berechtigung zum vollen Vorsteuerabzug.

Beträge sind auf volle DM zugunsten der Steuerpflichtigen zu runden.

Auf Auswirkungen bei der Gewerbesteuer und beim Solidaritätszuschlag ist nicht einzugehen.

Teil 1

Sachverhalt

Die Firma Rein & Weiß GmbH (GmbH) produziert Waschmittel und säurehaltige Lösungsmittel. Im Rahmen einer Betriebsprüfung (Bp) für die Jahre

1995 bis 1998 hat der Betriebsprüfer die folgenden Feststellungen getroffen.

1. Im November 1995 ist bei der Produktion eines Lösungsmittels ein Brand ausgebrochen. Durch den Brand ist an der Produktionshalle ein nachhaltiger Schaden wegen Zerstörung eines Teils der Halle i. H. von 200.000 DM entstanden.

Die Halle wurde im Januar 1991 für insgesamt 1,2 Millionen DM hergestellt und gem. § 7 Absatz 4 Satz 2 EStG mit 100.000 DM jährlich abgeschrieben. Der Teilwert der Halle beträgt am Bilanzstichtag 31. 12. 1995 aufgrund des Brandschadens nur noch 500.000 DM. Die Nutzungsdauer der Halle hat sich gegenüber der ursprünglichen Schätzung nicht verändert.

Am 31. 12. 1998 beträgt der Buchwert der Halle in der erklärten Bilanz 400.000 DM.

2. Im Februar 1996 wurde eine seit dem Brand erforderliche Reparatur an der Halle durchgeführt, die 50.000 DM zuzügl. 15 % USt kostete. Die Bezahlung und die Buchung (50.000 DM Aufwand) erfolgten im Mai 1996. Der Teilwert der Halle ist durch die Reparatur nicht gestiegen.

3. Außerdem ist im Zusammenhang mit dem Brand ein flüssiger Schadstoff in den Boden gelangt, der das Grundstück verunreinigt hat. Nach dem örtlichen Wasserhaushaltsgesetz ist die Firma als Verursacherin dieser Verunreinigung zu einer unverzüglichen Beseitigung des Schadens durch einen Bodenaustausch verpflichtet.

Da die Kosten des Bodenaustausches nach einer realistischen Berechnung der GmbH etwa 900.000 DM zuzügl. USt betragen würden, hat die GmbH diese Maßnahme aus finanziellen Gründen auf das Jahr 1999 verschoben. In der Bilanz zum 31. 12. 1995 wurde jedoch eine Rückstellung i. H. von 180.000 DM gebildet und in den Folgejahren um jeweils weitere 180.000 DM erhöht. Damit sollte der 1999 voraussichtlich erforderliche Betrag angespart werden.

Im Oktober 1997 hat die Umweltbehörde aufgrund einer anonymen Anzeige von der Bodenverschmutzung erfahren. Aufgrund des sofort eingeleiteten Verwaltungsverfahrens erhielt die GmbH im Mai 1998 einen Bescheid, der die Verpflichtung zur Schadensbeseitigung durch Bodenaustausch bis zum 30. 11. 1998 enthielt.

Die GmbH hat im Oktober 1998 einen Vertrag zur Schadensbeseitigung durch Bodenaustausch mit einer Spezialfirma abgeschlossen. Aufgrund einer neuen Technik bei der Durchführung des Bodenaustausches konnte die Spezialfirma der GmbH einen Festpreis von 600.000 DM zuzügl. USt vertraglich zusichern.

Die Spezialfirma hat den Bodenaustausch aber erst im März 1999 tatsächlich durchgeführt. Die Rechnung der Spezialfirma vom April 1999 soll in Kürze bezahlt und dann gebucht werden.

Der Teilwert des Grund und Bodens war in allen Jahren trotz der Verschmutzung höher als die Anschaffungskosten bei der GmbH.

4. Die GmbH hat bereits im Dezember 1995 von der zuständigen Behörde einen Verwaltungsbescheid erhalten, der die Verpflichtung zur Errichtung einer frei stehenden Brandschutzmauer an der Grundstücksgrenze mit einer Haltbarkeit von 15 Jahren auf dem Firmengelände der GmbH bis spätestens zum 31. 12. 1996 enthielt.

Die GmbH hat diese Mauer jedoch erst im April 1998 errichten lassen. Die Rechnung über 150.000 DM zuzügl. USt wurde 1998 bezahlt und mit dem Nettobetrag als Aufwand gebucht.

5. Wegen der verspäteten Errichtung der Brandschutzmauer wurde im Juli 1998 ein Bußgeld i. H. von 10.000 DM festgesetzt. Dieser Betrag wurde im Januar 1999 bezahlt und in der laufenden Buchführung als Aufwand gebucht.

Aufgabe

Nehmen Sie zu den vorstehenden Einzelsachverhalten für die Jahre 1995 bis 1998 unter Angabe von Rechts- und Verwaltungsvorschriften Stellung.

Stellen Sie dabei auch die Entwicklung von Bilanzposten nach folgendem Schema dar:

Bezeichnung des Bilanzpostens	Wertansatz in der Handelsbilanz (HB) = Steuerbilanz	Wertansatz in der Betriebsprüfer-Bilanz (BpB)	Gewinnauswirkung lt. Betriebsprüfung
Datum (Stichtag) Wertänderung (Zugang, Abgang) Datum usw.			

Teil 2

Sachverhalt

Die Firma Alt & Neu GmbH & Co. KG (KG) ist eine gewerblich tätige Personengesellschaft. Albert Alt und Norman Neu sind Kommanditisten mit einem Anteil von jeweils 40 % am Gewinn der KG.

Die Alt & Neu GmbH (GmbH) ist einzige Komplementärin der KG mit einem Gewinnanteil von 20 % an der KG.

Gesellschafter der GmbH sind seit 1990 mit einem Anteil von jeweils 50 % am Stammkapital von 50.000 DM die beiden Kommanditisten der KG. Die Anschaffungskosten für die Anteile haben jeweils 200.000 DM betragen. Die GmbH übt als einzige Tätigkeit nur die Geschäftsführung bei der KG aus. Sie wird dabei vertreten durch ihren Geschäftsführer Norman Neu. Das Gehalt für Norman Neu i. H. von 120.000 DM jährlich ersetzt die KG der GmbH. Die KG hat das Gehalt als Betriebsausgabe gebucht.

Im Januar 1998 hat der Gesellschafter Albert Alt eine verdeckte Gewinnausschüttung (vGA) von der GmbH i. H. von 2.000 DM erhalten.

Im März 1998 hat Albert Alt die Hälfte seiner Anteile an der GmbH an Norman Neu für 250.000 DM veräußert. Die bei der Veräußerung entstandenen Nebenkosten i. H. von 2.000 DM hat Norman Neu getragen.

Im Mai 1998 hat die Gesellschafterversammlung der GmbH eine offene Gewinnausschüttung für das Jahr 1997 i. H. von 100.000 DM beschlossen und ordnungsgemäß an die Gesellschafter ausgezahlt.

Zur Finanzierung von Gewinnausschüttungen steht bei der GmbH ausreichend EK 45 zur Verfügung.

In der Buchführung des Gesamthandsvermögens der KG wird 1998 ein Gewinn i. H. von 400.000 DM ausgewiesen.

Alle Vertragsgestaltungen halten Fremdvergleichen stand.

Aufgabe

1. Ermitteln Sie die Höhe des steuerlichen Gesamtgewinns der KG.

2. Erläutern Sie etwaige Sonderbetriebseinnahmen und Sonderbetriebsausgaben von Albert Alt und Norman Neu unter Angabe der genauen Vorschriften des EStG.

3. Stellen Sie die Gewinnverteilung dar. Eine Verzinsung von Kapitalkonten ist nicht zu berücksichtigen.

Anmerkungen

Bei der vGA ist Kapitalertragsteuer nicht zu berücksichtigen.

Der vGA liegt die Bezahlung einer privaten Schuld von Albert Alt durch die GmbH zugrunde. Der Vorgang wurde bei der GmbH gewinnmindernd gebucht. Auf die §§ 377 ff. AO (Steuerordnungswidrigkeiten) soll nicht eingegangen werden.

Teil 3

Sachverhalt

Anton Ahrens (A), Bernd Berger (B) und Carl Claussen (C) haben mit Wirkung vom 01. 07. 1998 die gewerblich tätige Ahrens & Co. OHG (OHG) gegründet.

B und C haben auf das neu eröffnete Bankkonto der OHG jeweils 500.000 DM aus ihrem privaten Vermögen eingezahlt.

Der 60 Jahre alte A hat seine bisherige Einzelfirma in die OHG eingebracht.

Die steuerlich zutreffende Schlussbilanz seiner Einzelfirma enthält die folgenden Vermögenswerte und Schulden:

Grund und Boden	60.000 DM
Gebäude	420.000 DM
Maschine	23.800 DM
Sonstige Vermögenswerte	600.000 DM
Sonstige Verbindlichkeiten	903.800 DM

Die Bilanzsumme beträgt

1.103.800 DM.

Die Teilwerte dieser Vermögenswerte und Schulden betragen am 01. 07. 1998:

Grund und Boden	150.000 DM
Gebäude	500.000 DM
Maschine	30.000 DM
Sonstige Vermögenswerte	600.000 DM
Sonstige Verbindlichkeiten	903.800 DM

Das Gebäudegrundstück hat A im Juli 1994 für seine Einzelfirma erworben. Die AfA erfolgte nach § 7 Absatz 4 Nr. 1 EStG. Die Nutzungsdauer aus der Sicht des Jahres 1998 beträgt für das Gebäude noch 50 Jahre. Der Grundbesitzwert entspricht den Teilwerten.

Die Maschine hat A im Januar 1997 erworben. Die degressive AfA erfolgte unter Berücksichtigung einer Nutzungsdauer von 6 Jahren. Die Nutzungsdauer von insgesamt 6 Jahren ist auch aus der Sicht des Jahres 1998 zutreffend.

An der OHG sind A, B und C mit jeweils 1/3 Anteil am Gewinn oder Verlust beteiligt. Die Gewinnverteilung ist angemessen. Die Beiträge der Gesellschafter bei der Gründung erfolgten unter Bedingungen, die einem Fremdvergleich standhalten.

Notarkosten und Gerichtskosten sind nicht zu berücksichtigen. Andere sich aus der Einbringung ergebende Verbindlichkeiten trägt die OHG.

1. Variante:

A wünscht im Einvernehmen mit B und C für sich die Fortführung der Buchwerte. Im Gesamthandsvermögen verlangen B und C aber den Ansatz der Teilwerte.

2. Variante:

A wünscht den Ansatz der Teilwerte der eingebrachten Einzelfirma in der OHG.

Aufgabe

1. Erstellen bzw. erläutern Sie die steuerlichen Eröffnungsbilanzen der OHG für beide Varianten. Begründen Sie die Werte ggf. unter Angabe der genauen Rechtsvorschriften.

2. Erläutern Sie die Wertentwicklung der Vermögenswerte unter Angabe der genauen Rechtsvorschriften zum Bilanzstichtag 31. 12. 1998 (ohne die Position „Sonstige Vermögenswerte 600.000 DM") für beide Varianten.

3. Erstellen Sie die sich nach der 2. Aufgabe ergebenden steuerlichen Bilanzen der OHG zum 31. 12. 1998 für beide Varianten. Die Positionen „Sonstige Vermögenswerte 600.000 DM" und „Sonstige Verbindlichkeiten 903.800 DM" sind unverändert zu übernehmen.

4. Erläutern Sie die Auswirkungen beim Ansatz der Teilwerte bei der Einkommensteuer von A unter Angabe der genauen Rechtsvorschriften.

Aufgabe 3: Umsatzsteuer

Prüfungsklausur für die Steuerinspektoren-Prüfung 1999

(Lösung Seite 97)

Beratungsleistung – Ort der sonstigen Leistung – Geschäftsreise – Beförderungsleistungen – Fahrausweis – Vorsteuerabzug – Vermietungsleistungen – Drittlandsgebiet – Reihengeschäft – USt-Identifikations-Nr. – innergemeinschaftliche Lieferung – Voranmeldungszeitraum – Tausch mit Baraufgabe – Beförderungslieferung – Abzugsverfahren gem. § 18 Abs. 8 UStG – Umsatzsteuer – Option – Nebenleistungen – selbstständige Teilleistungen – nicht steuerbare Tätigkeit eines Hoheitsbetriebes – Vorsteuerberichtigung gem. § 15 a UStG – Organschaftsverhältnis – Versendungslieferung – Kommissionsgeschäft gem. § 3 Abs. 3 UStG – Mindest-Bemessungsgrundlage – Überlassung von Standard-Software – Urheberrechte – Private PKW-Nutzung – Unfallkosten – Aufwendungs-Eigenverbrauch

Bearbeitungszeit: 5 Stunden

Hilfsmittel: Steuergesetze und Steuerrichtlinien
                 BGB
                 HGB

Bearbeitungshinweise:

1. Prüfen Sie nur die Personen, denen eine Abkürzung in Klammern beigegeben ist, die im Sachverhalt wieder verwendet wird. Achten Sie auf die den Sachverhalten beigegebene konkrete Fragestellung. Die einzelnen Sachverhalte sind voneinander völlig unabhängig.

2. Unternehmer fallen unter die Regelbesteuerung, soweit nicht der einzelne Sachverhalt besondere Angaben enthält. Die Besteuerung erfolgt nach vereinbarten Entgelten; Voranmeldungen werden monatlich abgegeben.

3. Soweit der Sachverhalt keine Ortsangaben enthält, liegt der Ort der Umsätze im Inland, sodass Ausführungen zum Ort überflüssig sind.

4. Alle beteiligten Unternehmer verwenden nur die Umsatzsteuer-Identifikations-Nr. des Staates, in dem sie ihr Unternehmen betreiben.

5. Gemäß § 9 UStG mögliche Option ist zu unterstellen.

6. Evtl. erforderliche Beleg- und Buchnachweise liegen vor.

7. Eine Umsatzsteuer ist nur dann zu errechnen, wenn die dafür erforderlichen Angaben zur Bemessungsgrundlage aus dem Sachverhalt ersichtlich sind.

8. Auf den Zeitpunkt der Versteuerung bzw. des Vorsteuerabzugs muss nur dann ausdrücklich eingegangen werden, wenn es für den anzuwendenden Steuersatz (15 % bzw. 16 %) eine Rolle spielt.

9. Die Angabe von gesondert ausgewiesenen USt-Beträgen zu Entgelten bedeutet, dass Rechnungen mit den Angaben des § 14 Abs. 1 Satz 2 Nrn. 1–6 UStG vorliegen.

10. Auf das Vorsteuervergütungsverfahren ist nicht einzugehen.

11. Soweit ein Sachverhalt als lückenhaft empfunden wird, sollte die Lücke mit der typisierenden Betrachtungsweise geschlossen werden.

Sachverhalte

1. Fröhlich (F), wohnhaft in Stuttgart, betreibt in einem Vorort von Stuttgart eine Kleiderfabrik. Schon vor Jahren hat er seine Fühler in Länder mit niedrigerem Lohnniveau ausgestreckt und in der Folge mehrere ausländische Zweigniederlassungen gegründet.

Seine seit 1995 in Bulgarien existierende kleine Zweigniederlassung möchte F, da sie sich gut entwickelt hat, aber aus allen Nähten zu platzen droht, nunmehr entsprechend ausbauen. Hierbei lässt sich F von dem auf osteuropäisches Wirtschaftsrecht spezialisierten Rechtsanwalt Rechthaber (R) mit Kanzlei in Berlin beraten. Über die Beratung durch R erhält F eine Rechnung, in der die im insgesamt zu zahlenden Betrag von 8.120 DM enthaltene Umsatzsteuer mit 1.120 DM angegeben ist.

Wegen einer Abschlussbesprechung ist F am 26. 05. 1998 zu R nach Berlin geflogen; der Rückflug erfolgt am selben Tage. Er ist dabei insgesamt 18 Stunden unterwegs. Das Flugticket der Lufthansa enthält keinen gesonderten Umsatzsteuer-Ausweis, jedoch ist in einer getrennt erteilten Rechnung neben dem Preis für Hin- und Rückflug (2 × 250 DM = 500 DM) der Steuersatz mit 16 % angegeben. In der Quittung des den F befördernden Berliner Taxi-Unternehmers über 30 DM ist der Steuersatz mit 7 % angegeben. Am 26. 05. 1998 hat F sein Mittagessen in einer Berliner Gaststätte eingenommen; eine Rechnung hierüber hat er allerdings nicht.

Aufgabe:

Beurteilen Sie die Leistung des R und außerdem, inwieweit F hieraus und bezüglich der entstandenen Begleitkosten zum Vorsteuerabzug berechtigt ist.

2. Im Grenzgebiet zur Tschechischen Republik, in Waldsassen/Fichtelgebirge, bewirtschaftet Landwirt Letzel (L), der nicht der Regelbesteuerung unterliegt, ein landwirtschaftliches Anwesen. Nachdem er im Frühjahr 1998 beschlossen hat, seinen alten Traktor auszuwechseln, bestellt er im März 1998 beim Landmaschinenhändler Mackert (M) in Mitterteich/Fichtelgebirge ein französisches Modell, mit dem er zuvor eine Probefahrt absolviert hat, das aber inzwischen veräußert worden und nunmehr bei M nicht mehr vorrätig ist. M bestellt das Modell seinerseits beim französischen Hersteller Norette (N) in Limoges/Frankreich.

Am 31. 03. 1998 bringt L dem M seinen alten Traktor, der gerade nicht funktioniert und den M – wie vertraglich vereinbart – für den zu liefernden neuen Traktor in Zahlung nimmt. Da der neue Traktor zum Liefertermin (09. 04. 1998) nicht verfügbar ist, vielmehr erst am 29. 04. 1998 ausgeliefert wird, indem M den Traktor selbst bei N abholt und ihn – auf Gefahr des N – sofort zu L hinbringt, muss L für die Zwischenzeit einen Traktor anmieten. M empfiehlt ihm als Vermieter den tschechischen Zentralhändler Czech (C) in Cheb (Eger in der Tschechischen Republik), von dem L für den fraglichen Zeitraum günstig (zum Preis von 1.200 DM) einen vergleichbaren Traktor anmieten kann. Für die Vermietung stellt C dem L keine Umsatzsteuer gesondert in Rechnung.

L zieht den Mietpreis des C von der Rechnung des M über die Lieferung des neuen Traktors (30.000 DM zuzügl. 4.800 DM Umsatzsteuer) ab und zahlt deshalb nur 33.600 DM. M willigt widerstrebend ein. Der gewöhnliche Verkaufspreis des neuen Traktors beträgt 48.000 DM; der von einem amtlich bestellten Kraftfahrzeugsachverständigen festgestellte Schätzpreis des alten Traktors beträgt 11.000 DM.

Weitere Rechnungen werden nicht erteilt.

Aufgabe:

Überprüfen Sie die Umsätze bei C, L, M und N, bei L und M auch den Vorsteuerabzug.

3. In den Kalenderjahren 1997 und 1998 vermietet Vogel (V) ein ihm gehörendes dreistöckiges Gebäude in Heilbronn. Den zugehörigen Grund und Boden hat er im Kalenderjahr 1991 für 200.000 DM zuzügl. 28.000 DM gesondert ausgewiesener Umsatzsteuer erworben. Auf dem zunächst ungenutzten Grundstück hat V im Kalenderjahr 1992 ein zweistöckiges Gebäude (beide Stockwerke gleich groß) für 500.000 DM zuzügl. 70.000 DM gesondert ausgewiesener Umsatzsteuer schlüsselfertig erstellen lassen.

Ab 01. 01. 1993 hat V das Gebäude (wie bereits bei Erwerb von Grund und Boden beabsichtigt) folgendermaßen genutzt:

Das Erdgeschoss hat er an einen Zahnarzt, der kein eigenes Zahnlabor betreibt, für Praxiszwecke vermietet. Das Obergeschoss hat V an einen selbstständig tätigen Waren-Handelsvertreter vermietet, der die eine Hälfte der Räume (50 qm) für berufliche Zwecke und die andere Hälfte der Räume (50 qm) für eigene Wohnzwecke nutzt.

Im Kalenderjahr 1996 hat V das Gebäude für 300.000 DM zuzügl. 45.000 DM gesondert ausgewiesener Umsatzsteuer aufgestockt. Dieses Geschoss (gleich groß wie das Erdgeschoss oder das Obergeschoss) vermietet V ab 01. 01. 1997 (wie schon bei Erstellung beabsichtigt) an einen Rechtsanwalt für Bürozwecke. Nach Kündigung des Mietvertrages zum 31. 12. 1997 vermietet V die Dachgeschossräume ab 01. 01. 1998 an einen Heilpraktiker für Praxiszwecke.

Die im Kalenderjahr 1998 erzielte Nettomiete beträgt im Erdgeschoss und im Obergeschoss jeweils 1.200 DM monatlich, im neuen Dachgeschoss hingegen 1.500 DM monatlich.

Das Wasserwerk der Stadt Heilbronn (H) berechnet V für den Wasserverbrauch im Mietgebäude für das Verbrauchsjahr 1998 Ende 1998 insgesamt 6.000 DM zuzügl. 420 DM gesondert ausgewiesener Umsatzsteuer; hierbei wird der Verbrauch mit 1.500 cbm angegeben, wobei für das Brauchwasser pro cbm 1 DM und für das Abwasser pro cbm 3 DM berechnet werden. Die bei den Mietern angebrachten Zwischenzähler zeigen für das Erdgeschoss 600 cbm, für das Obergeschoss 400 cbm (Wasseranschlüsse befinden sich nur in Wohnräumen) und für das Dachgeschoss 500 cbm an.

V legt die Netto-Wasserkosten (6.000 DM, s. o.) auf seine Mieter um.

Aufgabe:

Beurteilen Sie die Umsätze des V und der H unter Berechnung der für 1998 entstehenden Umsatzsteuer.

Berechnen Sie den sich aus der Wasserrechnung der H für V ergebenden Vorsteuerabzug. Gehen Sie dabei davon aus, dass sich der Wasserverbrauch gleichmäßig auf die einzelnen Kalendermonate des Jahres 1998 verteilt.

Beschreiben Sie die sich in den Kalenderjahren 1997 und 1998 möglicherweise ergebenden Auswirkungen auf den Vorsteuerabzug des V aus früheren Jahren.

4. Die P-GmbH, ein Möbelproduzent in Karlsruhe, bezieht fast all ihr Holz vom Holzhändler Pinewood (P), einem Einzelunternehmer, der seinen Sitz in Vancouver/Kanada hat. An der P-GmbH sind P mit 60 % sowie seine beiden Söhne mit je 20 % beteiligt. Einer der beiden Söhne ist Geschäftsführer der P-GmbH.

P beliefert nicht nur die P-GmbH, sondern auch seine für den europäischen Holzabsatzmarkt zuständige Zweigniederlassung (PZ) in Bremen, die vom anderen Sohn des P geleitet wird.

Mitte Juni 1998 bestellen sowohl die PZ als auch die P-GmbH bei P eine Holzladung (gehobelte Bretter und Balken) für umgerechnet je 60.000 DM netto. Das Holz, das P daraufhin an die PZ und an die P-GmbH versendet, ist von ihm zuvor für umgerechnet insgesamt 80.000 DM in Kanada erworben worden.

Im Juli 1998 treffen bei der PZ in Bremen beide Holzladungen ein, die der von P beauftragte Spediteur von Kanada nach Bremen zur Lieferkondition „verzollt und versteuert" transportiert hat. In den beigefügten Rechnungen für die PZ und die P-GmbH hat P jeweils zu 60.000 DM netto die Umsatzsteuer mit 4.200 DM ausgewiesen. Die PZ stellt der P-GmbH die für sie bestimmte Holzladung nebst Rechnung kostenlos zu.

Die PZ verkauft einen Teil des eigenen Holzes an eine Firma in Interlaken/Schweiz und transportiert die verkaufte Ladung selbst nach Interlaken.

Aufgabe:

Prüfen Sie, inwieweit sich bei P, bei der PZ und bei der P-GmbH Umsätze ergeben und inwieweit bei ihnen ein Recht auf Vorsteuerabzug besteht.

5. An der Wuchtig-GmbH (W-GmbH) sind neben Wuchtig (zu 50 %) noch Xenon (X, zu 30 %) und Jakusch (zu 20 %) beteiligt. Die W-GmbH betreibt in Offenburg eine Fabrik zur Herstellung von Werkzeugen.

Die W-GmbH beauftragt X, der als Einzelunternehmer mit Werkzeugen in Offenburg handelt, 50 Exemplare eines neuartigen Schneidwerkzeugs, dessen Herstellungskosten pro Exemplar 75 DM betragen, in der Schweiz im eigenen Namen abzusetzen. Als Provision kann X bei Durchführung dieses Auftrages alles behalten, was er über den Betrag von 20 DM hinaus pro Exemplar erzielt. Den tatsächlich erzielten Kaufpreis hat X der W-GmbH mitzuteilen. Zwischen der W-GmbH und X werden hierüber weder Rechnungen noch Gutschriften ausgestellt.

Nachdem X im September 1998 unter Vorführung eines Musterexemplars in Zürich/Schweiz einen dort ansässigen Großabnehmer für alle 50 Schneidwerkzeuge gefunden hat, beauftagt X im eigenen Namen und auf eigene Rechnung den Frachtführer Kantig (K), die 50 Schneidwerkzeuge bei der W-GmbH in Offenburg abzuholen und zu dem Großabnehmer nach Zürich zu transportieren. X liefert an den Großabnehmer zur Lieferkondition DDP (frei Haus). Der Großabnehmer bezahlt an X pro Stück 200 DM.

Aufgabe:

Überprüfen Sie Umsatzart, Steuerbarkeit und Steuerpflicht bei der W-GmbH, bei X und bei K.

6. In den vergangenen Jahren ist Toltschik (T) geraume Zeit in den arabischen Staaten als selbstständiger Ingenieur und Vermögensberater tätig gewesen. Dank diesen Beziehungen erhält T im Mai 1998 von mehreren arabischen Geschäftsfreunden (insbesondere von am Ölgeschäft verdienenden Scheichs) den Auftrag, deren Gelder treuhänderisch zu übernehmen, um dieselben in Deutschland möglichst gewinnbringend anzulegen.

Auftragsgemäß gründet T daraufhin mit einem weiteren Gesellschafter, seinem Bruder, die Toltschik-GbR (T-GbR), deren Zweck laut Gesellschaftsvertrag die Anlage und Verwaltung von Vermögen ist, wobei Gesellschafter T, zugleich alleiniger Geschäftsführer der T-GbR, die übernommenen Treuhandgelder als Einlagen einzubringen hat. Die Gelder sind vor allem in Grundstücken, aber auch in Wertpapieren anzulegen. Der sich für T ergebende Gewinn oder Verlust muss von T auf die arabischen Geldgeber (die Treugeber) verteilt werden. Ein Gehalt o. Ä. für die Geschäftsführer-Tätigkeit des T ist nicht vorgesehen. Die T-GbR sowie T und sein Bruder haben ihren Sitz bzw. Wohnsitz in Frankfurt/Main.

Daneben wird zwischen den Treugebern und T ein Vertrag abgeschlossen, der neben Bestimmungen über die als Geschäftsführer zu übende Sorgfalt, den Haftungsumfang des T etc. auch eine Vereinbarung über die von den Treugebern an T zu zahlende Vergütung enthält, die mit jährlich 1 % der gezahlten Einlagen festgesetzt ist. Mit den eingebrachten Geldern erwirbt T in der Folgezeit im Namen der T-GbR ausschließlich Wohngebäude, die zu Wohnzwecken langfristig vermietet sind. In der Folge neu abgeschlossene Mietverträge bezeichnen ausnahmslos die T-GbR als Vermieter. Die anlässlich der Erwerbe abgeschlossenen Grundstückskaufverträge verpflichten die T-GbR durchweg zur Zahlung der jeweils anfallenden Grunderwerbsteuer. Als die T-GbR von Qualle (Q) mit Wirkung vom 01. 10. 1998 ein Bürogebäude in Bad Homburg erwirbt, das sie in Wohnraum umgestaltet, verpflichtet sie sich auch zur Zahlung der von Q berechtigt erhobenen Umsatzsteuer im insgesamt zu zahlenden Kaufpreis von 1.500.000 DM, ohne dass die enthaltene Umsatzsteuer betragsmäßig angegeben ist.

Einen Vorsteuerabzug hat die T-GbR zu keinem Zeitpunkt in Anspruch genommen, weder aus dem geschilderten Grundstückserwerb noch anderweit.

Aufgabe:

Untersuchen Sie Steuerbarkeit und Steuerpflicht der Umsätze bei T, bei der T-GbR und bei Q; berechnen Sie die bei Q anfallende Umsatzsteuer.

7. Der britische Software-Hersteller Alderney (A) aus Manchester (Großbritannien) verkauft Standard-Software per Internet, wobei die Käufer nach Überlassung ihrer Kreditkarten-Identifikation (oder nach Beschreitung eines anderen Zahlungswegs) über ein Passwort Zugriff auf die von A im Internet angebotene Standard-Software haben und sich das gekaufte Programm zum ausschließlich eigenen Gebrauch auf ihre Computer-Anlage überspielen können.

A erzielt hiermit im 2. Halbjahr 1998 bei deutschen Erwerbern Einnahmen von 800.000 DM. In dieser Summe sind neben Einnahmen von Privatkunden auch Einnahmen i. H. von 250.000 DM von Unternehmern enthalten, die unter Verwendung ihrer deutschen Umsatzsteuer-Identifikations-Nr. bei A entsprechende Erwerbe getätigt haben. Unternehmer erhalten von A auf Anforderung eine Rechnung, in der deutsche Umsatzsteuer mit 16 % ausgewiesen ist, so auch Spirituosenhändler Balle (B) aus Weinheim, der von A eine Rechnung über 600 DM zuzügl. 96 DM gesondert ausgewiesener Umsatzsteuer übersandt erhält.

Aufgabe:

Begutachten Sie die von A erbrachten Leistungen hinsichtlich Art, Ort, Steuerpflicht, Bemessungsgrundlage und Steuersatz.

Beschreiben Sie die Auswirkungen der Rechnungsstellung bei A und B.

8. Unternehmer Unglenk (U) aus Heidelberg, der keinerlei Vorsteuerabzugsbeschränkungen unterliegt, hat festgestellt, dass er seinen PKW in den letzten Jahren zu praktisch unveränderten Nutzungsanteilen für Geschäftsfahrten (50 %), für Fahrten zwischen Wohnung und Betrieb (20 %) sowie für private Fahrten (30 %) nutzt. Er führt ein ordnungsgemäßes Fahrtenbuch und verfügt über die jeweils erforderlichen Belege.

Beim Erwerb seines PKW Audi A 8 Ende 1997 hat er vom verkaufenden Händler eine ordnungsgemäße Rechnung über 120.000 DM zuzügl. 18.000 DM gesondert ausgewiesener Umsatzsteuer erhalten, aus der er (70 % von 18.000 DM =) 12.600 DM als Vorsteuer abgezogen hat. U hat mit dem PKW im Kalenderjahr 1998 insgesamt 60.000 km zurückgelegt, davon 18.000 km privat. Auf einer privaten Fahrt im Inland verursacht U im April 1998 einen Schaden an seinem PKW, den er in einer inländischen Audi-Werkstatt für 1.300 DM zuzügl. 208 DM gesondert ausgewiesener Umsatzsteuer beheben lässt.

U nutzt den PKW im Kalenderjahr 1998 an 200 Tagen für Fahrten zwischen Wohnung und Betrieb. Die Entfernung zwischen Wohnung und Betrieb beträgt 30 km.

Als PKW-Betriebsausgaben bucht U 49.300 DM für 1998. Hiervon entfallen auf

die AfA	30.600 DM,
Benzin- und Ölkosten	13.800 DM,
Inspektionskosten	1.500 DM,
Kosten des privaten Unfalls (von U selbst zu tragen, da bei Selbstbehalt von 2.000 DM versichert)	1.300 DM,
Prämien für Haftpflicht- und Vollkaskoversicherung, Kraftfahrzeugsteuer und Rundfunkgebühren	2.100 DM.

Die auf die Kosten für Benzin, Öl, Inspektionen und Unfallbehebung ausgewiesene Umsatzsteuer zog U in vollem Umfang als Vorsteuer ab. Die in den zugehörigen Rechnungen jeweils zutreffend ausgewiesene Umsatzsteuer beträgt insgesamt 2.689,75 DM. Die Kosten sind (mit Ausnahme der Unfallkosten) gleichmäßig verteilt innerhalb des Kalenderjahres 1998 entstanden.

Aufgabe:

Beurteilen Sie die Nutzung des PKW durch U für Fahrten zwischen Wohnung und Betrieb sowie für private Zwecke; soweit erforderlich, ist dabei Bemessungsgrundlage und Umsatzsteuer zu berechnen (für das Kalenderjahr 1998). Nehmen Sie Stellung zum vorgenommenen Vorsteuerabzug (Kalenderjahre 1997 und 1998).

Hinweis: Beachten Sie bei der Bearbeitung des Sachverhalts 8 das neue BMF-Schreiben vom 16. 02. 1999 (BStBl 1999 I S. 224).

Aufgabe 4: Abgabenrecht und Finanzgerichtsordnung

Prüfungsklausur für die Steuerinspektoren-Prüfung 1999

(Lösung Seite 114)

Anfechtung eines Grundlagenbescheides – Zahlungsverjährung – Erstattungsanspruch – Antrag auf Aufhebung der Vollziehung – Aussetzung von Amts wegen – Klageart – Klagefrist – sachliche und örtliche Zulässigkeit einer Klage – Frist und Form einer Klage – Telefax – Gegenstand des Klagebegehrens – Vorverfahren – Beschwerde – Ausschlussfrist – Festsetzungsverjährung – Begründetheit der Klage – Klageänderung – Erweiterung der Anfechtungsklage – Originalvollmacht – Wiedereinsetzung – Steuerhinterziehung – Strafverfolgungsverjährung – straflose Vorbereitungshandlungen – Wirksamkeit einer Selbstanzeige – Sperrgründe – Auskunftsverweigerungsrechte – Festsetzung von Hinterziehungszinsen – Erlass eines Bescheides während Klageverfahren – Sprungklage

Bearbeitungszeit: 5 Stunden

Hilfsmittel: Steuergesetze und Steuerrichtlinien
StGB

Bearbeitungshinweise

1. Die Aufgaben müssen in der vorgeschriebenen Reihenfolge bearbeitet werden.

2. Auf etwaige Fristverschiebungen durch Samstag, Sonntag etc. ist nicht einzugehen. Unterstellen Sie, dass kein Schaltjahr vorliegt.

3. Es soll keinen Sparerfreibetrag und keinen Werbungskostenpauschbetrag für Einnahmen aus Kapitalvermögen geben und es wird keine Kapitalertragsteuer und Zinsabschlagsteuer einbehalten.

   Sonderausgaben und außergewöhnliche Belastungen werden aus Vereinfachungsgründen je Person mit insg. 10.000 DM angesetzt.

4. Gehen Sie aus Vereinfachungsgründen von folgenden Einkommensteuersätzen aus:

   Veranlagung zur Einkommensteuer

– Grundtabelle	45 %
– Splittingtabelle	35 %

   Lohnsteuerabzug

– Lohnsteuerklassen I (ledig, Grundtabelle)	45 %
– Lohnsteuerklasse IV (verheiratet, Splittingtabelle)	35 %

   Es soll nur die Lohnsteuerklassen I und IV geben. Die Lohnsteuer wird stets vom Bruttoarbeitslohn berechnet.

5. Alle in den Sachverhalten genannten Verwaltungsakte sind, soweit nicht gegenteilig beschrieben, formell ordnungsgemäß ergangen und mit einer ordnungsgemäßen Rechtsbehelfsbelehrung versehen.

6. Auf steuerliche Nebenleistungen brauchen Sie nur insoweit einzugehen, als jeweils danach gefragt wird.

Sachverhalt

Der verheiratete Harald Feihle (HF) betreibt in Ehingen einen landwirtschaftlichen Betrieb und Viehhandel. Es liegen zwei selbstständige Betriebe vor, die jeweils buchführungs- und abschlusspflichtig sind. Daneben ist er an einer Grundstücksgemeinschaft beteiligt, deren Vermietungseinkünfte vom Finanzamt (FA) Ulm gesondert festgestellt werden. Seine Frau Ulrike (UF) ist angestellte Ärztin. Wie auch in den Vorjahren hatten die Ehegatten für das Jahr 1993 dem zuständigen Wohnsitz-FA Ehingen keine Einkommensteuererklärung abgegeben, sondern dem FA im April 1995 lediglich den vom Steuerberater Hans Dosch (HD) ordnungsgemäß nach § 5 EStG erstellten Jahresabschluss „Viehhandel" zugesandt mit der Bitte, es möge die übrigen Besteuerungsgrundlagen schätzen. Das FA erließ daraufhin unter Berücksichtigung einer vom Arbeitgeber der UF angeforderten Lohnbescheinigung am 10. August 1995 folgenden ordnungsgemäß adressierten endgültigen Einkommensteuerbescheid:

...   Bescheid vom 10. 08. 1995

An HF und UF, Hehlestr. 19, Ehingen

Bescheid über Einkommensteuer 1993

Festgesetzt werden	113.050 DM
∕. einbehaltene Lohnsteuer (UF Stkl. IV: 49.000 DM)	49.000 DM
= abzurechnen sind	64.050 DM
= anzurechnende Vorauszahlungen	0 DM
= Nachzahlung	64.050 DM

Bitte zahlen Sie bis zum 13. 09. 1995.

Besteuerungsgrundlagen

		Einnahmen	Ausgaben	Einkünfte	
HF:	§ 13			55.000 DM	
	§ 15	600.000 DM	450.000 DM	150.000 DM	
	§ 21			0 DM	205.000 DM
UF:	§ 19	140.000 DM	2.000 DM	138.000 DM	138.000 DM
					343.000 DM
∕. Sonderausgaben/außergewöhnliche Belastungen					20.000 DM
= zu versteuerndes Einkommen					323.000 DM
× Steuersatz lt. Splittingtabelle 35 % = Einkommensteuer					113.050 DM

Erläuterungen

Die Einkünfte aus Land- und Forstwirtschaft wurden geschätzt. Ausführliche Erläuterung folgt ... . Die Einkünfte aus nichtselbstständiger Tätigkeit und die Lohnsteuer wurden lt. Lohnbescheinigung angesetzt.

Die Einkünfte aus der Grundstücksgemeinschaft werden von Amts wegen berücksichtigt.

...

HF überwies den Betrag fristgerecht. Im Oktober 1996 erhielt das FA eine Mitteilung des FA Ulm, wonach für HF anteilige Vermietungseinkünfte 1993 i. H. von 160.000 DM mit Bescheid vom 15. 07. 1996 einheitlich festgestellt worden waren – aus der Mitteilung war ferner zu entnehmen, dass die Vollziehung des Feststellungsbescheids 1993 aufgrund eines rechtshängigen Rechtsbehelfsverfahrens wegen einer Sonderabschreibung nach dem FördGG in Höhe von anteilig ∕ 400.000 DM aufgehoben worden war. Das FA Ehingen errechnete aufgrund dieser Angaben ein zu versteuerndes Einkommen 1993 von 483.000 DM und erließ am 10. 11. 1997 einen auf § 175 Abs. 1 Nr. 1 AO gestützten Änderungsbescheid (festgesetzte Einkommensteuer: 169.050 DM, abgerechnete Nachzahlung: 56.000 DM). Auch dieser Betrag wurde von HF termingerecht überwiesen. Innerhalb der Einspruchsfrist legten die Eheleute Einspruch ein und beantragten die ersatzlose Aufhebung des Änderungsbescheids 1993 aus Gründen der Festsetzungsverjährung. Mit ordnungsgemäß bekannt gegebener Einspruchsentscheidung vom 15. 12. 1997 wies das FA Ehingen die zulässigen Einsprüche der Ehegatten sachlich zutreffend als unbegründet zurück.

Am 30. 12. 1997 (Eingang beim FA) erhob Steuerberater HD in einem an das FA Ehingen mit der Bitte um Weiterleitung an das Finanzgericht Baden-Württemberg, Außensenate Stuttgart, gerichteten und unterzeichneten Schreiben im Auftrag der Eheleute Klage gegen das FA Ehingen und gegen den Einkommensteuerbescheid 1993 vom 10. 11. 1997 in Gestalt der Einspruchsentscheidung vom 15. 12. 1997 und sagte zu, die nähere Begründung umgehend nachzureichen (Hinweis: Es war HDs erste Klage seit seiner Bestellung als Steuerberater). Infolge eines Versehens leitete das FA das Klageschreiben erst nach Ablauf der Klagefrist an das Finanzgericht weiter. Die von HD eingereichte Zweitschrift der Klage wurde dem FA ordnungsgemäß gem. § 71 FGO zugestellt. Als HD nichts weiter unternahm, setzte ihm das Finanzgericht mit Schreiben vom 27. 02. 1998, das mittels Postzustellungsurkunde am 28. 02. 1998 dem HD formal ordnungsgemäß zugestellt wurde, folgende Fristen:

– zum Nachweis einer Bevollmächtigung durch Vorlage der Vollmacht im Original bis 31. 03. 1998;

– zur Bezeichnung des Gegenstandes des Klagebegehrens bis 31. 03. 1998.

Sollte die Bevollmächtigung gegenüber dem Finanzgericht nicht bis dahin ordnungsgemäß nachgewiesen und der Gegenstand des Klagebegehrens nicht benannt sein, können beide im Klageverfahren nicht mehr berücksichtigt werden.

Am 30. 03. 1998 übermittelten HF und UF die ordnungsgemäß ausgestellte und unterschriebene Originalvollmacht dem Finanzgericht durch Telegramm. Am gleichen Tag teilte HD per Fax dem Finanzgericht ergänzend zur Klage vom 30. 12. 1997 im Auftrag seiner Mandanten mit, dass er den Änderungsbescheid vom 10. 11. 1997 insoweit für rechtswidrig halte, als dieser im Bereich der gewerblichen Einkünfte seines Mandanten Zinsaufwendungen i. H. von 4.000 DM aus einem sog. Zweikontenmodell entsprechend der früheren Rechtslage vom Betriebsausgabenabzug ausgeschlossen habe. Nach der neuen Rechtsprechung des BFH (GrS vom 08. 12. 1997, BStBl 1998 II S. 93 ff.) müssten die Zinsaufwendungen unter Anerkennung des Zweikontenmodells als Betriebsausgaben berücksichtigt werden.

Hinweis: Gehen Sie davon aus, dass die Zinsen nach neuer Rechtslage abzugsfähig wären.

Im Nachgang zum Telefax vom 30. 03. 1998 erweiterte HD mit Telefax vom 02. 05. 1998 an das Finanzgericht sein Klagebegehren und beantragte unter Hinweis auf den nachträglich erstellten beigefügten Jahresabschluss des landwirtschaftlichen Betriebs per 30. 06. 1994 die landwirtschaftlichen Einkünfte um 15.000 DM auf 40.000 DM zu ermäßigen. Außerdem beantragte er die Vollziehung des angegriffenen Bescheids entsprechend der Aussetzungsverfügung des FA Ulm aufzuheben und die bezahlte Einkommensteuer i. H. von 84.000 DM (160.000 DM ╱ 400.000 DM = ╱ 240.000 DM × 35 %) wieder zu erstatten.

Aufgabe

1. Untersuchen Sie, ob das FA Ehingen den Feststellungsbescheid und die Aussetzungsmitteilung des FA Ulm vom 15. 07. 1996 richtig umgesetzt hat.

2. Beurteilen Sie die Erfolgsaussichten des Antrags auf Aufhebung der Vollziehung vom 02. 05. 1998.

   Stellen Sie dar, wie und in welcher Form das Finanzgericht über den Antrag entscheiden wird.

   Kann HD in dieser Sache für seine Mandanten ggf. weitere Anträge stellen?

3. Untersuchen Sie, ob die Klage der Eheleute vom 30. 12. 1997 zulässig ist und gehen Sie dabei – soweit erforderlich – auch auf den Inhalt der Schreiben vom 30. 03. 1998 und vom 02. 05. 1998 sowie auf die im Sachverhalt dargestellten Vorgänge ein.

4. Unterstellen Sie, dass die Klage nach Aufgabe 3 zulässig ist.

Untersuchen Sie, ob und ggf. in welchem Umfang die Klage begründet ist, und gehen Sie dabei auf die im Sachverhalt dargestellten Vorgänge ein.

Stellen Sie dar, wie das Finanzgericht inhaltlich entscheiden wird.

5. Welche Erfolgsaussicht (Zulässigkeit/Begründetheit) hätte die Klage, wenn (Abwandlungen)

a) die Mandanten die unterschriebene Originalvollmacht am 30. 03. 1998 dem HD übergeben hätten und dieser sie am selben Tag per Fax dem Gericht übermittelt hätte oder wenn

b) dem Finanzgericht die Originalvollmacht erst nach Ablauf der vom Finanzgericht gesetzten Ausschlussfrist vorgelegt worden wäre und Gründe für eine Wiedereinsetzung nicht vorliegen würden.

Sachverhalt (Fortsetzung)

Am 25. 01. 1999 teilte HD dem FA Ehingen im Auftrag von HF und UF mit, dass diese im Januar 1993 bisher bei der Volksbank Ehingen angelegtes Kapitalvermögen i. H. von 600.000 DM über die Genossenschaftliche Zentralbank Frankfurt auf eine luxemburgische Tochterbank transferiert und dort ab 1993 jährlich 36.000 DM steuerpflichtige Zinsen bezogen hatten. Daneben seien folgende inländische Zinsen angefallen; 1993: 20.000 DM, 1994: ..., 1995: ... usw. (hier mangels Bedeutung nicht wiedergegeben). Sämtliche Zinsen seien nicht erklärt worden, da sie aus bereits versteuertem Einkommen stammten, und würden hiermit im Wege der Selbstanzeige nacherklärt.

Hinweis: Die Steuerfahndungsstelle Ulm hatte aufgrund der ihr listenmäßig bekannt gewordenen Transaktionen eine Fahndungsaktion bei der Volksbank Ehingen angekündigt, woraufhin diese sich zur Vermeidung umfangreicher Nachprüfungen bereit erklärt hatte, sämtliche Transaktionen dieser Art offen zu legen. Vor Aushändigung der Unterlagen an die Steuerfahndung hatte die Bank ihren betroffenen Kunden dies allerdings rechtzeitig mitgeteilt, woraufhin diese größtenteils sofort Selbstanzeige erstatteten.

Auf anschließende Rückfrage des FA Ende Januar 1999 nach den Vorjahren teilte HD mit, dass seine Mandanten das Vermögen bis einschließlich 1992 in Tafelwertpapieren angelegt hatten und die genaue Höhe der

Zinsen nicht mehr rekonstruierbar sei. HD teilte für 1985–1992 sachgerecht geschätzte Zinseinnahmen mit. Das FA Ehingen erließ daraufhin unter dem Datum vom 25. 02. 1999 unter anderem einen gem. § 172 Abs. 1 Nr. 2 a AO geänderten Einkommensteuerbescheid 1993 (zu versteuerndes Einkommen: 483.000 DM + 36.000 DM + 20.000 DM = 539.000 DM, festgesetzt: 188.650 DM, abgerechnete Nachzahlung: 19.600 DM) an die Eheleute. Der Bescheid mit ordnungsgemäßer und vollständiger Rechtsbehelfsbelehrung wurde am 28. 02. 1999 in den Briefkasten der Eheleute eingeworfen und von diesen am selben Tag dem Steuerberater HD übergeben. Um die Wirksamkeit der Selbstanzeige nicht zu gefährden, haben die Eheleute alle Nachzahlungen vor Eintritt der Säumnis überwiesen (Eingang der Einkommensteuerzahlung 1993 auf dem Konto der Finanzkasse am 24. 03. 1999).

Hinweis: Gehen Sie davon aus, dass HF und UF in allen Jahren jeweils im Mai des übernächsten Jahres (5/02) nur den ordnungsgemäß erstellten Jahresabschluss „Viehhandel" beim FA Ehingen eingereicht und im Übrigen vorsätzlich keine Steuererklärung abgegeben und auch die Zinsen vorsätzlich nicht erklärt haben. Die Schätzungsbescheide ergingen jeweils im August des übernächsten Folgejahres (8/02) und sind jeweils ordnungsgemäß bekannt gegeben worden.

Aufgabe

6. Beurteilen Sie, ob und ggf. welche Straftaten im Einzelnen bis Juni 1999 von HF und UF begangen worden sind!

   Strafrechtliche Verfolgungsverjährung ist nur für die ESt 1991 und früher eingetreten.

7. Untersuchen Sie, ob für **1993** eine wirksame Selbstanzeige vorliegt und beschreiben Sie deren Folgen.

8. Wie viele Hinterziehungszinsen sind wegen Hinterziehung von Einkommensteuer **1993** festzusetzen? (Auf die Vollverzinsung brauchen Sie nicht einzugehen.)

9. Untersuchen Sie, ob das FA befugt war, wegen der Höhe der Zinsen **1992** und Vorjahre zu ermitteln.

   Prüfen Sie, ob und ggf. welche Auskunftsverweigerungsrechte dem HF und der UF zustehen.

10. Wie weit kann das FA in 1999 beim Erlass geänderter ESt-Bescheide zeitlich zurückgehen?

    Können für alle Jahre Hinterziehungszinsen festgesetzt werden (keine Berechnung)?

11. Einkommensteueränderungsbescheid **1993** vom 25.02.1999:

a) Durfte das FA während des anhängigen Klageverfahrens nach den Regeln des Korrekturrechts am 25. 02. 1999 den Einkommensteueränderungsbescheid 1993 erlassen?

b) Welche Auswirkungen hat der Änderungsbescheid auf die Zulässigkeit der Klage lt. Aufgabe 3?

Welche Anträge kann bzw. muss HD für seinen Mandanten stellen? Gehen Sie dabei auch auf die Bekanntgabe des Änderungsbescheids ein!

Aufgabe 5: Ertragsteuern

Prüfungsklausur für die Steuerberater-Prüfung 1999/2000

(Lösung Seite 136)

Teil I: Einkommensteuer

Einkünfte aus selbstständiger Arbeit – Gründung einer GmbH – Vorgesellschaft – verdeckte Sachgründung – Betriebsaufgabe – Aufgabegewinn – Geschäftsführer-Anstellungsvertrag – Rückwirkungsverbot – Überstundenvergütungen – verdeckte Gewinnausschüttungen – Rente wg. berufsbedingter Mindereinnahmen – Ausschüttungen aus Eigenkapital i. S. d. § 30 Abs. 2 Nr. 4 KStG – Aktienkaufoptionen – Veräußerung einer wesentlichen Beteiligung – Veräußerungsverlust – sonstige Einkünfte – Schadenersatzrente – Schmerzensgeldrente – Spekulationsgewinn – Schuldzinsenabzug – ausschüttungsbedingte Verringerung eines Veräußerungsgewinns – außergewöhnliche Belastungen – anzurechnende Steuerabzugsbeträge

Teil II: Körperschaftsteuer

Gesellschafter-Geschäftsführer – Gewinntantieme – verdeckte Gewinnausschüttung – Rückwirkungsverbot – Bilanzkorrektur – Festsetzungsverjährung – dauernde Wertminderung – Teilwertabschreibung – Herstellung der Ausschüttungsbelastung – Forderungsverzicht – nahe stehende Person – verdeckte Einlage – werthaltige Restforderung – verbilligtes Gesellschafterdarlehen – Verzicht auf Nutzungsentgelt als Einlage – Mantelkauf – Verschmelzung – rechtliche und wirtschaftliche Identität – Verlustabzug – Rückgängigmachung einer verdeckten Gewinnausschüttung – Satzungsklausel – korrigierter Gewinn – Gliederung des verwendbaren Eigenkapitals

Bearbeitungszeit: 6 Stunden

Hilfsmittel: Steuergesetze und Steuerrichtlinien
                 BGB
                 HGB
                 BMF-Schreiben vom 16. 04. 1999 – IV C 6 – S 2745 – 12/99
                 (BStBl 1999 I S. 455)

Hinweis: Die Prüfungsaufgaben sind auf der Grundlage des für den Veranlagungszeitraum **1998** geltenden Rechts (z. B. **Einkommensteuergesetz** 1997, in der Fassung der Bekanntmachung vom 16. 04. 1997, BGBl I S. 821, unter Berücksichtigung aller Änderungen bis einschließlich des Steueränderungsgesetzes 1998 vom 19. 12. 1998, BGBl I S. 3816; **Umsatzsteuergesetz** 1993 in der Fassung der Bekanntmachung vom 27. 04. 1993, BGBl I S. 565, unter Berücksichtigung aller Änderungen bis einschließlich des Gesetzes zur Anpassung steuerlicher Vorschriften der Land- und Forstwirtschaft vom 29. 06. 1998, BGBl I S. 1692) zu lösen.

Sog. Fließtexte/synoptische Texte/o. ä. Texte der zugelassenen Gesetzeswerke, die schon aktuellere Gesetzesfassungen enthalten, dürfen benutzt werden. Für die Bearbeitung ist allerdings auch hier der Stand 31. 12. 1998 maßgeblich.

Soweit die jeweils verwendeten Textausgaben nach dem jeweils aktuellen Stand die für die Lösung der Prüfungsaufgabe zeitlich oder sachlich maßgebenden Bestimmungen nicht oder nicht mehr enthalten, ist die Lösung der Prüfungsaufgabe nach den in den Textausgaben aktuell enthaltenen Fassungen der Gesetze, Verordnungen, Richtlinien usw. vorzunehmen.

Es wird nochmals darauf hingewiesen, dass auf dem Mantelbogen die von Ihnen verwendeten Hilfsmittel (Verlag und Rechtsstand) anzugeben sind.

Es wird empfohlen vor Bearbeitung den gesamten Aufgabentext vollständig zu lesen.

Teil I: Einkommensteuer

Sachverhalt

1. Seit 20 Jahren war Frau Dr. Finke (F), geboren am 14. 01. 1940, in einem eigenen Labor als Handelschemikerin tätig. Sie erstellte auf wissenschaftlicher Grundlage qualitative und quantitative Analysen und beschäftigte zu diesem Zweck zwei Chemielaboranten als Arbeitnehmer. Sie ermittelte ihren Gewinn durch Betriebsvermögensvergleich (Schlussbilanz zum 31. 12. 1997, Anlage 1).

2. Auf Anraten von Bekannten beschloss F, ihr Unternehmen künftig professioneller zu betreiben. Am 17. 03. 1998 ließ sie einen Vertrag über die Gründung der Finke Handelschemie GmbH notariell beurkunden (Gesellschaftsvertrag = Anlage 2). F wurde zur Geschäftsführerin bestellt. Am 18. 03. überwies F von ihrem Geschäftskonto einen Betrag von 70.000 DM auf das neu errichtete Konto der Finke Handelschemie GmbH i. G. mit dem Überweisungsvermerk: „Einlage einschließlich Aufgeld". Die Gesellschaft wurde am 05. 05. 1998 in das Handelsregister eingetragen.

3. Zwischen der Finke Handelschemie GmbH i. G. und F wurde am 30. 03. 1998 ein Anstellungsvertrag geschlossen. Danach war F „rückwirkend seit dem 01. 01. 1998" als alleinige Geschäftsführerin der Finke Handelschemie GmbH angestellt. Als Vergütung für diese Tätigkeit wurden monatlich 6.000 DM brutto vereinbart. Eventuelle Mehrarbeit war nach dem Vertrag durch den Grundlohn abgegolten. Für nachgewiesene Sonntags-, Feiertags- und Nachtarbeit waren jedoch Zuschläge von 20 DM pro Stunde zum Grundlohn zu zahlen.

Die GmbH überwies Ende April unter Einbehalt und Abführung von Lohnsteuer (5.520,32 DM), Solidaritätszuschlag und Sozialversicherungsbeiträgen (Arbeitnehmeranteil) den Nettobetrag aus 24.000 DM auf das Girokonto von F mit dem Überweisungsvermerk „Lohn Januar bis April". Ab Mai wurde der Lohn jeweils zum Monatsende überwiesen (einbehaltene und abgeführte Lohnsteuer monatlich 1.380,08 DM). Entsprechend den täglich geführten Nachweisen auf einer Zeitwertkarte wurden dabei für die

Monate Juli bis Dezember jeweils Zuschläge von 400 DM für 20 an Sonn-
und Feiertagen geleistete Überstunden pro Monat gezahlt.

4. Mit privatschriftlichem Vertrag vom 31. 03. 1998 verkaufte F mit Wirkung
zum 01. 04. 1998 an die Finke Handelschemie GmbH i. G. ihr handelsche-
misches Labor „mit allen Aktiva einschließlich des Geschäftswerts". Aus-
genommen war nach § 2 des Vertrags lediglich das Guthaben aus dem
Geschäftskonto von F bei der B-Bank. Neben der Übernahme der Verbindlichkeiten des Einzelunternehmens wurden als Kaufpreis 62.000 DM vereinbart und von der GmbH am 02. 04. auf das private Girokonto von F
überwiesen. Umsatzsteuer wurde im Kaufvertrag nicht gesondert ausgewiesen und abgeführt. Nach § 4 des Vertrags „gehen die Parteien davon
aus, dass auf den Vorgang keine Umsatzsteuer anfällt. Eventuell von der
Veräußerin zu entrichtende Umsatzsteuer kann sie gegebenenfalls zusätzlich in Rechnung stellen." Die GmbH übernahm ab dem 01. 04. 1998 die
beiden Chemielaboranten sowie mit Ausnahme des Geschäftskontos alle
Wirtschaftsgüter des Labors. F führte von da an die Geschäfte im Namen
der Finke Handelschemie GmbH. Die von der GmbH übernommenen Verbindlichkeiten des Einzelunternehmens setzten sich zum 31. 03. 1998 wie
folgt zusammen: Darlehensverbindlichkeiten 200.000 DM, Lieferantenver-
bindlichkeiten 27.500 DM, USt-Schuld 10.500 DM.

5. Im August 1998 wurden die Geschäftsräume einschließlich der Laborgeräte durch einen Brand zerstört. Die GmbH konnte ihre Arbeit erst
wieder Anfang November mit neuen Geräten aufnehmen. Die GmbH
errechnet deswegen für das Geschäftsjahr 1998 einen Verlust (Jahresfehl-
betrag) von 210.000 DM.

6. Am 10. 12. spaltete F von ihrem Geschäftsanteil an der GmbH einen
Anteil von 10.000 DM ab und verkaufte ihn für 45.000 DM an Herrn Neumann. Die GmbH stimmte der Veräußerung am gleichen Tag zu.

7. Ende August wurde F beim Überqueren einer Straße von einem Auto
erfasst. Sie ist seitdem leicht gehbehindert (Grad der Behinderung geringer
als 25 v. H.). In einem Ende Oktober geschlossenen außerprozessualen Vergleich verpflichteten sich der Unfallverursacher und dessen Haftpflichtversicherung gesamtschuldnerisch mit Wirkung ab 01. 09. 1998, F monatlich
bis an ihr Lebensende 700 DM zu zahlen. Ausweislich des Vergleichs
berechnet sich dieser Betrag wie folgt:

- 350 DM monatlich zur pauschalen Abgeltung künftiger berufsbedingter
  Mindereinnahmen aus ihrer Geschäftsführertätigkeit;

- 150 DM monatlich Schmerzensgeld (Abgeltung der nachteiligen immateriellen Folgen des Unfalls);

- 200 DM monatlich zur Abgeltung verletzungsbedingter Mehraufwendungen im Vergleich zu einem gesunden Menschen (Medikamente,
  gelegentliche Taxibenutzung etc.).

Nach einer im Vergleich vereinbarten Wertsicherungsklausel sind die Zahlungen der Höhe nach anzupassen, sobald sich der vom Statistischen Bundesamt festgestellte Preisindex für die Lebenshaltung von 4-Personen-Arbeitnehmerhaushalten mit mittlerem Einkommen um mehr als 10 v. H. nach oben oder unten verändert.

Aufgrund des Vergleichs überwies die Haftpflichtversicherung am 02. 11. 2.100 DM (je 700 DM für die Monate September bis November) und Anfang Dezember 700 DM auf das private Girokonto von F.

Die tatsächlichen verletzungsbedingten Mehraufwendungen von F (Medikamente etc.) beliefen sich in 1998 auf insgesamt 700 DM.

8. F ist ledig. Sie wohnt seit 1997 zusammen mit ihrem Lebensgefährten Herrn Metz in einer ihr gehörenden Eigentumswohnung in Kassel. Herr Metz war seit einiger Zeit arbeitslos und hatte seine Ersparnisse aufgebraucht. Unter Hinweis auf § 193 Abs. 2 SGB III (Anlage 3) lehnte es das Arbeitsamt ab, ihm die beantragte Arbeitslosenhilfe, die sich ansonsten auf 1.400 DM monatlich belaufen hätte, auszuzahlen. F unterstützte ihn deswegen seit Beginn des Jahres 1998 bis einschließlich Juni mit Leistungen (Ernährung, Kleidung, Krankenversicherung, Geld etc.) im Wert von monatlich 1.500 DM. Ab dem 01. 07. 1998 hat Herr Metz wieder Arbeit.

9. F spekuliert gelegentlich mit Aktien. Am 15. 01. 1998 erwarb sie von der S-Bank für 3.000 DM Kaufoptionsscheine auf 500 Aktien der börsennotierten X-AG (Grundkapital 400 Mio. DM). Aufgrund dieser Optionsscheine hatte F das Recht, zum 30. 04. 1998 von der S-Bank Aktien der X-AG zum Preis von 200 DM pro Aktie zu erwerben. Die Bank stellte außerdem Spesen von 40 DM in Rechnung. Den Kaufpreis und die Spesen beglich F über ihr privates Girokonto. Die Optionen wiesen weder F noch die Finke Handelschemie GmbH in ihrer laufenden Buchführung aus.

Am 30. 04. 1998 stand der Kurs der X-Aktie bei 207 DM. F übte ihre Kaufoption über die 500 Aktien aus. Den Kaufpreis von insgesamt 100.000 DM finanzierte sie über Bankkredit (Zinssatz 9,6 v. H. p. a.). Die S-Bank hatte die Aktien am Tag zuvor von einem privaten Kleinanleger erworben, dem die Aktien seit mehreren Jahren gehörten.

10. Am 30. 06. beschloss die Hauptversammlung der X-AG überraschend eine Ausschüttung von 7 DM pro Aktie. Aufgrund des Abschlags der Dividende verringerte sich der Kurs der Aktie am 02. 07., dem ersten Tag der Notierung ex Dividende von 219,90 DM auf 213 DM. Am 23. 07. überwies die X-AG 2.576,88 DM auf das private Girokonto von F und schickte ihr eine Bescheinigung zu (Anlage 4).

11. Am 30. 09. ließ F die 500 X-Aktien von ihrer Hausbank an der Frankfurter Börse zum Kurs von 225 DM verkaufen. Für Courtage und Spesen stellte die Bank 1.300 DM in Rechnung. Der Kaufpreis abzügl. Courtage/Spesen wurde dem privaten Girokonto gutgeschrieben (111.200 DM).

Zum Fälligkeitstermin des Bankkredits (oben Nr. 9) am 30. 01. 1999 tilgte F den Kredit mitsamt Zinsen (7.200 DM für die Zeit vom 30. 04. 1998 bis 30. 01. 1999).

12. F macht in ihrer Steuererklärung 1998 unter anderem entsprechend den Eintragungen auf ihrer Lohnsteuerkarte steuerpflichtige Einkünfte aus nichtselbstständiger Arbeit von 72.000 DM geltend. Im Übrigen verweist sie auf die Übernahme des Labors „per 01. 01. 1998" durch die von ihr gegründete Finke Handelschemie GmbH.

Die Finke Handelschemie GmbH reicht im Rahmen der Körperschaftsteuererklärung 1998 eine als „steuerliche Eröffnungsbilanz der Finke Handelschemie GmbH per 01. 01. 1998" bezeichnete und von F unterschriebene Vermögensübersicht ein (Anlage 5).

In den Monaten Januar bis März hatte F – unabhängig von der Zahlung der GmbH im April (oben Nr. 3) – monatlich jeweils 6.000 DM vom Geschäftskonto auf ihr privates Girokonto überwiesen. Die laufende Buchhaltung des Labors wies zum 31. 03. 1998 bei den Aktivkonten unter Berücksichtigung der anteiligen AfA für die Monate Januar bis März folgende Salden auf: Betriebsvorrichtungen 30.000 DM, Laborgeräte 150.000 DM, Vorräte 24.000 DM, Bank 16.800 DM und Forderungen 36.000 DM. Zur Vorbereitung der Transaktion hatte ein Gutachter unstreitig den Geschäftswert mit 200.000 DM geschätzt und im Übrigen stille Reserven lediglich bei den Betriebsvorrichtungen von 10.000 DM und bei den Laborgeräten von 50.000 DM festgestellt.

Aufgabe

Ermitteln Sie für den Veranlagungszeitraum 1998 das zu versteuernde Einkommen von Frau Dr. Finke. Gehen Sie in diesem Zusammenhang auch auf die Steuerpflicht, die Veranlagungsform und den Tarif ein. Erläutern Sie, welche Beträge auf die Einkommensteuerschuld von Gesetzes wegen angerechnet werden.

Begründen Sie Ihre Entscheidungen unter Angabe der einschlägigen gesetzlichen Bestimmungen. Es soll für 1998 das günstigste steuerliche Ergebnis erzielt werden, das für dieses Jahr möglich ist.

Sonderausgaben nach § 10 EStG sind mit insgesamt 10.000 DM abzusetzen.

Schlussbilanz (Steuerbilanz) Chemielabor Finke per 31. 12. 1997:

Aktiva

Betriebsvorrichtungen	32.000 DM
Laborgeräte	160.000 DM
Vorräte	49.000 DM
Bank (Geschäftskonto bei B-Bank)	12.800 DM
Forderungen	49.000 DM
Summe	302.800 DM

Passiva

Kapital	62.800 DM
Darlehen	200.000 DM
Lieferantenverbindlichkeiten	29.500 DM
USt-Schuld	10.500 DM
Summe	302.800 DM

Gesellschaftsvertrag

§ 1 Firma und Sitz

Die Firma der Gesellschaft lautet „Finke Handelschemie GmbH".

Sitz der Gesellschaft ist Kassel.

§ 2 Gegenstand des Unternehmens

Gegenstand des Unternehmens ist die auf wissenschaftlicher Grundlage erfolgende quantitative und qualitative Analyse, das Erforschen von Stoffen aller Art, deren chemischer Zusammensetzung und Verhalten.

§ 3 Stammkapital

Das Stammkapital der Gesellschaft beträgt 50.000 DM.

Dieser Betrag ist sofort fällig.

§ 4 Dauer und Geschäftsjahr

Die Gesellschaft ist auf unbestimmte Zeit errichtet. Das Geschäftsjahr ist das Kalenderjahr.

§ 5 Geschäftsführer

Die Gesellschaft hat einen Geschäftsführer. Er vertritt die Gesellschaft allein und ist von den Beschränkungen des § 181 BGB befreit.

Auszug aus dem Sozialgesetzbuch Drittes Buch

Siebter Unterabschnitt
Arbeitslosenhilfe

Erster Titel
Voraussetzungen

§ 190 Anspruch

(1) Anspruch auf Arbeitslosenhilfe haben Arbeitnehmer, die

1. arbeitslos sind,

2. sich beim Arbeitsamt arbeitslos gemeldet haben,

3. einen Anspruch auf Arbeitslosengeld nicht haben, weil sie die Anwartschaftszeit nicht erfüllt haben,

4. die besonderen Anspruchsvoraussetzungen erfüllt haben und

5. bedürftig sind.

(2) Arbeitnehmer, die das fünfundsechzigste Lebensjahr vollendet haben, haben vom Beginn des folgenden Monats an keinen Anspruch auf Arbeitslosenhilfe.

(3) Die Arbeitslosenhilfe soll jeweils für längstens ein Jahr bewilligt werden. Vor einer erneuten Bewilligung sind die Voraussetzungen des Anspruchs zu prüfen.

§ 193 Bedürftigkeit

(1) Bedürftig ist ein Arbeitsloser, soweit er seinen Lebensunterhalt nicht auf andere Weise als durch Arbeitslosenhilfe bestreitet oder bestreiten kann und das zu berücksichtigende Einkommen die Arbeitslosenhilfe nicht erreicht.

(2) Nicht bedürftig ist ein Arbeitsloser, solange mit Rücksicht auf sein Vermögen, das Vermögen eines nicht dauernd getrennt lebenden Ehegatten oder das Vermögen einer Person, die mit dem Arbeitslosen in eheähnlicher Gemeinschaft lebt, die Erbringung von Arbeitslosenhilfe nicht gerechtfertigt ist.

Steuerbescheinigung

der ausschüttenden Körperschaft (§ 44 KStG, § 45 a EStG)

An _____ Frau Dr. Finke, ...straße .., Kassel

(Name und Anschrift des Anteilseigners/Gläubigers der Kapitalerträge)

wurden am ___2.7.1998___ für ___1997___

(Zahlungstag)   (Zeit, für welche die Kapitalerträge gezahlt worden sind)

folgende ___Dividenden___ gezahlt:

(Art der Kapitalerträge)

Leistungen, die zur Anrechnung von Körperschaftsteuer berechtigen .... 3.500 DM

Anrechenbare Körperschaftsteuer .... 1.500 DM

Leistungen aus dem Teilbetrag EK 01 (§ 30 Abs. 2 Nr. 1 KStG) .... – DM

Einnahmen aus Kapitalvermögen i. S. des § 20 EStG .... 5.000 DM

Anrechenbare Kapitalertragsteuer .... 875 DM

Anrechenbarer Solidaritätszuschlag zur Kapitalertragsteuer .... 48,12 DM

Leistungen aus dem Teilbetrag EK 04 (§ 30 Abs. 2 Nr. 4 KStG) .... – DM

Zu vergütender Körperschaftsteuer-Erhöhungsbetrag (§ 52 KStG, § 36 e EStG) ... – DM

Finanzamt, an das die Kapitalertragsteuer
und der darauf entfallende Solidaritätszuschlag abgeführt worden sind: Finanzamt Köln ...

Steuernummer ....

Ich versichere, dass ich die Angaben wahrheitsgemäß nach bestem Wissen und Gewissen gemacht habe.

Köln, den 6.7.1998 _____ ...

(Ort, Datum)   (Unterschrift)

Eigenhändige Unterschrift des gesetzlichen Vertreters der Körperschaft

Steuerliche Eröffnungsbilanz der Finke Handelschemie GmbH per 01.01.1998:

Aktiva

Betriebsvorrichtungen	32.000 DM
Laborgeräte	160.000 DM
Vorräte	49.000 DM
Forderungen	49.000 DM
Summe	290.000 DM

Passiva

Stammkapital	50.000 DM
Darlehen	200.000 DM
Lieferantenverbindlichkeiten	29.500 DM
USt-Schuld	10.500 DM
Summe	290.000 DM

Teil II: Körperschaftsteuer

Sachverhalt

Die X-GmbH mit Sitz in Frankfurt am Main betreibt einen Getränke-großhandel. Alleiniger Gesellschafter und Geschäftsführer ist der A seit Gründung der GmbH im Jahre 1980.

Die X-GmbH hat zum 31. 12. 1998 folgende **Gewinn- und Verlustrechnung:**

Aufwand			Erträge	
versch. Aufwendungen	3.000.000 DM		Erlöse	4.000.000 DM
Jahresüberschuss	2.000.000 DM		sonst. Erträge	1.000.000 DM
	5.000.000 DM			5.000.000 DM

Handelsbilanz zum 31. 12. 1998

Aktiva			Passiva	
versch. Aktiva	7.000.000 DM		Stammkapital	1.000.000 DM
			versch. Passiva	4.000.000 DM
			Jahresüberschuss	2.000.000 DM
	7.000.000 DM			7.000.000 DM

EK zum 31. 12. 1997:

  EK 45: 1.500.000 DM
  EK 04: 500.000 DM

Anderes EK ist nicht vorhanden.

Im Rahmen einer Außenprüfung trifft der Außenprüfer für 1998 folgende Feststellungen:

1. Am 31. 12. 1991 verpflichtete sich die X-GmbH, dem A für das Jahr 1991 eine Tantieme i. H. von 400.000 DM zu zahlen. Andere Arbeitnehmer erhielten keine Tantieme. Zum 31. 12. 1991 bildete die X-GmbH ohne nähere Begründung für diese Verpflichtung eine Rückstellung nicht nur von 400.000 DM, sondern von 542.000 DM.

Die Körperschaftsteuererklärung für 1991 gab die X-GmbH im September 1993 ab, und die Veranlagung für 1991 erfolgte im März 1994. Der Bescheid, in dem die Rückstellung mit 542.000 DM berücksichtigt war, wurde bestandskräftig.

In der Bilanz zum 31. 12. 1998 ist diese Rückstellung noch unverändert vorhanden. Eine auch nur teilweise Auszahlung der Tantieme ist nicht erfolgt.

Alle Bescheide bis zum Veranlagungszeitraum 1997 sind formell und materiell bestandskräftig.

2. Die X-GmbH erwirbt am 01. 07. 1998 von der Y-GmbH, deren Alleingesellschafter ebenfalls A ist, eine Maschine für 300.000 DM und bezahlt sofort 240.000 DM. Die restlichen 60.000 DM werden 1998 nicht bezahlt und in voller Höhe in der Bilanz zum 31. 12. 1998 als Verbindlichkeit passiviert. Der wirkliche Wert der Maschine beträgt 200.000 DM, die betriebsgewöhnliche Nutzungsdauer vom Tage des Verkaufs an 10 Jahre.

In der Bilanz zum 31. 12. 1998 wird die Maschine mit einem Wert von 300.000 DM aktiviert.

3. A ist bei der Z-GmbH & Co. KG (Z-KG) Gesellschafter der Komplementär-GmbH mit 75 v. H. und alleiniger Kommanditist.

Da die X-GmbH 1998 in Liquiditätsschwierigkeiten ist, verzichtet die Z-KG auf Forderungen aus Lieferungen und Leistungen an die X-GmbH i. H. von 200.000 DM. Die Forderungen haben im Zeitpunkt des Verzichts einen Wert von 150.000 DM.

Zusätzlich übernimmt die Z-KG Schulden der X-GmbH gegenüber der N-Bank i. H. von 50.000 DM. Der Wert dieser Forderung der N-Bank im Zeitpunkt der Übernahme beträgt 30.000 DM.

Andere Gläubiger verzichten nicht auf ihre Forderungen gegenüber der X-GmbH.

Die X-GmbH bucht von diesen in der Bilanz mit ihrem Nominalbetrag ausgewiesenen Verbindlichkeiten den tatsächlichen Wert des Forderungsverzichtes i. H. von 150.000 DM und die Schuldübernahme von 50.000 DM als Ertrag.

4. A gewährt der X-GmbH am 01. 02. 1998 ein Darlehen i. H. von 100.000 DM mit einem Zinssatz von 4 v. H. pro Jahr. Angemessener Zinssatz wäre 8 v. H. gewesen.

Am 01. 08. 1998 verzichtet A auf die ihm seit dem 01. 02. 1998 zustehenden Zinsen i. H. von 2.000 DM. Ab diesem Zeitpunkt ist das Darlehen für die Zukunft zinslos.

Die X-GmbH bucht den Zinsverzicht über 2.000 DM als Ertrag.

5. Am 01. 02. 1998 erwirbt die X-GmbH 51 v. H. der Anteile der M-GmbH.

Die M-GmbH betreibt eine Brauerei und erwirtschaftete im Jahre 1997 damit einen Gewinn von 200.000 DM.

Darüber hinaus betreibt die M-GmbH eine Gaststätte, die 1997 einen Verlust von 1 Mio. DM erwirtschaftete.

Der gesamte Betrieb der M-GmbH wird nach dem Anteilserwerb durch die X-GmbH unverändert fortgeführt.

Im Jahre 1998 gestaltet sich das Geschäftsergebnis M-GmbH ausgeglichen (Brauerei Gewinn 300.000 DM, Gaststätte Verlust 300.000 DM).

Das Aktivvermögen nach Teilwerten bei der M-GmbH beläuft sich 1998 durchgehend hinsichtlich der Brauerei auf 3 Mio. DM, hinsichtlich der Gaststätte auf 2 Mio. DM.

Um die Produktivität der Brauerei zu erhöhen, führt die X-GmbH im Wege der Einlage am 01. 12. 1998 eine neue Produktionsanlage im Werte von 6 Mio. DM dem Betriebsvermögen (Brauerei) der M-GmbH zu.

Mit Wirkung vom 31. 12. 1998 wird die M-GmbH rechtswirksam auf die X-GmbH verschmolzen (§§ 2 ff. UmwG). Auch die erforderlichen Eintragungen im Handelsregister werden zu diesem Zeitpunkt vorgenommen.

Die X-GmbH begehrt für 1998 bei Ermittlung des zu versteuernden Einkommens die Berücksichtigung des Verlustes der M-GmbH von 800.000 DM aus dem Jahre 1997 (Brauereigewinn von 200.000 DM abzügl. Gaststättenverlust von 1 Mio. DM).

6. A lässt sich im Februar 1998 ohne vertragliche Rückzahlungsverpflichtung von der X-GmbH einen Betrag von 30.000 DM auszahlen, den er zum Ausbau seines privaten Wohnhauses verwendet.

Im Oktober 1998 entschließt er sich, von diesem Betrag 10.000 DM zurückzuzahlen. Die Rückzahlung erfolgt im November 1998.

Nach der Satzung der GmbH ist der Gesellschafter verpflichtet, etwaige verdeckte Gewinnausschüttungen an die Gesellschaft zurückzuzahlen.

Die Auszahlung von 30.000 DM wird als Betriebsausgabe, die teilweise Rückzahlung i. H. von 10.000 DM als Betriebseinnahme gebucht.

Aufgabe

1. Nehmen Sie zu den einzelnen Sachverhalten aus der Sicht der X-GmbH Stellung und begründen Sie dabei die von Ihnen vertretene Auffassung unter Angabe der einschlägigen Vorschriften.

2. Ermitteln Sie bei der X-GmbH

   a) das Einkommen 1998
   b) die Körperschaftsteuer 1998

3. Entwickeln Sie eine Gliederung der Teilbeträge des verwendbaren Eigenkapitals zum 31. 12. 1998 einschließlich der Verringerung des verwendbaren Eigenkapitals zum 31. 12. 1998 infolge von Ausschüttungen fort.

Etwaige verfahrensrechtliche Fragen sollen ebenfalls abgehandelt werden (Fall 1).

Hinweis:

Aus Vereinfachungsgründen sollen Gewerbesteuer, Umsatzsteuer, Kapitalertragsteuer und Solidaritätszuschlag außer Betracht bleiben.

Von einer handelsrechtlich wirksamen Verschmelzung ist auszugehen (Fall 5).

Bei etwaigen Abschreibungen ist ausschließlich von der Absetzung für Abnutzung in gleichen Jahresbeträgen auszugehen, nicht von der Leistungs-AfA oder der degressiven AfA.

Aufgabe 6: Buchführung und Bilanzwesen

Prüfungsklausur für die Steuerberater-Prüfung 1999/2000

(Lösung Seite 155)

Gründung einer Kommanditgesellschaft – Einbringung von Wirtschaftsgütern in Personengesellschaft – tauschähnlicher Vorgang – Einlage einer wesentlichen Beteiligung – Einbringung eines ganzen Betriebs – negative Ergänzungsbilanz – Betriebsgrundstück – notwendiges Sonderbetriebsvermögen – niedrigerer Teilwert – Warenbestand – Vermögensverlust durch Feuerschaden – AfaA – geleistete Anzahlungen – teilentgeltlicher Erwerb eines Grundstücks – Rückstellung wg. Patentrechtsverletzung – Prozesskosten – verdeckte Einlage – Abstandszahlung an Pächter – Abbruchkosten als Anschaffungskosten – Tausch mit Baraufgabe – verdeckte Gewinnausschüttung – Vorsteuerabzug

Bearbeitungszeit: 6 Stunden

Hilfsmittel: Steuergesetze und Steuerrichtlinien
                 BGB
                 HGB

Hinweis: Die Prüfungsaufgaben sind auf der Grundlage des für den Veranlagungszeitraum **1998** geltenden Rechts (z. B. **Einkommensteuergesetz** 1997, in der Fassung der Bekanntmachung vom 16. 04. 1997, BGBl I S. 821, unter Berücksichtigung aller Änderungen bis einschließlich des Steueränderungsgesetzes 1998 vom 19. 12. 1998, BGBl I S. 3816; **Umsatzsteuergesetz** 1993 in der Fassung der Bekanntmachung vom 27. 04. 1993, BGBl I S. 565, unter Berücksichtigung aller Änderungen bis einschließlich des Gesetzes zur Anpassung steuerlicher Vorschriften der Land- und Forstwirtschaft vom 29. 06. 1998, BGBl I S. 1692) zu lösen.

Sog. Fließtexte/synoptische Texte/o. ä. Texte der zugelassenen Gesetzeswerke, die schon aktuellere Gesetzesfassungen enthalten, dürfen benutzt werden. Für die Bearbeitung ist allerdings auch hier der Stand 31. 12. 1998 maßgeblich.

Soweit die jeweils verwendeten Textausgaben nach dem jeweils aktuellen Stand die für die Lösung der Prüfungsaufgabe zeitlich oder sachlich maßgebenden Bestimmungen nicht oder nicht mehr enthalten, ist die Lösung der Prüfungsaufgabe nach den in den Textausgaben aktuell enthaltenen Fassungen der Gesetze, Verordnungen, Richtlinien usw. vorzunehmen.

Es wird nochmals darauf hingewiesen, dass auf dem Mantelbogen die von Ihnen verwendeten Hilfsmittel (Verlag und Rechtsstand) anzugeben sind.

Es wird empfohlen vor Bearbeitung den gesamten Aufgabentext vollständig zu lesen.

Teil I

Sachverhalt

Mit notariell beurkundetem Gesellschaftsvertrag vom 15. 12. 1997 gründeten Komplementär A und Kommanditist B mit Wirkung vom 01. 01. 1998 die A & B-KG, Groß- und Einzelhandel mit Waren aller Art, Saarbrücken.

Laut Gründungsvertrag sind am Gewinn und Vermögen der KG A zu einem Drittel und B zu zwei Dritteln beteiligt. Die Kapitalkonten von A und B sind in der Eröffnungsbilanz der KG gem. dem Beteiligungsverhältnis für jeden Gesellschafter in Ansatz zu bringen. Sämtliche Aufwendungen, die durch Gründung und insbesondere durch die Sacheinlagen veranlasst sind, gehen zulasten der KG.

Weitere Vereinbarungen:

1. A hat aus seinem Privatvermögen eine Bareinlage i. H. von 30.000 DM, ein unbebautes Grundstück mit einem Verkehrswert i. H. von 75.000 DM (der Bedarfswert beträgt ebenfalls 75.000 DM, der zuletzt festgestellte Einheitswert 20.000 DM) sowie einen Anteil an der C-GmbH mit einem gemeinen Wert i. H. von 45.000 DM einzubringen. Die Bareinlage zahlte A am 02. 01. 1998. A hatte das Grundstück im Jahr 1995 für 25.000 DM erworben. Nutzungen und Lasten gehen zum 01. 01. 1998 auf die KG über. An der C-GmbH war A seit deren Gründung am 01. 01. 1991 gegen Bareinlage i. H. von 25.000 DM zur Hälfte beteiligt. Nach den Vereinbarungen sollen in der Eröffnungsbilanz der KG das Grundstück mit dem Verkehrswert, der Anteil an der C-GmbH mit dem gemeinen Wert angesetzt werden.

2. B hat sein im Handelsregister eingetragenes Einzelunternehmen in die KG einzubringen. Das als wesentliche Betriebsgrundlage dienende Betriebsgrundstück (Grund und Boden sowie Gebäude) und die damit in wirtschaftlichem Zusammenhang stehenden Verbindlichkeiten durfte B jedoch zurückbehalten und gegen angemessenen Zins an die KG verpachten. B überreicht Ihnen eine von ihm selbst aufgestellte vorläufige Steuerbilanz des Einzelunternehmens (die gleichzeitig Handelsbilanz ist) zum 31. 12. 1997:

Aktiva		Passiva	
Grund und Boden	60.000 DM	Kapital	280.000 DM
Gebäude	120.000 DM	Verbindlichkeiten	320.000 DM
Geschäftsausstattung	40.000 DM		
Fuhrpark	100.000 DM		
Warenbestand	200.000 DM		
Zahlungsmittel	80.000 DM		
	600.000 DM		600.000 DM

Ein vereidigter Sachverständiger der Industrie- und Handelskammer hat für die von B eingebrachten Vermögensgegenstände und Schulden zum 31. 12. 1997 folgende zutreffenden Teilwerte ermittelt:

Grund und Boden	80.000 DM
Gebäude	150.000 DM
Geschäftsausstattung	60.000 DM
Fuhrpark	140.000 DM
Geringwertige Wirtschaftsgüter	20.000 DM
Warenbestand	220.000 DM
Zahlungsmittel	80.000 DM
Verbindlichkeiten	320.000 DM

Aus den Ihnen übergebenen Unterlagen und erteilten Auskünften ergibt sich Folgendes:

2.1 In der von B überreichten Bilanz ist unter der Position Fuhrpark ein Kleintransporter (betriebsgewöhnliche Nutzungsdauer 5 Jahre) mit 37.750 DM berücksichtigt, den B von einem befreundeten Automobilhändler in Turin am 01. 09. 1996 erworben hatte. Der Veräußerer hatte B darauf hingewiesen, dass zum 01. 10. 1996 eine Preiserhöhung für vergleichbare Fahrzeuge um 15 v. H. bevorstand. Anstelle eines Rabattes wurde für die Kaufpreisschuld i. H. von 60.000.000 ital. Lira (Umrechnungskurs am 01. 09. 1996: 1.000 ital. Lira = 1,00 DM) ein Zahlungsziel von 18 Monaten vereinbart. Die Erwerbsnebenkosten für den Import (Überführung, TÜV, Zulassung etc.) i. H. von 2.500 DM wurden von B im September 1996 bar beglichen. Die USt wurde korrekt gebucht. Da der Umrechnungskurs für 1.000 ital. Lira am 31. 12. 1996 auf 0,90 DM gesunken war, nahm B neben der linearen AfA für 1996 i. H. von 6.250 DM eine Teilwertabschreibung i. H. von 6.000 DM in Anspruch; für 1997 berücksichtigte er eine lineare AfA von 12.500 DM. Zum 31. 12. 1997 war der Umrechnungskurs für 1.000 ital. Lira wieder auf 1 DM gestiegen.

2.2 In der Bilanzposition Warenbestand sind 12.000 kg Blei in Kabeln mit einem Betrag i. H. von 15.200 DM berücksichtigt. B hatte von einer benachbarten Fabrik am 02. 12. 1997 8.000 kg für 10.400 DM zuzügl. USt und am 20. 12. 1997 4.000 kg für 4.800 DM zuzügl. USt erworben. Am 20. 03. 1998 konnte der Bestand von 12.000 kg Blei in Kabeln für 18.000 DM zuzügl. USt veräußert werden. 100 kg Blei in Kabeln wurden an der Börse vom 02. bis 16. 12. 1997 mit 135 DM, vom 17. 12. 1997 bis 7. 02. 1998 mit 120 DM und vom 18. 02. 1998 bis 20. 03. 1998 mit 140 DM gehandelt.

2.3 In der Bilanzposition Verbindlichkeiten ist die Kaufpreisschuld für den Kleintransporter i. H. von 60.000 DM berücksichtigt. Da der Umrechnungskurs für 1.000 ital. Lira auf 1,10 DM gestiegen war, mussten am 28. 02. 1998 66.000 DM zur Begleichung der Schuld aufgewendet werden. Darüber hinaus ist in den Verbindlichkeiten eine Hypothekenschuld i. H. von

100.000 DM enthalten, die auf dem Betriebsgrundstück lastet und seinerzeit zu dessen Anschaffung aufgenommen wurde.

Aufgabe

Würdigen Sie den Gründungsvorgang aus bilanzsteuerrechtlicher Sicht bei A, B und der KG. Dabei sind die Eröffnungsbilanz der KG sowie etwa erforderliche Bilanzen der Gesellschafter zum 01. 01. 1998 zu erstellen. Auf die Gewerbesteuer ist nicht einzugehen.

Anmerkungen: Gehen Sie davon aus, dass der Gesellschafter B im Einverständnis mit dem Gesellschafter A für 1998 eine möglichst niedrige Steuerbelastung wünscht. Die Gesellschafter haben Sie gebeten, sich zur Vermeidung des Prozessrisikos der Verwaltungsauffassung anzuschließen. Pfennigbeträge sind zu runden. Bei der Lösung der Aufgabe sind die im Sachverhalt angegebenen Umrechnungskurse/Börsenpreise, die gegebenenfalls von den tatsächlichen amtlichen Umrechnungskursen bzw. Börsenpreisen abweichen, anzuwenden.

Begründen Sie Ihre Entscheidungen knapp, aber erschöpfend unter Angabe der einschlägigen Vorschriften.

Teil II

Sachverhalt

Die Cycle-KG (C-KG) – Abschlusszeitpunkt 31. 12. (Wirtschaftsjahr = Kalenderjahr), Zeitpunkt der Bilanzerstellung 31. 03. des Folgejahres – ist ein namhafter Fahrradhersteller mit Sitz in Hannover. An der KG sind der Komplementär A zu $1/2$ und die Kommanditisten B und C zu je $1/4$ beteiligt.

Im Rahmen der Abschlussarbeiten für die Erstellung der Steuerbilanz zum 31. 12. 1998 sind die nachfolgenden Feststellungen und Angaben zu berücksichtigen:

1. Mit notariellem Kaufvertrag vom 01. 08. 1998 erwarb die KG ein bebautes Grundstück. Das aufstehende Gebäude sollte als Lagerhalle für die fertiggestellten Fahrräder dienen.

Nach § 2 des Kaufvertrages beträgt der Kaufpreis 420.000 DM, fällig am 31. 12. 1998. Von dem Kaufpreis entfallen auf den Grund und Boden 110.000 DM, auf das Gebäude 310.000 DM (zutreffende jährliche AfA für das Gebäude: 24.000 DM). Nach § 3 des Vertrages gehen der Besitz an dem Vertragsgegenstand und die mit ihm verbundenen Rechte, Nutzungen und Lasten mit Wirkung vom 01. 01. 1999 auf den Käufer über. Die Gefahr für den zufälligen Untergang und die zufällige Verschlechterung des Grundstücks gehen mit dem Tag des Abschlusses des notariellen Kaufvertrags auf den Käufer über. Gleichzeitig tritt der Verkäufer seinen Anspruch aus gegenwärtigen und künftigen Versicherungsleistungen an den Käufer ab (§ 4 des Kaufvertrags vom 15. 08. 1998). Gemäß § 5 des Vertrages verpflichten sich die Parteien, die Auflassung einen Tag nach Zahlung des Kaufpreises durch den Käufer bzw. dessen Hinterlegung auf einem Notaranderkonto zu erklären.

Am 30. 11. 1998 wurde das mit o. g. Vertrag erworbene aufstehende Gebäude durch einen Brand vollständig zerstört. Die Beseitigung der Trümmer übernahm entsprechend der vertraglichen Abrede der Verkäufer auf seine Kosten. Am 31. 12. 1998 überwies die KG den vereinbarten Kaufpreis von 420.000 DM vom betrieblichen Bankkonto. Mit Schreiben vom 29. 12. 1998 (Eingang bei der KG am 31. 12. 1998) erkannte die X-AG eine Versicherungsleistung aus der Gebäudeversicherung mit gleitendem Neuwertfaktor von 330.000 DM an; dieser Betrag wurde am 10. 02. 1999 auf das betriebliche Bankkonto der C-KG überwiesen. Buchungen wurden insoweit noch nicht vorgenommen. Die KG plant auf dem Grundstück die Errichtung eines neuen Lagergebäudes in 1999 (voraussichtliche Kosten: ca. 400.000 DM).

2. Im November 1998 verkaufte die C-KG ein im Jahr 1991 für 90.000 DM erworbenes, in O. belegenes unbebautes Grundstück an den Kommanditisten B. Dieser will das Grundstück, das bisher betrieblichen Zwecken der KG diente, privat nutzen. Als Kaufpreis wurden 90.000 DM vereinbart, zahlbar Anfang 1999. Nach dem notariellen Kaufvertrag sollen die Nutzungen und Lasten ab 15. 11. 1998 auf B übergehen, der noch am 30. 12. 1998 als Eigentümer im Grundbuch eingetragen wurde. Bisherige Buchung der KG:

Forderung   90.000 DM   an Grund und Boden   90.000 DM

Der Wert des Grundstücks ist von einem Sachverständigen zum 01. 11. 1998 mit 115.000 DM ermittelt worden; dieser Wert entspricht dem gemeinen Wert = dem Teilwert.

3. Bei der Fahrradherstellung verwendet die KG seit 1997 ein Verfahren zur Herstellung von 10-Gang-Nabenschaltungen in Anlehnung an ein Patent, das dem Kaufmann Gunter Sachs (S) erteilt worden ist. Die Verantwortlichen der KG wissen, dass die KG deswegen vermutlich Schadensersatz leisten muss. Wegen der 1997 ausgelieferten Fahrräder mit Nabenschaltung dürfte ein etwaiger Schadensersatzanspruch nach vorläufigen Berechnungen (die nicht zu beanstanden sind) 500.000 DM und wegen der 1998 ausgelieferten Fahrräder 800.000 DM betragen.

Im Oktober 1998 macht S Schadensersatzansprüche gegenüber der KG geltend. Als diese die Zahlung verweigert, erhebt S im Dezember 1998 Klage beim örtlichen Landgericht, über die am 31. 12. 1998 noch nicht entschieden ist. Die KG ist entschlossen, den Rechtsweg auszuschöpfen, um Zeit für die Entwicklung eines eigenen Verfahrens zu gewinnen. Die gesamten Verfahrenskosten einschließlich Sachverständigengutachten und Rechtsanwaltsgebühren beider Parteien belaufen sich für die erste Instanz voraussichtlich auf 50.000 DM, für die zwei weiteren möglichen Instanzen auf jeweils 25.000 DM.

Am 15. 03. 1999 ergeht überraschend das Urteil des Landgerichts, das die Schadensersatzleistungen auf 650.000 DM festlegt. Das Landgericht verurteilt die KG ferner, die gesamten bis dahin entstandenen Verfahrenskosten i. H. von 25.000 DM zu tragen. Um sich nicht einem jahrelangen Prozessrisiko auszusetzen, erklären beide Parteien Rechtsmittelverzicht. Die KG hat bislang noch keine Buchungen vorgenommen.

Aufgabe

1. Nehmen Sie als Steuerberater der C-KG zu den Ziffern 1 bis 3 unter Hinweis auf die einschlägigen Bestimmungen mit Begründung Stellung. Im Zweifel ist die Auffassung der Finanzverwaltung zugrunde zu legen. Im Anschluss an die jeweilige Stellungnahme mit Begründung sind sämtliche erforderlichen Buchungssätze für die Erstellung der Steuerbilanz 31. 12. 1998 zu bilden. Soweit der Sachverhalt Anlass gibt, ist darauf einzugehen, welche Buchungen im Abschluss 1997 hätten durchgeführt werden müssen.

2. Handelsrechtliche Fragestellung:

   Die Gesellschafter A, B und C der C-KG können über die zutreffende buchmäßige Behandlung der vorgenannten Sachverhalte keine Einigung erzielen. Nehmen Sie allgemein aus handelsrechtlicher Sicht Stellung zur Frage der Kompetenzverteilung zwischen den Gesellschaftern einer KG hinsichtlich der Entscheidung über die Jahresbilanz sowie die Entscheidung über einzelne Bilanzierungsmaßnahmen.

Anmerkungen

1. Gehen Sie davon aus, dass der steuerliche Gewinn der C-KG für 1998 so günstig (niedrig) wie möglich zu ermitteln ist. Gegebenenfalls erforderliche begünstigende Anträge gelten als gestellt. Die Firma wird in 1999 und den folgenden Jahren auf allen Gebieten umfangreiche Investitionen durchführen.

2. Die Firma versteuert ihre Umsätze nach den allgemeinen Bestimmungen des UStG und ist grundsätzlich zum vollen Vorsteuerabzug berechtigt.

3. Die Voraussetzungen des § 7 g EStG liegen nicht vor.

4. Auswirkungen auf die Gewerbesteuer sind nicht zu berücksichtigen.

5. Pfennigbeträge sind auf volle DM zu runden.

Teil III

Sachverhalt

Die Meyer-GmbH betreibt in Magdeburg den An- und Verkauf von Gebrauchtwagen. Alleingesellschafter der Meyer-GmbH ist Fritz Meyer, der die GmbH-Anteile im Betriebsvermögen seines Einzelunternehmens (Groß- und Einzelhandel mit Kraftfahrzeugen) hält.

Zu diesem Betriebsvermögen gehört seit 10 Jahren auch eine Beteiligung i. H. von 10 v. H. an der LKW-GmbH, die einen LKW-Handel betreibt und deren Stammkapital 250.000 DM beträgt.

Der Buchwert dieser Beteiligung beträgt 25.000 DM und entspricht dem bei Bargründung eingezahlten Betrag. Im Zuge der Neuorganisation seines Betriebes übertrug Fritz Meyer am 20. 12. 1998 rechtswirksam seine Anteile an der LKW-GmbH unentgeltlich auf die Meyer-GmbH.

Der gemeine Wert der übertragenen Beteiligung, der dem Teilwert entspricht, beträgt 100.000 DM. Die Kosten der Übertragung – die von Fritz Meyer zu tragen sind – stehen bei Bilanzerstellung noch nicht fest. Sie werden von Meyer auf 600 DM geschätzt. Buchungen wurden nicht vorgenommen, Bilanzstichtag ist der 31. 12. 1998.

Aufgabe

Nehmen Sie mit Begründung unter Angabe der einschlägigen Vorschriften Stellung zur Übertragung der Anteile an der LKW-GmbH auf die Meyer-GmbH.

Gehen Sie dabei bitte auf die Behandlung in der Steuerbilanz der Meyer-GmbH und des Einzelunternehmens Fritz Meyer ein. Die Steuerbilanzen sind gleichzeitig Handelsbilanzen. Evtl. notwendige Buchungssätze sind anzugeben.

Teil IV

Sachverhalt

Der Kaufmann Xaver Schulz betreibt in Magdeburg als Einzelunternehmer einen Einzelhandel mit Landmaschinen. Er ist außerdem alleiniger Gesellschafter der X-GmbH mit Sitz in Magdeburg, die einen Großhandel mit Landmaschinen betreibt. Die Beteiligung an der X-GmbH gehört zum Betriebsvermögen des Einzelunternehmens.

Ein Organschaftsverhältnis liegt nicht vor.

Aus Haftungserwägungen und aus Gründen der Neuorganisation seiner Unternehmen entschloss sich Schulz, das zum Betriebsvermögen des Einzelunternehmens gehörende Betriebsgrundstück in das Betriebsvermögen der X-GmbH zu überführen.

Das im Anlagenverzeichnis unter „unbebaute Grundstücke" erfasste Grundstück ist nur mit einer alten Garage bebaut und soll zu Lagerzwecken genutzt werden. Das Grundstück liegt in einem Gewerbegebiet und hat eine Größe von 800 m². Nach der Richtwertkarte des Gutachterausschusses beim Katasteramt beträgt der Quadratmeterpreis in diesem Gebiet 100 DM.

Mit notariellem Vertrag vom 01. 10. 1998 erwarb die X-GmbH das Grundstück.

Als Tag des Übergangs von Besitz, Nutzungen und Lasten wurde der 01. 11. 1998 vereinbart.

Der vereinbarte Kaufpreis beträgt 100.000 DM.

Die Kosten für die Beurkundung des Kaufvertrages (700 DM und 112 DM Umsatzsteuer) und die Eintragung in das Grundbuch (200 DM) trug vereinbarungsgemäß die GmbH.

Bei Bezahlung im November 1998 wurde wie folgt gebucht:

Rechts- und Beratungskosten	900 DM	an Bank	1.012 DM
Vorsteuer	112 DM		

Da das Grundstück verpachtet war, aber von der X-GmbH ab dem 01. 11. 1998 genutzt werden sollte, leistete sie an die Pächter eine Abstandszahlung i. H. von 10.000 DM, damit die Pächter den noch 4 Jahre laufenden Pachtvertrag vorzeitig auflösen und das Grundstück räumen. Aufgrund der Zahlung am 27. 10. 1998 wurde gebucht:

sonstige Grundstücksaufwendungen	10.000 DM	an Bank	10.000 DM

Außerdem übernahm die X-GmbH die Kosten für den Abriss der alten Garage im November 1998. Die Rechnung vom 05. 12. 1998 über 8.000 DM und 1.280 DM Umsatzsteuer wurde erst bei Bezahlung am 10. 01. 1999 auf dem Konto „Reparaturen und Instandhaltung von Bauten" gebucht. Die Garage wird im Anlagenverzeichnis bei Schulz nur mit dem Erinnerungswert von 1 DM geführt.

Mit Steuerbescheid vom 03. 12. 1998 wurde die Grunderwerbsteuer von 3.500 DM festgesetzt und bei Bezahlung am 06. 01. 1999 auf dem Konto „sonstige Steuern" gebucht.

Der Kaufpreis wurde von der X-GmbH an Schulz wie folgt beglichen:

a) Überweisung von 60.000 DM im Oktober 1998 durch Bank

b) Lieferung eines Mähdreschers zu einem handelsüblichen Preis von 40.000 DM, den Schulz schon im August 1998 für den genannten Preis bestellt hatte und im Oktober 1998 geliefert bekam

Gebucht wurde bei der X-GmbH nur die Banküberweisung:

unbebaute Grundstücke   60.000 DM   an Bank   60.000 DM

Im Einzelunternehmen Schulz wird das Grundstück mit 50.000 DM im Anlagevermögen ausgewiesen.

Gebucht wurde auch hier nur die Kaufpreiszahlung:

Bank	60.000 DM	an unbebaute Grundstücke	50.000 DM
Anlagenabgänge	50.001 DM	Bauten auf eigenem Grundstück (Garagen)	1 DM
		Erlöse aus Anlagenverkäufen	60.000 DM

Aufgabe

Beurteilen Sie den Sachverhalt für das Einzelunternehmen Schulz und die X-GmbH aus bilanzsteuerrechtlicher Sicht unter Hinweis auf die einschlägigen Vorschriften für das Jahr 1998. Bilanzstichtag ist der 31. 12. 1998.

Es sind nur Steuerbilanzen zu erstellen, die gleichzeitig Handelsbilanzen sind.

Soweit Korrekturbuchungen erforderlich sind, geben Sie bitte die Buchungssätze an.

Formelle Voraussetzungen gelten als erfüllt. Gegebenenfalls erforderliche Rechnungen und Bescheinigungen gelten als ordnungsgemäß erteilt.

Aufgabe 7:
Verfahrensrecht und andere Steuerrechtsgebiete

Prüfungsklausur für die Steuerberater-Prüfung 1999/2000

(Lösung Seite 169)

Teil I: Abgabenordnung und Finanzgerichtsordnung

Nichterfassung von Warenverkäufen – Hinterziehung gem. § 370 AO – Steuerverkürzung – Vorsatz – Steuergefährdung – Berichtigung eines ESt-Bescheides – Festsetzungsverjährung – nachträglich bekannt gewordene Tatsache – grobes Verschulden – Einspruch – Drei-Tage-Regelung (§ 122 AO) – Einspruchsfrist – Zulässigkeit einer Klage – Klagefrist – Inhalt der Klage – Verpflichtungsklage – ähnliche offenbare Unrichtigkeit – Änderung eines Steuerbescheides

Teil II: Umsatzsteuer

Unternehmereigenschaft – GbR – Bruchteilsgemeinschaft – Vermittlung von Lebensversicherungen – sonstige Leistung – offener Steuerausweis – Nutzungsüberlassung – Mehrfamilienhaus – Vermietungsleistung – Option – Teilleistungen – Zuordnungswahlrecht – steuerbarer Eigenverbrauch – unentgeltliche Leistung nach § 3 Abs. 9 a Nr. 1 UStG – Vorsteuerabzug – steuerfreie Umsätze – Vorsteueraufteilung – Vorsteuerkorrektur – Lieferung eines Grundstücks – Ausfuhrlieferungen – Ausfuhrnachweis – Nullregelung – Abzugsverfahren – steuerpflichtige Werklieferung – Lieferung eines PKW – private PKW-Nutzung – 1 v. H.-Methode

Teil III: Erbschaftsteuer und Schenkungsteuer

Testament – Grundstücke – Kapitalbeteiligung – Bargeld – Bankguthaben – Aktien – Hausrat – Vermächtnis – testamentarische Rentenverpflichtung – Nachlassverbindlichkeiten – Erblasserschulden – Erbfallschulden – Geldvermächtnis – Sachvermächtnis – Beerdigungskosten – Berücksichtigung früherer Erwerbe – Steuerentlastungsbetrag nach § 19 a ErbStG – steuerpflichtiger Erwerb

Bearbeitungszeit: 6 Stunden

Hilfsmittel: Steuergesetze und Steuerrichtlinien
                      BGB
                      HGB

Hinweis: Der Aufgabenteil Umsatzsteuer ist auf der Grundlage des für den Veranlagungszeitraum **1998** geltenden Rechts (**Umsatzsteuergesetz** 1993 in der Fassung der Bekanntmachung vom 27. 04. 1993, BGBl I S. 565 unter Berücksichtigung aller Änderungen bis einschließlich des Gesetzes zur Anpassung steuerlicher Vorschriften der Land- und Forstwirtschaft vom 29. 06. 1998, BGBl I S. 1692) zu lösen. Die Aufgabenteile **Abgabenordnung** sowie **Erbschaft- und Schenkungsteuer** können ebenfalls auf der Grundlage des für den Veranlagungszeitraum 1998 geltenden Rechts gelöst werden, obwohl der Sachverhalt in 1999 spielt. Die Änderungen der Abgabenordnung sowie des Erbschaft- und Schenkungsteuerrechts ab dem 01. 01. 1999 sind nicht prüfungsrelevant.

Sog. Fließtexte/synoptische Texte/o. ä. Texte der zugelassenen Gesetzeswerke, die schon aktuellere Gesetzesfassungen enthalten, dürfen benutzt werden. Für die Bearbeitung ist allerdings auch hier der Stand 31. 12. 1998 maßgeblich.

Soweit die jeweils verwendeten Textausgaben nach dem jeweils aktuellen Stand die für die Lösung der Prüfungsaufgabe zeitlich oder sachlich maßgebenden Bestimmungen nicht oder nicht mehr enthalten, ist die Lösung der Prüfungsaufgabe nach den in den Textausgaben aktuell enthaltenen Fassungen der Gesetze, Verordnungen, Richtlinien usw. vorzunehmen.

Es wird nochmals darauf hingewiesen, dass auf dem Mantelbogen die von Ihnen verwendeten Hilfsmittel (Verlag und Rechtsstand) anzugeben sind.

Teil I: Abgabenordnung und Finanzgerichtsordnung

Sachverhalt

Am heutigen Tage erscheint in Ihrer Praxis als neuer Mandant der ledige und konfessionslose Bäcker- und Konditormeister Mario Bärenkötter (B). Er schildert Ihnen den nachfolgenden, in tatsächlicher Hinsicht unstreitigen Sachverhalt. Zugleich legt er Ihnen die entsprechenden schriftlichen Unterlagen vor, die – soweit erforderlich – wiedergegeben sind.

B betreibt in Neustadt, Zuckerstr. 1, auf eigenem Grundstück eine Bäckerei und Konditorei mit angeschlossenem Bistro.

Die Einkommensteuer-(ESt-)Erklärungen für die Jahre 1995, 1996 und 1997 hat B jeweils bis zum 31. 05. des Folgejahres beim zuständigen Finanzamt Neustadt (FA) eingereicht. Der ESt-Bescheid 1995 wurde am 30. 09. 1996 zur Post gegeben und setzte die Einkommensteuer auf 40.000 DM fest. Die Einkommensteuer 1996 wurde mit Bescheid vom 05. 11. 1997 (= Tag der Aufgabe zur Post) auf 50.000 DM festgesetzt.

Der ESt-Bescheid 1997 wurde am 11. 12. 1998 wegen Ausfalls der EDV-Anlage manuell gefertigt, anschließend vom zuständigen Sachgebietsleiter gezeichnet und noch am gleichen Tage zur Post gegeben. Er setzte die ESt auf 45.000 DM fest.

Alle Bescheide enthielten eine ordnungsgemäße Rechtsbehelfsbelehrung und waren ohne Nebenbestimmung ergangen.

Ende Februar 1999 führte das FA bei B eine Außenprüfung (Ap) durch. Sie erstreckte sich lt. formell ordnungsgemäßer Prüfungsanordnung (Tag der Aufgabe zur Post 05. 01. 1999) u. a. auf die ESt 1995–1997.

Aus dem Prüfungsbericht vom 30. 03. 1999 ergeben sich die zutreffend wiedergegebenen Feststellungen:

„ ...

Einkommensteuer 1995

Tz. 6: Der Stpfl. hat auf dem freien Markt Mehl und Zucker dunkler Herkunft im eigenen Namen und für eigene Rechnung erworben und weiterveräußert. Die Geschäftsvorfälle waren weder im Wareneingang noch im Warenausgang steuerlich erfasst. Die Vorgänge waren aufgrund einer anderweitigen Prüfung durch eine zu den Steuerakten des Stpfl. genommene Kontrollmitteilung Ende August 1998 dem FA bekannt geworden. Die Nettoaufwendungen bzw. -erlöse wurden mithilfe des Stpfl. wie folgt ermittelt:

Warenerlöse in 1995: 30.000 DM   Wareneinkauf in 1995: 15.000 DM

Der Stpfl. wurde darauf hingewiesen, dass die straf- und bußgeldrechtliche Würdigung dieser Vorgänge einem besonderen Verfahren vorbehalten bleibt (§ 201 Abs. 1 AO).

Tz. 7: In 1995 hatte der Stpfl. beabsichtigt, in der Nachbarschaft Altstadt eine Bäckereifiliale zu eröffnen. Seine konkreten Planungen stellten sich noch in 1995 als wenig aussichtsreich heraus. Hierfür sind dem Stpfl. in 1995 Aufwendungen von insgesamt 3.000 DM (netto) für die beabsichtigte Errichtung der Filiale in Altstadt entstanden. Der Aufwand ist bisher wegen gröbster Fehler in der Buchführung des Stpfl. nicht berücksichtigt worden. Er verlangte während der Prüfung die Berücksichtigung als Betriebsausgaben.

Einkommensteuer 1996

Tz. 8: Der Stpfl. war zusammen mit seiner Schwester Maria Bärenkötter, die im Hause ihres Bruders eine eigene Wohnung bewohnt, sowohl an der Bodensee Hotel KG in Konstanz als auch an einer Erbengemeinschaft (Mietshaus) in Leipzig beteiligt. Für die betroffen Jahre lagen dem FA Feststellungsmitteilungen der zuständigen Finanzämter vor. Bei der ESt-Veranlagung 1996 kam es wegen der großen Namensähnlichkeit der beiden Steuerpflichtigen zu einer doppelten Verwechslung.

Die Feststellungsmitteilungen bezüglich der Hotelbeteiligung lauteten richtig:

Mario Bärenkötter   ./. 8.500 DM
Maria Bärenkötter   ./. 8.050 DM

Im ESt-Bescheid 1996 wurde dagegen für den Stpfl. ein Verlust von 8.050 DM berücksichtigt.

Die Feststellungsmitteilung hinsichtlich der Erbengemeinschaft sah für

Mario Bärenkötter ./. 5.020 DM und für
Maria Bärenkötter ./. 5.220 DM

vor. Im ESt-Bescheid 1996 wurde für den Stpfl. jedoch ein Verlust von 5.220 DM angesetzt. Nunmehr verlangt er eine entsprechende Korrektur durch die Außenprüfung.

Einkommensteuer 1997

Tz. 7: Der Stpfl. hat im November 1997 an den Tennisverein Rot-Weiß Neustadt e. V. eine zweckgebundene Spende i. H. von 1.000 DM zur Errichtung einer Tennishalle für das Wintertraining in der gesetzlich vorgesehenen Weise geleistet. Dafür hat er eine ordnungsgemäße Spendenquittung erhalten und entsprechend steuerlich geltend gemacht. Weitere unbeschränkt abzugsfähige Sonderausgaben hat der Stpfl. nicht geltend gemacht.

Ende Oktober 1998 hat der Stpfl. vom Tennisverein ein Schreiben erhalten, wonach aus baurechtlichen Gründen die Halle nicht errichtet werden darf und die Spende daher zurückgezahlt wird. Dem Schreiben war ein Scheck über 1.000 DM beigefügt, den der Stpfl. alsbald eingelöst hat.

Mit Schreiben vom 10. 12. 1998, lt. Eingangsstempel am 11. 12. 1998 beim FA eingegangen, teilte der Stpfl. die Rückzahlung der Spende mit. Trotz intensiver Befragung des zuständigen Sachgebietsleiters kann sich dieser nicht erinnern, ob er die eingegangene Post dieses Tages und damit auch das Schreiben des Stpfl. vor oder nach abschließender Zeichnung der ESt-Veranlagung des B gesehen hat.

Tz. 9: Weitere Feststellungen wurden nicht getroffen.

Tz. 10: Der Stpfl. hat auf die Zusendung des Prüfungsberichtes vor Auswertung verzichtet.

...“

Aufgrund der Ap erteilte das FA für die **Einkommensteuer 1995** einen mit einer ordnungsgemäßen Rechtsbehelfsbelehrung versehenen Berichtigungsbescheid, der am 29. 04. 1999 mit einfachem Brief zur Post gegeben wurde. Er ging dem B am 30. 04. 1999 zu. Die ESt 1995 wurde bei einem Steuersatz von 40 v. H. auf 52.000 DM erhöht. In der Begründung hieß es: „Die Einkünfte aus Gewerbebetrieb (§ 15 EStG) wurden wegen der nicht erklärten Warenverkäufe nach § 173 Abs. 1 Nr. 1 AO um 30.000 DM erhöht. Eine Berücksichtigung der Wareneinkäufe sowie der Aufwendungen für die Errichtung einer Filiale konnten wegen groben Verschuldens am nachträglichen Bekanntwerden dieser Tatsachen nicht berücksichtigt werden (§ 173 Abs. 1 Nr. 2 Satz 2 AO).“

B reagierte darauf mit Schreiben vom 30. 04. 1999, das er am gleichen Tage persönlich beim FA abgab. Das Schreiben ist vollinhaltlich wiedergegeben.

„Neustadt, den 30. 04. 1999

Finanzamt Neustadt   Eingangsstempel des FA

Neustadt   30. 04. 1999

Betrifft: Steuernummer 333/4711

Gegen den berichtigten Einkommensteuerbescheid 1995 lege ich den

zulässigen Rechtsbehelf

ein.

Die Nichtberücksichtigung meiner Aufwendungen halte ich nicht für zutreffend. Das FA sollte den Bescheid nochmals überprüfen. Die Mehrsteuern von 12.000 DM habe ich wegen der Zahlungsaufforderung heute unter Vorbehalt an das FA überwiesen, um Vollstreckungsmaßnahmen zu vermeiden."

Mit Schreiben vom 15. 06. 1999 teilte das FA dem B mit, dass der Rechtsbehelf wegen § 122 Abs. 2 Nr. 1 AO unzulässig sei, da am 30. 04. 1999 der berichtigte ESt-Bescheid 1995 noch nicht formell bekannt gegeben gewesen sei.

Ein Rechtsbehelf gegen einen nicht vorhandenen Verwaltungsakt sei daher nicht möglich. B wurde zur Stellungnahme und ggf. Rücknahme des Rechtsbehelfes bis zum 15. 07. 1999 aufgefordert.

B beantwortete das Schreiben nicht.

Daraufhin erließ das FA eine Rechtsbehelfsentscheidung, die am 14. 09. 1999 zur Post gegeben und dem B am 15. 09. 1999 mit Postzustellungsurkunde ausgehändigt wurde. Der Rechtsbehelf wurde mit der vorgenannten Begründung nach § 358 AO als unzulässig verworfen. Die Entscheidung war mit einer ordnungsgemäßen Rechtsbehelfsbelehrung versehen.

Das FA lehnte ferner mit gesondertem Schreiben vom 14. 09. 1999 (= Tag der Aufgabe zur Post mit einfachem Brief) die während der Ap beantragte Berichtigung des ESt-Bescheides 1996 mit der Begründung ab, die Voraussetzungen des § 175 Abs. 1 Nr. 1 AO lägen nicht vor, da das FA die Folgerungen aus den Feststellungsbescheiden bereits gezogen habe. Es war eine ordnungsgemäße Rechtsbehelfsbelehrung beigefügt.

Die ESt 1997 wurde mit Bescheid vom 14. 09. 1999 (= Tag der Aufgabe zur Post) auf 45.400 DM festgesetzt. In der Begründung des Bescheides heißt es: „Der Bescheid ist nach § 175 Abs. 1 Nr. 2 AO berichtigt worden. Wegen Rückzahlung der Spende wurden die unbeschränkt abzugsfähigen Sonderausgaben um 1.000 DM gemindert."

Aufgabe

B möchte von Ihnen steuerlich beraten werden und möchte folgende Fragen beantwortet haben:

1. Besteht die Möglichkeit, dass B wegen der Warengeschäfte und deren steuerlicher Behandlung straf- und/oder ordnungswidrigkeitsrechtliche Verfehlungen begangen hat?

2. Hat das FA den ESt-Bescheid 1995 vom 30. 09. 1996 zutreffend berichtigt? Gehen Sie dabei auch auf die formalen Bescheidberichtigungsvorschriften sowie die Rechtsansicht des FA ein.

3. Hat das FA den Rechtsbehelf des B bezüglich der ESt 1995 zu Recht aus dem genannten Grund als unzulässig verworfen? Gehen Sie dabei auch – soweit sich dies aufgrund des Sachverhaltes aufdrängt – auf die übrigen Zulässigkeitsvoraussetzungen ein.

4. B möchte gegen die Rechtsbehelfsentscheidung vom 14. 09. 1999 wegen der ESt 1995 Klage beim zuständigen Finanzgericht erheben. Nennen Sie alle Voraussetzungen für eine wirksame Klageerhebung. Gehen Sie auch auf die Sollvoraussetzungen einer Klage ein. Bis wann ist Klage zu erheben?

5. **Unterstellt,** das FA hätte einen form- und fristgerechten Einspruch des B gegen eine mit gesondertem Schreiben vom 15. 06. 1999 abgelehnte Berichtigung des ESt-Bescheides 1996 mit einer ordnungsgemäßen Rechtsbehelfsbelehrung versehenen Einspruchsentscheidung vom 14. 09. 1999 (= Tag der Aufgabe zur Post mit einfachem Brief) mit der bisherigen Rechtsauffassung als unbegründet abgewiesen.

   B möchte gegen die Einspruchsentscheidung beim FG klagen. Er bittet Sie, die Erfolgsaussichten einer Klage zu prüfen, und möchte wissen, welche Klage bis wann zu erheben ist. Auf weitere Zulässigkeitsvoraussetzungen ist nicht einzugehen.

6. B möchte wissen, ob die Berichtigung des ESt-Bescheides 1997 zu Recht erfolgt ist und was gegebenenfalls zu veranlassen ist.

Bearbeitungshinweis:

Geben Sie zur Begründung Ihrer Antworten die einschlägigen gesetzlichen Vorschriften an (Vorschrift, Absatz, Satz, Nr., Buchstabe).

Gehen Sie bei der steuerlichen Auswirkung von einem Steuersatz von 40 v. H. aus.

Teil II: Umsatzsteuer

E. Seeger wohnt in Neubrandenburg (Mecklenburg-Vorpommern). Erstmals im Kalenderjahr 1998 begann er neben seiner Tätigkeit als Arbeitnehmer gelegentliche Geschäfte zur Aufbesserung seines Einkommens zu tätigen, wobei er von Nebeneinnahmen von rund 40.000 DM jährlich ausgeht.

Wegen dieser Nebentätigkeit und wegen der Ende 1998 gemeinschaftlich mit seiner Lebensgefährtin M. Born begonnenen Vermietung beauftragten beide den in Neubrandenburg ansässigen Steuerberater D. Kauke mit der Überprüfung der nachfolgenden Sachverhalte. Dazu legten sie Belege, Aufzeichnungen und sonstige Unterlagen vor.

Aufgabe

1. Nehmen Sie zu der Frage der Unternehmereigenschaft und des Umfangs des Unternehmens von E. Seeger und M. Born Stellung.

2. Beurteilen Sie die Sachverhalte 1 bis 6 hinsichtlich Steuerbarkeit, Steuerpflicht bzw. Steuerbefreiung und etwaiger Vorsteuerabzüge. Geben Sie dabei auch Bemessungsgrundlage und Zeitpunkt der Steuerentstehung an. Optionsrechte sind auszuüben.

Gehen Sie von der Regelbesteuerung und von monatlichen Voranmeldungen aus.

Sachverhalt 1

Vermittlung von zehn Lebensversicherungen im Bekanntenkreis im Großraum Neubrandenburg in der Zeit 01. 01. 1998 – 30. 09. 1998. Seeger und sein Auftraggeber, C. Kämmer, vereinbarten 250 DM je Abschluss. Den Erhalt der Beträge quittierte Seeger wie folgt:

„Erhard Seeger
Jurij-Gagarin-Ring 11
17036 Neubrandenburg

Für die Vermittlung von Lebensversicherungen berechne ich 2.500 DM zulasten Herrn Carsten Kämmer, Dortmund.
1.000 DM erhalten. Seeger
Neubrandenburg, 15. 10. 1998"

Auf Drängen seines Auftraggebers setzte er hinzu „zzgl. 15 % MwSt". Kämmer versprach, den Rest des vereinbarten Betrages im November des gleichen Jahres zu zahlen, geriet in der Folgezeit in Zahlungsschwierigkeiten und hat bis jetzt die Restforderung nicht beglichen.

Sachverhalt 2

Mit Vertrag vom 01.10.1998 erwarben Seeger und Born gemeinschaftlich ein Mehrfamilienhaus (Baubeginn Dezember 1993, Fertigstellung Dezember 1994) in sehr guter Lage „Neubrandenburg, Stadtring 3" für 600.000 DM zuzügl. von den Erwerbern zu tragender Grunderwerbsteuer. Nutzen und Lasten gingen vereinbarungsgemäß am 01.11.1998 über.

Das Erdgeschoss (60 m²) ist als Laden eingerichtet und seit Februar 1996 an V. Tex – Feine Wäsche – für monatlich 6.000 DM zuzügl. USt vermietet.

Das Obergeschoss (50 m²) ist seit Juli 1996 an den Kinderarzt Dr. F. Kurz für monatlich 5.000 DM vermietet.

Seeger und Born traten insoweit ab dem 01.11.1998 in beide Mietverträge ein.

Das bisher leer stehende Dachgeschoss (40 m²) war wegen der Dacharbeiten bis 15.12.1998 nicht nutzbar und wurde in 1999 entgegen der ursprünglichen Absicht, es an einen Programmierer für dessen berufliche Zwecke zu vermieten, von M. Born zu Eigenwohnzwecken bezogen. Diese Nutzung erfolgt unentgeltlich.

Neben einer Ausfertigung des Kaufvertrages und den beiden Mietverträgen werden noch Notar-, Makler- und Gutachterrechnungen i. H. von insgesamt 40.000 DM zuzügl. jeweils offen ausgewiesener USt (insges. 6.400 DM) vorgelegt. Alle Rechnungen datieren aus 1998, ihre Bezahlung erfolgte nach den beigelegten Überweisungsaufträgen zum Teil erst im Januar 1999.

Sachverhalt 3

Im April erhielt Seeger ein Kaufangebot über 160 Paar Winterstiefel, ebenso viele Fellmützen, 100 Stück Koppelzeug und 60 ABC-Schutzmasken zum Sonderpreis von insgesamt 15.000 DM. Dazu noch 10.000 Ampullen eines hochwirksamen Vitamin-C-Präparates für weitere 20.000 DM. Er versprach, die Sachen abzunehmen, sobald er seinerseits Abnehmer gefunden habe. Bereits einen Monat später erwarb Seeger die ihm angebotenen Sachen gegen Zahlung von 35.000 DM in bar ohne Quittung und lagerte alles bis zum angebahnten Weiterverkauf in seiner Garage ein. Mit seinem Lieferanten vereinbarte er die Wiederholung solcher Geschäfte.

Seeger und sein Abnehmer, K. Zanki aus Stettin (Polen), lt. Visitenkarte Inhaber einer in Malmö ansässigen Import- und Exportfirma (schwedische USt-IdNr.), verfuhren wie folgt:

Die Winterstiefel, Fellmützen, Koppelzeug und Schutzmasken wurden von Zanki im Juni 1998 in Neubrandenburg abgeholt. Zanki bezahlte

17.000 DM in bar und transportierte die Sachen in seinem Kraftfahrzeug von Neubrandenburg nach Stettin, ein Ausfuhrnachweis liegt insoweit vor.

Das Paket mit dem Vitaminpräparat übergab Seeger einen Monat später persönlich in Stettin an Zanki gegen Zahlung von 25.000 DM in bar. Eine Ausfuhr wurde nicht deklariert.

Zanki quittierte („... div. Ausrüstung 17.000 DM und Vitamin C 25.000 DM, in bar, Stettin, 01. 07. 1998 ...") beide Geschäfte auf einem Briefbogen seiner Malmöer Firma. Weitere Belege liegen Seeger nicht vor.

Sachverhalt 4

J. Gierek, ein in Polen ansässiger und in Deutschland steuerlich nicht geführter Bauunternehmer, führte in 1998 folgende Arbeiten durch:

a) Neubau eines geräumigen Lagerschuppens (01. 07. 1998 – 25. 07. 1998) auf Seegers Grundstück „Neubrandenburg, Alte Gasse 11" in Seegers Auftrag für 40.000 DM. Seeger will darin zum Weiterverkauf bestimmte Waren lagern.

b) Dachsanierung infolge von Baumängeln am Gebäude „Neubrandenburg, Stadtring 3" für 50.000 DM zuzügl. USt (05. 11. 1998 – 15. 12. 1998) im Auftrag von Seeger und Born.

Beide Maßnahmen wurden nach Seegers Plänen und Weisungen als „Komplett- und Terminarbeiten; Material und Personalgestellung durch Gierek" abgewickelt. Gierek stellte für beide Maßnahmen Rechnungen seiner polnischen Firma aus. Die Rechnung für den Neubau des Lagerschuppens wurde als „Nettorechnung" ausgestellt. Die Rechnung für die Dachsanierung beinhaltet auf Wunsch der GbR-Gesellschafter offen ausgewiesene USt nach dem UStG. Die Rechnungen wurden bei Beendigung der einzelnen Baumaßnahmen erteilt; die Bezahlung erfolgte in bar bei Rechnungserteilung.

Sachverhalt 5

Anfang Dezember 1998 erwarb Seeger drei gebrauchte Personalcomputer (PC) für insgesamt 1.500 DM. Die vom Veräußerer und Seeger bei Übergabe unterzeichnete Urkunde weist Namen und Anschriften beider Parteien, Kaufdatum, Kaufgegenstand und Kaufpreis ohne offen ausgewiesene USt aus. Seeger ließ bei einem ortsansässigen EDV-Händler für insgesamt 200 DM zuzügl. USt (ordnungsgemäße Rechnung liegt vor) eine Funktionsprüfung vornehmen in der Absicht, die PCs im Januar 1999 an einen polnischen Händler in Stettin gewinnbringend zu verkaufen. Am Weihnachtsabend 1998 schenkte er einen der PCs der Tochter seiner Lebensgefährtin. Der PC hatte zu diesem Zeitpunkt einen Wert von 1.000 DM.

Sachverhalt 6

Mit seinem PKW legte Seeger nach eigenen Aufzeichnungen in 1998 15.000 km geschäftlich und 20.000 km privat zurück. Von den geschäftlich gefahrenen km entfallen 2.000 km auf Seegers Vermittlung von Lebensversicherungen. Es liegen Belege über Kfz-Kosten von insgesamt 10.000 DM zuzügl. insgesamt 1.550 DM USt, Belege über Kfz-Steuer und Versicherungen i. H. von insgesamt 3.000 DM und ein Kaufvertrag/Rechnung eines in Neubrandenburg ansässigen Autohauses vor:

> „... Neuwagen der Marke ...
> Netto-Listenpreis 40.000 M abzügl. 5 % Rabatt ...
> Netto-Endpreis 38.000 DM zuzügl. 15 % USt, 5.700 DM ...
> Neubrandenburg, 05. 01. 1998 "

Alle Beträge wurden in 1998 bezahlt.

Seeger wünscht einen möglichst günstigen umsatzsteuerlichen Ansatz für 1998.

Teil III: Erbschaft- und Schenkungsteuer

Sachverhalt

Am 04. 03. 1999 verstarb in Augsburg, Am Wiesengrund 4, der unverheiratete, frühere Unternehmer Peter Müller (Erblasser = E).

Mit notariellem Testament vom 15. 01. 1999 hatte der – damals bereits schwer kranke – E den Sohn seiner Schwester (Neffen) zum Alleinerben eingesetzt.

Gleichzeitig bestimmte er in diesem Testament, dass seine

a) Schwester einen Betrag von 200.000 DM zum Erwerb der Eigentumswohnung Nr. 4 in Augsburg, Am Stadtgraben 12 (Kaufpreis: 200.000 DM, Grundbesitzwert: 120.000 DM), vom Bauträger Wohnbau Huber KG, Augsburg, und

b) Lebensgefährtin die bisher gemeinsam bewohnte Eigentumswohnung in Augsburg, Am Wiesengrund 4 (Verkehrswert: 450.000 DM, Grundbesitzwert: 270.000 DM), einschließlich der Wohnungseinrichtung erhalten solle.

Der Nachlass des Erblassers bestand aus folgenden Vermögenswerten:

– Eigentumswohnung in Augsburg, Am Wiesengrund 4

– Beteiligung von 30 v. H. an der X-GmbH, Augsburg
  (Steuerwert: 300.000 DM)

– Übriges Vermögen: Bargeld (30.000 DM), Bankguthaben (140.000 DM), Aktien (Nennwert 80.000 DM, Kurswert am 04. 03. 1999: 400 v. H.)

– Hausrat (ursprünglicher Anschaffungspreis: 160.000 DM, Veräußerungspreis am 04. 03. 1999: 80.000 DM)

Weitere Angaben:

Der Erblasser hatte seiner Schwester (geb. am 28. 01. 1919) mit Vertrag vom 28. 01. 1982 eine Leibrente von 1.500 DM/mtl. ausgesetzt; aufgrund des Testaments musste der Neffe diese Rentenverpflichtung übernehmen.

Die Schwester des Erblassers hat – dem Wunsch ihres Bruders entsprechend – am 14. 04. 1999 die Eigentumswohnung Augsburg, Am Stadtgraben 12 (Wohnung Nr. 4), zum Kaufpreis von 200.000 DM erworben.

Die Beerdigungskosten, die vom Neffen getragen wurden, betrugen 18.500 DM.

Der Erblasser hatte seinem Neffen bereits am 01. 01. 1998 seinen Gewerbebetrieb im Wege der vorweggenommenen Erbfolge übertragen (Steuerwert: 01. 01. 1998: 600.000 DM, 04. 03. 1999: 800.000 DM), den der Neffe seit diesem Zeitpunkt betreibt. Der Erblasser hatte dem für die Erbschaftsteuer zuständigen Finanzamt unwiderruflich erklärt, dass der Freibetrag nach § 13 a ErbStG für diese Schenkung in Anspruch genommen wird.

Das Finanzamt setzte mit Bescheid vom 11. 09. 1998 die Schenkungsteuer gegenüber dem Neffen – unter Berücksichtigung des Freibetrags nach § 13 a ErbStG von 500.000 DM, des Bewertungsabschlags von 40.000 DM und der Tarifbegrenzung nach § 19 a ErbStG – i. H. von 2.800 DM bestandskräftig fest.

Aufgabe

Der Neffe beauftragt Sie, die Erbschaftsteuer für **alle** Erwerbe von Todes wegen zu ermitteln.

Lösungen

Lösung zu Aufgabe 1:
Steuern vom Einkommen und Ertrag

1. Persönliche Verhältnisse

M und F sind unbeschränkt einkommensteuerpflichtig. Da die Voraussetzungen des § 26 EStG erfüllt sind und die Ehegatten keinen Antrag auf getrennte Veranlagung gestellt haben, wird gem. § 26 Abs. 3 EStG die Zusammenveranlagung durchgeführt. Es ist der Splitting-Tarif gem. § 32 a Abs. 5 EStG anzuwenden.

Die Kinder J und T sind mit M und F jeweils im ersten Grad verwandt (§ 32 Abs. 1 EStG). J wird gem. § 32 Abs. 4 Nr. 2 a und 2 b EStG berücksichtigt, weil sie sich in Berufsausbildung bzw. in einer Übergangszeit zwischen zwei Ausbildungsabschnitten von höchstens vier Monaten befindet. Ihre Einkünfte und Bezüge betragen in Veranlagungszeiten 1998 offensichtlich auch nicht mehr als 12.000 DM (wegen der Berechnung s. Tz. 5.1).

T wird gem. § 32 Abs. 3 EStG berücksichtigt, weil er weder zu Beginn noch im Laufe des Veranlagungszeitraums 1998 das 18. Lebensjahr vollendet hat.

2. Einkünfte des M

2.1 Firma X-GmbH & Co. KG

2.1.1 Anteile an der GmbH

Die Anteile der GmbH gehören bei M zum notwendigen Sonderbetriebsvermögen II, weil die GmbH neben ihrer Geschäftsführertätigkeit keine andere gewerbliche Tätigkeit ausübt.

Diese Anteile ermöglichen es dem Kommanditisten, über seine Stellung in der Komplementär-GmbH Einfluss auf die Geschäftsführung der GmbH & Co. KG auszuüben und diese letztlich zu bestimmen.

Die Anteile sind deshalb in der Sonderbilanz des M zum 01. 01. 1998 mit den Anschaffungskosten von 100.000 DM zu bilanzieren.

Infolgedessen gehören die Gewinnausschüttungen dieser GmbH zu den Sonderbetriebseinnahmen des M und erhöhen den steuerlichen Gesamtgewinn der KG und den Gewinnanteil des M.

Zu den Sonderbetriebseinnahmen gehört neben der Ausschüttung von 2.800 DM auch die anrechenbare Körperschaftsteuer. Diese beträgt $3/7$ von 2.800 DM = 1.200 DM, weil die Gewinnausschüttung im Jahre 1998 erfolgte.

Der Verlust der KG ist folglich um 4.000 DM zu mindern. Die sog. Konzernrechtsprechung (Erfassung des Ertrags bereits im Veranlagungszeitraum 1997) ist hier nicht anwendbar, weil der Betrag aufgrund einer Vereinbarung dem M zugeflossen ist und dieser 1997 noch nicht Eigentümer des GmbH-Anteils war.

2.1.2 Anteil an der KG

Die Aufstellung der Ergänzungsbilanz zum 01. 01. 1998 ist sowohl dem Grunde als auch der Höhe nach nicht zu beanstanden. Sie hätte allerdings zum 31. 12. 1998 fortentwickelt werden müssen.

Der Mehrwert Gebäude ist nach § 7 Abs. 4 Satz 1 Nr. 2 EStG mit 2 v. H. von 50.000 DM = 1.000 DM aufzulösen. Der Mehrwert Maschine ist entsprechend der in der Bilanz der KG vorgenommenen AfA nach § 7 Abs. 2 EStG degressiv abzuschreiben. Diese AfA beträgt 30 v. H. von 40.000 DM = 12.000 DM. Der Mehrwert Firmenwert ist nach § 7 Abs. 1 Satz 3 EStG linear auf die Nutzungsdauer von 15 Jahren zu verteilen. Die AfA für 1998 beträgt damit 2.000 DM.

In der Ergänzungsbilanz zum 31. 12. 1998 sind zu aktivieren:

- der Mehrwert Grund und Boden unverändert mit   30.000 DM
- der Mehrwert Gebäude mit   49.000 DM
- der Mehrwert Maschine mit   28.000 DM
- und der Mehrwert Firmenwert mit   28.000 DM

Die Gewinnauswirkung beträgt ./. 15.000 DM und erhöht den steuerlichen Gesamtverlust der KG und den Verlustanteil des M.

Das Mehrkapital in der Ergänzungsbilanz beträgt 135.000 DM.

2.1.3 Finanzierung Kaufpreis

Das zur Bestreitung des Kaufpreises aufgenommene Darlehen i. H. von 300.000 DM gehört zum notwendigen Sonderbetriebsvermögen II des M und ist in einer Sonderbilanz zu passivieren. Die auf das Jahr 1998 entfallenden Zinsen von 27.000 DM erhöhen den steuerlichen Gesamtverlust der KG und den Verlustanteil des M.

2.1.4 Geschäftsführergehalt

Die von der KG an die GmbH entrichteten Vergütungen für die Geschäftsführung wurden von der KG zu Recht als Betriebsausgaben behandelt, denn schuldrechtliche Verträge zwischen einer Personengesellschaft und ihren Gesellschaftern werden auch mit steuerlicher Wirkung anerkannt.

Die Aufwendungen der GmbH für die Geschäftsführung stellen dagegen in vollem Umfang von 115.000 DM Sonderbetriebsausgaben dar, weil ein unmittelbarer Zusammenhang mit der Beteiligung der GmbH an der KG gegeben ist. Infolgedessen stellt der Auslagenersatz, den die GmbH von der KG erhält, in vollem Umfang Sonderbetriebseinnahmen dar. Der Gesamtgewinn ändert sich dadurch nicht.

Weil der Geschäftsführer der GmbH an der KG als Kommanditist beteiligt ist, ist das Gehalt nicht bei den Einkünften aus nichtselbstständiger Arbeit zu erfassen. Vielmehr handelt es sich um Vergütungen im Sinne von § 15 Abs. 1 Satz 1 Nr. 2 2. Halbsatz EStG, die bei M zu den Sonderbetriebseinnahmen gehören. Zu den steuerpflichtigen Sonderbetriebseinnahmen gehören neben den laufenden Bezügen von 100.000 DM auch die gesetzlichen sozialen Aufwendungen des Arbeitgebers von 15.000 DM, weil die Steuerbefreiung nach § 3 Nr. 62 EStG Ausgaben des Arbeitgebers für die Zukunftssicherung des Arbeitnehmers voraussetzt und M im steuerlichen Sinne kein Arbeitnehmer der GmbH ist.

Der steuerliche Gesamtverlust der KG und der Verlustanteil des M ist somit um 115.000 DM zu mindern.

2.1.5 Pensionszusage

Für die an M gewährte Pensionszusage muss die GmbH gem. § 249 HGB in ihrer Handelsbilanz eine Pensionsrückstellung bilden. Weil die Voraussetzungen des § 6 a Abs. 1 und 2 EStG erfüllt sind, muss die GmbH unter Beachtung des Grundsatzes der Maßgeblichkeit der Handelsbilanz für die Steuerbilanz auch in ihrer Steuerbilanz eine Rückstellung bilden.

Die Behandlung der GmbH ist damit im Grundsatz nicht zu beanstanden. Da aber die Gewährung der Pensionszusage in einem unmittelbaren Zusammenhang mit der Beteiligung der GmbH an der KG steht, stellt die zu bildende Pensionsrückstellung einen Sonderaufwand der GmbH dar, der bei der einheitlichen und gesonderten Gewinnermittlung der GmbH & Co. KG zu erfassen ist. Die GmbH muss deshalb diese Pensionsrückstellung in ihrer Sonderbilanz passivieren. Der Auslagenersatz der KG stellt eine Sonderbetriebseinnahme dar und ist ebenfalls in der Sonderbuchführung zu erfassen.

Der sich dadurch im Rahmen der Gewinnermittlung der KG ergebende Aufwand der GmbH ist durch einen gleich hohen Ansatz des Anspruchs auf die Pension in der Sonderbilanz des begünstigten Gesellschafters nach dem Grundsatz der korrespondierenden Bilanzierung auszugleichen (BFH, BStBl 1997 II S. 799).

Der Gewinn der GmbH in ihrer Sonderbuchführung ist somit einerseits um 30.000 DM zu mindern und andererseits um 30.000 DM zu erhöhen. Der Gewinn des M in der Sonderbilanz ist um 30.000 DM zu erhöhen. Der steuerliche Gesamtverlust der KG mindert sich um 30.000 DM.

2.1.6 Gewinnermittlung der GmbH & Co. KG

Der einheitlich und gesondert festzustellende Gewinn der KG berechnet sich wie folgt:

– Sonderbilanz der **GmbH**

Auslagenersatz von der KG (Tz. 2.1.4)	+ 115.000 DM
Geschäftsführervergütungen (Tz. 2.1.4)	╱ 115.000 DM
Pensionsaufwendungen (Tz. 2.1.5)	╱ 30.000 DM
Auslagenersatz (Tz. 2.1.5)	30.000 DM
Summe	0 DM

– Sonderbilanz des **M**

Gewinnausschüttungen der GmbH (Tz. 2.1.1)	+ 4.000 DM
Geschäftsführergehalt (Tz. 2.1.4)	+ 115.000 DM
Pensionsanspruch (Tz. 2.1.5)	+ 30.000 DM
Schuldzinsen (Tz. 2.1.3)	╱ 27.000 DM
Summe Ergebnis Sonderbilanz	+ 122.000 DM

– Ergänzungsbilanz des **M**

Mehr-AfA (Tz. 2.1.2)	╱ 15.000 DM

Dies ergibt folgende Berechnung:

Gewinn auf der 1. Stufe der KG	
Erklärter Verlust lt. Bilanz der KG	╱ 800.000 DM
+ Ergebnis lt. Ergänzungsbilanz M	╱ 15.000 DM
Summe	╱ 815.000 DM
+ Gewinn auf der 2. Stufe der KG	
Gewinn der GmbH lt. Sonderbilanz	0 DM
Gewinn des M lt. Sonderbilanz	+ 122.000 DM

Der einheitlich und gesondert festzustellende Verlust der GmbH & Co. KG beträgt	╱ 693.000 DM

Dieser Verlust ist wie folgt auf die Gesellschafter GmbH, M und H zu **verteilen:**

	DM	GmbH DM	M DM	H DM	Summe DM
Gesamtverlust	╱ 693.000				
╱ Sonderbilanz					
GmbH	0	0			0
╱ Sonderbilanz M	╱ 122.000		+ 122.000		+ 122.000
Zwischensumme	╱ 815.000				
╱ Ergänzungs-					
bilanz M	15.000		╱ 15.000		╱ 15.000
verbleibender					
Verlust	╱ 800.000	0	╱ 560.000	╱ 240.000	╱ 800.000
Verlustanteil		0	╱ 453.000	╱ 240.000	╱ 693.000

Da M Kommanditist der GmbH & Co. KG ist, ist nach § 15 a EStG zu prüfen, ob der Verlust im Veranlagungszeitraum 1998 in vollem Umfang ausgleichsfähig oder – teilweise – nur verrechenbar ist.

Nach § 15 a Abs. 1 EStG darf der Verlustanteil des Kommanditisten nicht ausgeglichen werden, soweit ein negatives Kapitalkonto des Kommanditisten entsteht oder sich erhöht. Kapitalkonto in diesem Sinne ist nach der Rechtsprechung des BFH (BStBl 1992 II S. 167) das Kapitalkonto des Gesellschafters ohne das Sonderbetriebsvermögen, aber einschließlich dem Kapital lt. Ergänzungsbilanz (BMF-Schreiben vom 30. 05. 1997, BStBl 1997 I S. 627). Das Kapitalkonto des M im Sinne von § 15 a EStG vor der Verlustzuweisung beträgt

– in der Bilanz der GmbH & Co. KG	350.000 DM
– in der Ergänzungsbilanz	150.000 DM
	500.000 DM

Der Verlust des M auf der 1. Stufe beträgt 575.000 DM. Somit ergibt sich ein negatives Kapitalkonto von 75.000 DM. Der Verlust des M von 575.000 DM ist deshalb nur i. H. von 500.000 DM ausgleichsfähig und i. H. von 75.000 DM in künftigen Jahren mit Gewinnen aus seiner Beteiligung an der GmbH & Co. KG verrechenbar (§ 15 a Abs. 2 EStG). Der nicht ausgleichsfähige Verlust von 75.000 DM ist nach § 15 a Abs. 4 EStG gesondert festzustellen.

Aus der Trennung der beiden Vermögensteile folgt nach dem BMF-Schreiben vom 15. 12. 1993 (BStBl 1993 I S. 976), dass in der Ermittlung der ausgleichs- und abzugsfähigen Verluste nach § 15 a Abs. 1 EStG nur die Verluste aus dem Gesellschaftsvermögen einschließlich einer etwaigen Ergänzungsbilanz ohne vorherige Saldierung mit Gewinnen aus dem Sonderbetriebsvermögen einbezogen werden können; nur ein nach Anwendung des § 15 a Abs. 1 EStG verbleibender ausgleichs- und abzugsfähiger Verlust ist mit Gewinnen aus dem Sonderbetriebsvermögen zu saldieren.

Bei der Veranlagung von M und F sind deshalb als Einkünfte aus Gewerbebetrieb des M zu erfassen:

Ausgleichsfähiger Verlust gem. § 15 a Abs. 1 EStG	500.000 DM
Gewinn lt. Sonderbilanz M	∕. 122.000 DM
Verlust	378.000 DM

2.2 Erbschaft, Erbauseinandersetzung

Wird im Rahmen einer Erbauseinandersetzung über Privatvermögen ein Nachlass real geteilt und erhält ein Miterbe wertmäßig mehr, als ihm nach seiner Erbquote zusteht, und zahlt er für dieses „Mehr" an seinen Miterben eine Abfindung, so liegt insoweit ein Anschaffungs- und Veräußerungsvorgang vor (Tz. 28 des BMF-Schreibens vom 11. 01. 1993, BStBl 1993 I S. 62).

Die Anschaffungskosten des M betragen 150.000 DM, denn die Schuldübernahme führt nicht zu Anschaffungskosten (Tz. 25 des BMF-Schreibens vom 11. 01. 1993, a. a. O.).

Dies bedeutet, M hat das Zweifamilienhaus im Verhältnis der Ausgleichszahlung von 150.000 DM zum Verkehrswert des übernommenen Vermögens von 1.000.000 DM, also zu 15 v. H. entgeltlich mit Anschaffungskosten von 150.000 DM und zu 85 v. H. unentgeltlich erworben. Die Anschaffungskosten sind im Verhältnis 800.000 : 200.000 DM auf Gebäude und Grund und Boden zu verteilen. Somit betragen die Anschaffungskosten des Gebäudes 120.000 DM und die des Grund und Bodens 30.000 DM.

Die im Vertrag über die Erbauseinandersetzung vereinbarte rückwirkende Zurechnung der Einkünfte ist auch mit steuerlicher Wirkung anzuerkennen, weil die Erbauseinandersetzung innerhalb von sechs Monaten erfolgte (Tz. 8 des BMF-Schreibens vom 11. 01. 1993, a. a. O.). Für die steuerliche Behandlung bei M ist zu unterscheiden zwischen der selbst genutzten und der vermieteten Wohnung.

Behandlung der vermieteten Wohnung

M erzielt Einnahmen aus der Vermietung der Wohnung
i. H. von 9 × 600 DM =   5.400 DM

Als Werbungskosten können abgezogen werden

– 25 v. H. der laufenden Kosten von 4.000 DM =   ∕. 1.000 DM
– 25 v. H. der Schuldzinsen von 10 × 2.500 DM = 25.000 DM =   ∕. 6.250 DM

Die anteilig auf März entfallenden Schuldzinsen sind bei M als Werbungskosten abzugsfähig, weil sie erst nach dem Tode des Vaters dem Girokonto belastet wurden und nach der Vereinbarung alle nach dem Tod des Vaters angefallenen Aufwendungen von M zu tragen sind.

AfA

– für den **entgeltlich** erworbenen Teil (15 v. H.)
  2 v. H. der Anschaffungskosten von (25 v. H. von 120.000 DM
  = 30.000 DM =) 600 DM, davon $^{10}/_{12}$ =   ∕.   500 DM

– für den **unentgeltlich** erworbenen Teil (85 v. H.)
  Hinsichtlich dieses Teils des Gebäudes muss M gem. § 11 d
  Abs. 1 EStDV die AfA-Reihe des Verstorbenen fortführen
  (Tz. 32 des BMF-Schreibens vom 11. 01. 1993, a. a. O.).
  Die anteiligen Anschaffungskosten betragen 25 v. H. von
  600.000 DM = 150.000 DM, davon 85 v. H. = 127.500 DM.
  Die AfA beträgt davon gem. § 7 Abs. 4 EStG 2 v. H. =
  2.550 DM, davon $^{10}/_{12}$ =   ∕. 2.125 DM

Die Einkünfte aus Vermietung und Verpachtung betragen   ∕. 4.475 DM

Behandlung der selbst genutzten Wohnung

Nach Tz. 67 ff. des BMF-Schreibens vom 10. 02. 1998 (BStBl 1998 I S. 190) erhält M sowohl für den entgeltlich als auch für den unentgeltlich erworbenen Teil der selbst genutzten Wohnung eine Eigenheimzulage. Zu beachten ist, dass sowohl der entgeltlich als auch der unentgeltlich erworbene Teil ein selbstständiges Objekt im Sinne von § 2 EigZulG darstellen (s. Tz. 35 Satz 3 des BMF-Schreibens vom 10. 02. 1998, a. a. O.).

Da jedoch weder M noch F bisher die Vergünstigung der §§ 7 b, 10 e EStG in Anspruch genommen noch eine Eigenheimzulage erhalten haben, kann M gem. § 6 Abs. 2 EigZulG die Grundförderung für beide Objekte in Anspruch nehmen. Ein räumlicher Zusammenhang ist nicht gegeben (Tz. 41 Satz 3 des BMF-Schreibens vom 10. 02. 1998, a. a. O.). Der Förderzeitraum für den unentgeltlich erworbenen Teil der Wohnung läuft noch bis 2003. Für den entgeltlich erworbenen Teil beginnt ein neuer Förderzeitraum, der von 1998 bis 2005 läuft.

Die **Förderbeträge** berechnen sich wie folgt:

– beim Gesamtrechtsnachfolger

Die anteiligen Anschaffungskosten der selbst genutzten Wohnung (= Bemessungsgrundlage gem. § 8 EigZulG) haben beim Vater insgesamt 75 v. H. von 800.000 DM = 600.000 DM betragen.

M hat 85 v. H. des Zweifamilienhauses unentgeltlich erworben, deshalb beträgt seine Bemessungsgrundlage 85 v. H. von 600.000 DM = 510.000 DM.

M kann die Eigenheimzulage erhalten, obwohl bei seinem Vater die Inanspruchnahme wegen der Objektbeschränkung nach § 6 EigZulG ausgeschlossen war. Deshalb erhält M diese Zulage auch bereits im Todesjahr 1998 (s. Tz. 21 des BMF-Schreibens vom 10. 02. 1998, a. a. O.). Die Zulage beträgt 5 v. H. der Bemessungsgrundlage von 510.000 DM, weil es sich um einen Neubau im Sinne von § 9 Abs. 2 Satz 2 EigZulG handelt, höchstens jedoch 5.000 DM. Da die Übertragung zu 85 v. H. unentgeltlich im Wege der Gesamtrechtsnachfolge erfolgte, beträgt die Zulage 85 v. H. von 5.000 DM = 4.250 DM.

– beim Erwerber des Miteigentumsanteils vom Miterben

Die Anschaffungskosten der selbst genutzten Wohnung einschließlich Grund und Boden betragen 75 v. H. von 150.000 DM = 112.500 DM = Bemessungsgrundlage gem. § 8 EigZulG.

Weil M diesen Miteigentumsanteil nicht bis zum Ende des zweiten auf das Jahr der Fertigstellung folgenden Jahres angeschafft hat, beträgt der Fördergrundbetrag gem. § 9 Abs. 2 Satz 2 EigZulG nur 2,5 v. H. der Bemessungsgrundlage von 112.500 DM, höchstens jedoch 2.500 DM. Da der Erwerb jedoch nur zu 15 v. H. entgeltlich erfolgte, beträgt die Zulage nur 15 v. H. von 2.500 DM = 375 DM.

M erhält für seine beiden Kinder nach § 9 Abs. 5 EigZulG eine Kinderzulage von 2 × 1.500 DM = 3.000 DM, weil er für beide Kinder einen Kinderfreibetrag bekommt bzw. Kindergeld erhält und beide Kinder zum Haushalt des M gehören. Das gilt auch für die Tochter Jessica, obwohl diese das 18. Lebensjahr bereits vollendet hat und zurzeit zur Berufsausbildung auswärts untergebracht ist. Nach § 9 Abs. 5 Satz 4 EigZulG erhält M diese Kinderzulage nur für eine Wohnung. Die Zulage beträgt somit insgesamt (4.250 DM + 375 DM + 3.000 DM) = **7.625 DM.** § 9 Abs. 6 EigZulG greift nicht.

Bleibt noch zu prüfen, ob M Kosten vor Bezug gem. § 10 i EStG wie Sonderausgaben abziehen kann. Für den unentgeltlich erworbenen Teil der selbst genutzten Wohnung ist ein Vorkostenabzug nach § 10 i EStG nicht möglich, weil weder die Schuldzinsen noch die Kosten der Schönheitsreparaturen auf die Zeit vor der erstmaligen Nutzung der Wohnung zu eigenen Wohnzwecken entfallen.

Als erstmalige Nutzung ist die Nutzung durch den verstorbenen Vater anzusehen, da Gesamtrechtsnachfolge vorliegt (Tz. 125 des BMF-Schreibens vom 10. 02. 1998, a. a. O.).

Die Kosten, die dem entgeltlich erworbenen Teil zugerechnet werden können, können als Kosten vor Bezug gem. § 10 i EStG abgezogen werden. Von den Kosten der Schönheitsreparaturen können somit 15 v. H. = 450 DM abgezogen werden. Ferner erhält M (nur) einen pauschalen Abzug von 15 v. H. von 3.500 DM = 525 DM.

Die abzugsfähigen Kosten vor Bezug betragen nach § 10 i EStG insgesamt 975 DM.

2.3 Erwerb Grundstück

Der Erwerb des Grundstücks erfolgte gegen dauernde Last, weil § 323 ZPO anwendbar ist.

Nach der neuesten Rechtsprechung des BFH (BStBl 1995 II S. 47 und 169) stellt der nach Anlage 9 zum BewG ermittelte Barwert der dauernden Last = 378.600 DM die Anschaffungskosten des Grundstücks dar.

Die monatlichen Zahlungen von 5.000 DM sind nicht sofort in vollem Umfang als Werbungskosten abziehbar. Sie wirken sich nur über die AfA sowie in Höhe des Zinsanteils als Werbungskosten aus (Tz. 43–46 des BMF-Schreibens vom 23. 12. 1996, BStBl 1996 I S. 1508).

Die AfA berechnet sich wie folgt:

Anschaffungskosten Gebäude (80 v. H. von 378.600 DM =)	302.880 DM
davon 2 v. H. = 6.058 DM, davon $^6/_{12}$ =	3.029 DM

Der in den laufenden Zahlungen enthaltene Zinsanteil ist in entsprechender Anwendung der Ertragsanteiltabelle des § 22 Nr. 1 Satz 3 EStG zu bestimmen. Dieser beträgt bei einem vollendeten Lebensjahr des Berechtigten zu Beginn des Bezugs der wiederkehrenden Leistungen von 74 Jahren 17 v. H.,

somit 17 v. H. von 30.000 DM =	5.100 DM

Die Einkünfte aus Vermietung und Verpachtung berechnen sich wie folgt:

Einnahmen (5 × 1.000 DM =)		5.000 DM
∕. Werbungskosten		
– laufende Kosten (6 × 300 DM =)	1.800 DM	
– Ertragsanteil	5.100 DM	
– AfA	3.029 DM	∕. 9.929 DM
Einkünfte aus Vermietung und Verpachtung		∕. 4.929 DM

3. Einkünfte der F

3.1 Einkünfte aus selbstständiger Arbeit

Diese betragen 550.000 DM.

3.2 Veräußerung GmbH-Anteile

3.2.1 Veräußerung der wesentlichen Beteiligung

Der Gewinn aus der Veräußerung einer wesentlichen Beteiligung des Privatvermögens gehört gem. § 17 Abs. 1 EStG zu den Einkünften aus Gewerbebetrieb. Für die Erfassung des Veräußerungsgewinns gelten somit die Grundsätze des Betriebsvermögensvergleichs und nicht des § 11 EStG; d. h., der Veräußerungsgewinn ist im VZ 1998 zu erfassen. Wird eine wesentliche Beteiligung gegen eine Leibrente veräußert, hat der Stpfl. gem. R 140 Abs. 7 Satz 2 i. V. m. R 139 Abs. 11 EStR die Wahl zwischen der Sofortversteuerung und der laufenden Versteuerung.

Zum Veräußerungspreis gehört auch der darin enthaltene Gewinnanteil für das Vorjahr. Zur Ermittlung der niedrigsten Einkünfte ist zu vergleichen:

– Sofortversteuerung

Barwert der Rente = Veräußerungspreis	137.043 DM
./. Anschaffungskosten der Beteiligung	80.000 DM
Veräußerungsgewinn	57.043 DM

– Anteiliger Freibetrag gem. § 17 Abs. 3 EStG

30 v. H. von 20.000 DM =	6.000 DM	
./. Kürzung	33.043 DM	

(da der anteilige unschädliche Betrag von 30 v. H. von
80.000 DM = 24.000 DM um 33.043 DM überschritten wird)

Somit verbleibt kein Freibetrag und der steuerpflichtige Veräußerungsgewinn beträgt 57.043 DM. Dieser Betrag unterliegt gem. § 34 EStG dem ermäßigten Steuersatz. Weitere Folge wäre, dass der in den Rentenzahlungen enthaltene Ertragsanteil (51 v. H.) als sonstige Einkünfte i. S. d. § 22 Nr. 1 Satz 3 Buchst. a EStG zu versteuern wäre.

– Laufende Versteuerung

Wählt F diese Methode, so sind die Rentenzahlungen zunächst mit den Anschaffungskosten zu verrechnen. In diesem Fall entsteht ein Gewinn erst, wenn die Rentenzahlungen die Anschaffungskosten übersteigen. Eine Erfassung des Ertragsanteils nach § 22 EStG erfolgt in diesem Falle nicht. Da die Rentenzahlungen 1998 nur 7 × 750 DM = 5.250 DM betragen haben, ergibt sich 1998 kein Gewinn. Nach der Aufgabenstellung ist von diesem Wahlrecht Gebrauch zu machen.

3.2.2 Veräußerung der Beteiligung an der Z-GmbH

Die Veräußerung dieser Beteiligung fällt nicht unter § 17 EStG, da die Beteiligung nicht mehr als 25 v. H. beträgt. Weil die Veräußerung aber innerhalb von 6 Monaten seit der Anschaffung erfolgte, liegt ein Spekulationsgeschäft im Sinne von § 23 EStG vor.

Der Gewinn aus diesem Spekulationsgeschäft beträgt gem. § 23 Abs. 4 EStG (60.000 DM ./. 41.200 DM =) 18.800 DM. Da das Entgelt aber in Form von Raten im Laufe mehrerer Kalenderjahre zufließt und die zeitliche Erfassung der Einkünfte bei einer Überschusseinkunftsart nach § 11 EStG zu erfolgen hat, berechnen sich die Einkünfte im VZ 1998 wie folgt:

Vereinnahmte Raten 1998 (7 × 6.000 DM =)	42.000 DM
./. Anschaffungskosten	41.200 DM
Überschuss	800 DM

Dieser Überschuss bleibt nach § 23 Abs. 4 EStG steuerfrei, weil er im Kalenderjahr 1998 weniger als 1.000 DM betragen hat.

Hinweis: Eine Abzinsung der Raten ist nicht vorzunehmen, weil die Laufzeit der Raten nicht über ein Jahr hinausgeht.

4. Sonderausgaben

4.1 Vorsorgeaufwendungen

Zu den abzugsfähigen Vorsorgeaufwendungen gehören neben dem Arbeitnehmeranteil zur Sozialversicherung und den Krankenversicherungsbeiträgen auch der Arbeitgeberanteil zur Sozialversicherung, weil dieser Betrag nicht nach § 3 Nr. 62 EStG steuerfrei ist und deshalb das Abzugsverbot des § 10 Abs. 2 Nr. 1 EStG nicht eingreift. Die Rückzahlung der Sozialversicherungsbeiträge (Gesellschafter-Geschäftsführer mit beherrschender Stellung ist nicht sozialversicherungspflichtig) in späteren Jahren führt ggf. zu einer Änderung nach § 175 Abs. 1 Satz 1 Nr. 2 AO (vgl. BFH-Urteil vom 28. 05. 1998, BStBl 1999 II S. 95; Änderung dann erforderlich, wenn keine gleichartigen Aufwendungen im Jahr der späteren Erstattung geleistet wurden).

Bei der Höchstbetragsberechnung ist zu beachten, dass eine Kürzung des Vorwegabzugs nicht vorzunehmen ist, weil M weder unter § 10 Abs. 3 Nr. 2 a EStG noch unter § 10 Abs. 3 Nr. 2 b EStG fällt.

Die abzugsfähigen Vorsorgeaufwendungen berechnen sich wie folgt:

Versicherungsbeiträge	36.000 DM	
Vorwegabzug	12.000 DM	12.000 DM
verbleiben	24.000 DM	
Höchstbetrag	5.220 DM	5.220 DM
verbleiben	18.780 DM	
davon $1/2$, höchstens $1/2$ von 5.220 DM		2.610 DM
abzugsfähige Vorsorgeaufwendungen		19.830 DM

4.2 Übrige Sonderausgaben

Als Sonderausgaben sind nur noch nach § 10 Abs. 1 Nr. 8 EStG die Aufwendungen von M und F für die Beschäftigung der rentenversicherten Haushaltshilfe i. H. von höchstens 18.000 DM abzugsfähig.

5. Außergewöhnliche Belastungen

5.1 Ausbildungsfreibetrag für Tochter Jessica

Für J steht M und F ein Ausbildungsfreibetrag gem. § 33 a Abs. 2 EStG zu. Dieser beträgt für die Monate Januar – Oktober $10/12$ von 2.400 DM = 2.000 DM und für die Monate November – Dezember $2/12$ von 4.200 DM = 700 DM, zusammen 2.700 DM, weil J ab November 1998 auswärts untergebracht ist. Zur Berufsausbildung gehören gem. H 191 EStH auch die Monate Juli – Oktober 1998.

Der Freibetrag von 2.700 DM ist zu kürzen, soweit die eigenen Einkünfte und Bezüge höher sind als 3.600 DM im Kalenderjahr, sowie um öffentliche Zuschüsse (§ 33 a Abs. 2 Satz 2 EStG).

Die Einkünfte von J im VZ 1998 berechnen sich wie folgt:

Einnahmen	6.000 DM
⁒ Arbeitnehmer-Pauschbetrag	2.000 DM
Einkünfte	4.000 DM

Der Freibetrag ist somit um 400 DM zu kürzen. Obwohl die Zuschüsse erst 1999 ausbezahlt worden sind, mindern sie den Ausbildungsfreibetrag des Jahres 1998 (H 191 EStH).

Sie sind allerdings gem. R 191 Abs. 4 i. V. m. R 190 Abs. 5 EStG um die Kostenpauschale von 360 DM zu mindern, sodass der Ausbildungsfreibetrag nur um (600 DM ⁒ 360 DM =) 240 DM zu kürzen ist. Die Kostenpauschale ist nicht zeitanteilig zu kürzen (s. H 192 a – Allgemeines – EStH, Beispiel C).

Der abzuziehende Ausbildungsfreibetrag beträgt somit 2.700 DM ⁒ 400 DM ⁒ 240 DM = 2.060 DM.

5.2 Freibeträge für Sohn Timo

Abzugsbetrag gem. § 33 a Abs. 3 Nr. 2 EStG

Obwohl die Aufwendungen für die Haushaltshilfe (teilweise) als Sonderausgaben abzugsfähig sind, kommt ein Abzug dieser Aufwendungen nach § 33 a Abs. 3 Satz 1 Nr. 2 EStG in Betracht, weil nach § 33 Abs. 2 Satz 2 EStG das Abzugsverbot für die Aufwendungen gem. § 10 Abs. 1 Nr. 8 EStG nur insoweit gilt, als sie als Sonderausgaben abgezogen werden können.

Die nicht berücksichtigten Aufwendungen von (30.000 DM ⁒ 18.000 DM =) 12.000 DM können i. H. von 1.800 DM berücksichtigt werden. Ein verbleibender Betrag kann nicht als außergewöhnliche Belastung nach § 33 EStG berücksichtigt werden (§ 33 a Abs. 5 EStG).

Behinderten-Pauschbetrag

T steht gem. § 33 b Abs. 3 EStG ein Behinderten-Pauschbetrag von 7.200 DM zu. Da T diesen Freibetrag mangels eigener Einkünfte nicht in Anspruch nimmt, wird er gem. § 33 b Abs. 5 EStG auf die Eltern übertragen.

Pflege-Pauschbetrag gem. § 33 b Abs. 6 EStG

M und F erhalten für die Pflege ihres hilflosen Kindes Timo einen Pauschbetrag von 1.800 DM.

6. Ermittlung des zu versteuernden Einkommens

	M DM	F DM
Einkünfte aus Gewerbebetrieb	⁒ 378.000	
Einkünfte aus selbstständiger Arbeit		550.000
Einkünfte aus Vermietung und Verpachtung		
– Tz. 2.2	⁒ 4.475	
– Tz. 2.3	⁒ 4.929	
Sonstige Einkünfte		0
Summe der Einkünfte =	⁒ 387.404	550.000
Gesamtbetrag der Einkünfte		⁒ 387.404
Gemeinsamer Gesamtbetrag der Einkünfte		162.596
⁒ Sonderausgaben		
– Vorsorgeaufwendungen		19.830
– Übrige		18.000
⁒ außergewöhnliche Belastungen		
– für J		2.060
– für T (1.800 DM + 7.200 DM + 1.800 DM)		10.800
⁒ Steuerbegünstigung gem. § 10 i EStG		975
Einkommen = zu versteuerndes Einkommen		110.931

Auf die festzusetzende ESt wird die einbehaltene Kapitalertragsteuer von 700 DM und die anrechenbare KSt von 1.200 DM angerechnet.

M erhält eine Eigenheimzulage i. H. von 7.625 DM.

7. Kindergeld oder Kinderfreibetrag

Bei der Höhe des zu versteuernden Einkommens ist die Gewährung des Kindergelds günstiger (war lt. Aufgabenstellung nicht zu prüfen).

Lösung zu Aufgabe 2: Bilanzsteuerrecht

Teil 1

1. Einzelsachverhalt

Die Produktionshalle gehört bei der GmbH zum notwendigen Betriebsvermögen. Sie ist als Wirtschaftsgut des abnutzbaren Anlagevermögens (Gebäude) nach § 6 Abs. 1 Nr. 1 EStG mit den AK abzüglich AfA zu bewerten.

Nach § 253 Abs. 2 HGB muss bei einer voraussichtlich dauernden Wertminderung eine außerplanmäßige Abschreibung vorgenommen werden.

Eine dauernde Wertminderung liegt hier nach dem Sachverhalt vor.

Wegen der Maßgeblichkeit der Handelsbilanz für die Steuerbilanz gem. § 5 Abs. 1 EStG muss diese nach § 7 Abs. 4 Satz 3 i. V. m. § 7 Abs. 1 Satz 5 EStG steuerlich zulässige Abschreibung (Absetzung für außergewöhnliche technische Abnutzung) auch für steuerliche Zwecke erfolgen.

Nach § 11 c Abs. 2 EStDV bemisst sich die AfA ab 1996 nach den HK abzüglich des Betrags der AfaA. Die AfA ab 1996 beträgt somit 1,2 Millionen DM abzüglich 200.000 DM = 1 Million DM neue BMG × $^1/_{12}$ (12 Jahre ND) = 83.334 DM.

Der Bilanzposten **Produktionshalle** entwickelt sich wie folgt:

	Wert lt. HB DM	Wert lt. BpB DM	Gewinnauswirkung DM
01. 01. 1995	800.000	800.000	
AfA 1995	∕. 100.000	∕. 100.000	
AfaA 1995		∕. 200.000	∕. 200.000
31. 12. 1995	700.000	500.000	
AfA 1996	∕. 100.000	∕. 83.334	+ 16.666
31. 12. 1996	600.000	416.666	
AfA 1997	∕. 100.000	∕. 83.334	+ 16.666
31. 12. 1997	500.000	333.332	
AfA 1998	∕. 100.000	∕. 83.334	+ 16.666
31. 12. 1998	400.000	249.998	

2. Einzelsachverhalt

Die Reparatur wäre bereits im Jahr 1995 erforderlich gewesen, sie wurde aber erst im folgenden Wirtschaftsjahr innerhalb der ersten drei Monate nachgeholt. Es liegen damit die Voraussetzungen zur Bildung einer Rück-

stellung für unterlassene Instandhaltung gem. § 249 Abs. 1 Satz 1 Nr. 1
HGB vor. Diese Rückstellung muss gem. R 31 c Abs. 11 EStR auch in der
Steuerbilanz angesetzt werden.

Die Rückstellung ist in Höhe der Aufwendungen von 50.000 DM zu bilden
und im Folgejahr gegen die berechneten Kosten aufzulösen.

Der Bilanzposten **Rückstellung** entwickelt sich wie folgt:

	Wert lt. HB DM	Wert lt. BpB DM	Gewinnauswirkung DM
Zugang 1995		50.000	∕. 50.000
31. 12. 1995	–	50.000	
Auflösung 1996		∕. 50.000	+ 50.000
31. 12. 1996	–	0	

3. Einzelsachverhalt

Der Grund und Boden gehört bei der GmbH zum notwendigen Betriebsvermögen. Er ist als Wirtschaftsgut des nicht abnutzbaren Anlagevermögens nach § 6 Abs. 1 Nr. 2 EStG zu bewerten. Ein niedrigerer Teilwert liegt
nach dem Sachverhalt nicht vor.

Durch die gesetzliche Verpflichtung nach dem Wasserhaushaltsgesetz zur
Beseitigung des bei dem Brand entstandenen Schadens ist bei der GmbH
am 31. 12. 1995 eine ungewisse Verbindlichkeit vorhanden.

Grundsätzlich sind für ungewisse Verbindlichkeiten gem. § 249 Abs. 1 Satz 1
HGB Rückstellungen zu bilden. Das gilt gem. R 31 c Abs. 2 Nr. 1 EStR auch
bei öffentlich-rechtlichen Verpflichtungen.

Rückstellungen für ungewisse Verbindlichkeiten dürfen aber nur gebildet
werden, wenn eine hinreichende Wahrscheinlichkeit der Inanspruchnahme
besteht (R 31 c Abs. 5 EStR). Die Wahrscheinlichkeit der Inanspruchnahme
setzt in diesem Fall die Kenntnis der die Verpflichtung begründenden Tatsachen bei der zuständigen Fachbehörde voraus (H 31 c Abs. 5 „Einseitige
Verbindlichkeiten" EStH).

Da die Fachbehörde diese Kenntnis erst im Oktober 1997 erlangt hat,
kommt eine Rückstellung erstmals zum 31. 12. 1997 in Betracht. Die Fachbehörde ist auch sofort tätig geworden, sodass eine Rückstellung in Höhe
der am 31. 12. 1997 voraussichtlichen Kosten von 900.000 DM auch gebildet werden muss.

Die Voraussetzungen zu einer Abzinsung der Rückstellung liegen nicht vor,
weil die ungewisse Verbindlichkeit keinen Zinsanteil enthält (§ 253 Abs. 1
HGB, R 38 Abs. 2 EStR).

Aufgrund des Vertragsabschlusses vom Oktober 1998 steht fest, dass die Kosten nur 600.000 DM betragen werden. Zum 31. 12. 1998 muss die Rückstellung um 300.000 DM herabgesetzt werden, da insoweit keine ungewisse Verbindlichkeit mehr besteht.

Aus dem am 31. 12. 1998 noch schwebenden Geschäft mit der beauftragten Spezialfirma ergibt sich für die GmbH kein (weiterer) Grund zur Bildung einer Rückstellung.

Der Bilanzposten für diese **Rückstellung** entwickelt sich wie folgt:

	Wert lt. HB DM	Wert lt. BpB DM	Gewinnauswirkung DM
Zugang 1995	180.000		+ 180.000
31. 12. 1995	180.000	–	
Zugang 1996	+ 180.000		+ 180.000
31. 12. 1996	360.000	–	
Zugang 1997	+ 180.000	900.000	∕ 720.000
31. 12. 1997	540.000	900.000	
Zugang 1998	+ 180.000		
Abgang 1998		∕ 300.000	+ 480.000
31. 12. 1998	720.000	600.000	

4. Einzelsachverhalt

Durch den Verwaltungsbescheid ist für die GmbH eine ungewisse Verbindlichkeit entstanden. Grundsätzlich sind für ungewisse Verbindlichkeiten gem. § 249 Abs. 1 Satz 1 HGB Rückstellungen zu bilden. Das gilt gem. R 31 c Abs. 2 Nr. 1 EStR auch bei öffentlich-rechtlichen Verpflichtungen.

Rückstellungen für ungewisse Verbindlichkeiten dürfen aber nur gebildet werden, wenn sie am Stichtag bereits wirtschaftlich verursacht sind (R 31 c Abs. 4 EStR).

Die Errichtung einer Brandschutzmauer soll aber erfolgen, um in Zukunft die Ausbreitung von Bränden zu verhindern. Die Erfüllung dieser Verpflichtung knüpft damit nicht an die Vergangenheit an und gilt auch nicht Vergangenes ab.

Eine Rückstellung für diese Verpflichtung kommt damit nicht in Betracht.

Alternativer Lösungsvorschlag für folgende Begründung zur Ablehnung dieser Rückstellung:

Die zu errichtende Brandschutzmauer ist ein aktivierungspflichtiges WG.

Die HK der Brandschutzmauer i. H. von 150.000 DM sind aktivierungspflichtig.

Die Mauer ist ein unbewegliches WG des abnutzbaren Anlagevermögens und am 31. 12. 1998 gem. § 6 Abs. 1 Nr. 1 EStG zu bewerten.

Die AfA erfolgt nach § 7 Abs. 1 EStG unter Berücksichtigung der ND von 15 Jahren. Im Jahr 1998 ist die AfA zeitanteilig für 9 Monate zu gewähren (R 44 Abs. 2 Satz 1 EStR).

Die AfA 1998 beträgt 150.000 DM $\times$ $^1/_{15}$ $\times$ $^9/_{12}$ = 7.500 DM.

Die degressive AfA und die Vereinfachungsregelung von R 44 Abs. 2 Satz 3 EStR kommen nur für bewegliche WG in Betracht.

Hinweis: Wird die Brandschutzmauer als Betriebsvorrichtung angesehen, werden die vorstehenden Punkte bei folgerichtiger Lösung (bewegliches WG, degressive AfA nach § 7 Abs. 2 EStG = $^3/_{15}$ – [20 %], voller Jahresbetrag gem. R 44 Abs. 2 Satz 3 EStR) gewährt.

Der Bilanzposten **Brandschutzmauer** entwickelt sich wie folgt:

	Wert lt. HB DM	Wert lt. BpB DM	Gewinnauswirkung DM
Zugang 1998		150.000	
AfA 1998		∕. 7.500	+ 142.500
31. 12. 1998	–	142.500	

5. Einzelsachverhalt

Hinsichtlich des festgesetzten Bußgeldes liegt am 31. 12. 1998 eine Verbindlichkeit vor. Der danach eingebuchte Aufwand ist jedoch nach § 4 Abs. 5 Nr. 8 EStG als Betriebsausgabe bei der Ermittlung des steuerlichen Gewinns nicht abzugsfähig.

Der Betrag von 10.000 DM muss daher bei der Einkommensermittlung der GmbH (außerhalb der Bilanz) dem Gewinn laut Buchführung hinzugerechnet werden.

Der Bilanzposten **Sonstige Verbindlichkeit** entwickelt sich wie folgt:

	Wert lt. HB DM	Wert lt. BpB DM	Gewinnauswirkung DM
Zugang 1998		10.000	∕. 10.000
31. 12. 1998	–	10.000	

Die Verbindlichkeit ist im Jahr 1999 bei Zahlung erfolgsneutral aufzulösen.

Teil 2

1. Aufgabe

Ermittlung des Gesamtgewinns der KG

Gewinn laut Gesamthandsvermögen (GHV) 1998	400.000 DM
Sonderbetriebseinnahmen Albert Alt	
vGA Januar 1998	2.000 DM
KSt darauf ($^3/_7$ der vGA)	857 DM
Veräußerungsgewinn März 1998	
(steuerpflichtiger Betrag nach 6 b-Rücklage)	75.000 DM
oGA Mai 1998	25.000 DM
KSt darauf ($^3/_7$ der oGA)	10.714 DM
Sonderbetriebseinnahmen Norman Neu	
Geschäftsführer-Gehalt von der GmbH	120.000 DM
oGA Mai 1998	75.000 DM
KSt darauf ($^3/_7$ der oGA)	32.142 DM
Steuerlicher Gesamtgewinn der KG 1998	740.713 DM

2. Aufgabe

Beteiligung der Kommanditisten an der GmbH

Die Anteile an der GmbH ermöglichen es den Kommanditisten, Einfluss auf die Geschäftsführung der KG auszuüben. Dadurch wird ihre Stellung als Mitunternehmer der KG verstärkt.

Die GmbH unterhält keinen eigenen Geschäftsbetrieb. Die Anteile an der GmbH gehören deshalb zum notwendigen Sonderbetriebsvermögen (SBV) (notwendiges SBV II) der Kommanditisten bei der KG (Tz. 14 des BMF-Schreibens vom 20. 12. 1977 betr. die Besteuerung der Mitunternehmer = Mitunternehmererlass, R 13 Abs. 2 EStR mit Hinweisen).

Die Gewinnausschüttungen der GmbH sind daher Sonderbetriebseinnahmen (SBE) bei den Kommanditisten und Einkünfte gem. § 15 Abs. 1 Satz 1 Nr. 2 Satz 1 Halbsatz 2 EStG. § 20 EStG ist gem. § 20 Abs. 3 EStG gegenüber § 15 EStG subsidiär.

Die vGA muss Albert Alt im Jahr 1998 versteuern. Die Ausschüttungsbelastung ist herzustellen. Die KSt ist von Albert Alt als SBE zu versteuern (Einkünfte im Sinne von § 20 Abs. 1 Nr. 3 EStG).

Die oGA für das Jahr 1997 ist von beiden Gesellschaftern im Jahr des Ausschüttungsbeschlusses 1998 zu versteuern. Am 31. 12. 1997 war Norman

Neu noch kein beherrschender Gesellschafter der GmbH (daher keine Aktivierung einer Forderung zum 31. 12. 1997 aus der später beschlossenen oGA).

Die KSt (Ausschüttungsbelastung) ist (wie vorstehend bei der vGA) von den Gesellschaftern der GmbH als SBE bei der KG zu versteuern.

**Veräußerung von Anteilen an der GmbH
durch Albert Alt an Norman Neu**

Durch die Veräußerung erzielt Albert Alt einen Veräußerungsgewinn im SBV. Ein Freibetrag entfällt, weil es sich nicht um eine Teilbetriebsveräußerung oder um eine nach § 17 EStG zu besteuernde Veräußerung handelt. Ein ermäßigter Steuersatz kommt nicht in Betracht (laufender Gewinn der KG).

Die Voraussetzungen zur Bildung einer steuerfreien Rücklage nach § 6 b EStG i. H. von 50 % des bei der Veräußerung entstandenen Gewinns liegen vor. Die Anteile an der GmbH gehörten bei Albert Alt insbesondere mehr als 6 Jahre zum SBV der KG. Ein möglichst niedriger Gewinn 1998 wird laut Aufgabenstellung gewünscht.

**Veräußerung von Anteilen an der GmbH
durch Albert Alt an Norman Neu**

Ermittlung des Veräußerungsgewinns:

Veräußerungspreis	250.000 DM
AK der veräußerten Anteile (50 % von 200.000 DM)	⁒ 100.000 DM
Veräußerungskosten	– DM
Veräußerungsgewinn	150.000 DM
Einstellung in die 6 b-Rücklage	⁒ 75.000 DM
Steuerpflichtiger Gewinn 1998	75.000 DM

Gehalt von Norman Neu als Geschäftsführer der GmbH

Das Gehalt gehört gem. § 15 Abs. 1 Satz 1 Nr. 2 Satz 1 Halbsatz 2 EStG zu den Einkünften aus der Mitunternehmerschaft.

Die Zahlungen der KG an die GmbH sind zu Recht als Betriebsausgaben bei der KG gebucht worden.

Bei der GmbH liegen insoweit SBE vor, die zugleich SBA darstellen, weil die GmbH die Beträge an Norman Neu für seine Tätigkeit weitergegeben hat (Behandlung als durchlaufende Posten ist m. E. möglich).

3. Aufgabe

Gewinnverteilung

	Summe DM	Albert Alt DM	Norman Neu DM	GmbH DM
Gesamtgewinn der KG	740.713			
Gewinn SBV Albert Alt	∕ 113.571	113.571		
Gewinn SBV Normann Neu	∕ 227.142		227.142	
SBE GmbH	∕ 120.000			120.000
SBA GmbH	+ 120.000			∕ 120.000
Restgewinn	400.000			
40 : 40 : 20	∕ 400.000	160.000	160.000	80.000
Rest	0			
Gewinnanteile		273.571	387.142	80.000

Teil 3

1. Variante

1. Aufgabe

Aktiva	Eröffnungsbilanz der OHG		Passiva
Firmenwert	123.800 DM	Eigenkapital A	500.000 DM
Grund und Boden	153.500 DM	Eigenkapital B	500.000 DM
Gebäude	511.666 DM	Eigenkapital C	500.000 DM
Maschine	30.000 DM	GrESt	15.166 DM
Bank	1.000.000 DM	Verbindlichkeiten	903.800 DM
Sonstige Vermögenswerte	600.000 DM		
Bilanzsumme	2.418.966 DM	Bilanzsumme	2.418.966 DM

Aktiva	Ergänzungsbilanz A 01.07.1998		Passiva
Minderkapital	300.000 DM	Minderwert Firmenwert	123.800 DM
		Minderwert Grund + Boden	90.000 DM
		Minderwert Gebäude	80.000 DM
		Minderwert Maschine	6.200 DM
Bilanzsumme	300.000 DM	Bilanzsumme	300.000 DM

Bei der Fortführung der Buchwerte eines eingebrachten Einzelunternehmens tritt die Personengesellschaft in die Rechtsstellung des Einbringenden ein (vgl. BMF-Schreiben vom 25.03.1998 = UmwSt-Erlass, Tz. 24.01; Rechtsnachfolge, hier gilt die sog. Fußstapfentheorie).

Das Wahlrecht zur Bewertung des eingebrachten Betriebsvermögens mit dem Buchwert ergibt sich aus § 24 Abs. 2 UmwStG.

Aus dieser Vorschrift ergibt sich auch, dass beim Ansatz von Teilwerten in der Gesamthandsbilanz die Gesellschafter ggf. Ergänzungsbilanzen aufstellen müssen. In dem hier zu beurteilenden Fall muss für A eine negative Ergänzungsbilanz aufgestellt werden.

Vgl. BMF-Schreiben vom 25. 03. 1998, Tz. 24.13 und 24.14, hier wie im letzten Absatz der Tz. 24.14 beschrieben.

Wenn die Beiträge der Gesellschafter bei der Gründung unter Bedingungen erfolgt sind, die einem Fremdvergleich standhalten, so handelt es sich bei einem Mehrbetrag der Barzahler gegenüber den Teilwerten der Wirtschaftsgüter des Einbringenden um einen Firmenwert.

Der Einbringungsvorgang löst GrESt aus. Der Gesellschaftsvertrag ist ein Rechtsgeschäft, das den Anspruch auf Übereignung eines Grundstücks begründet. Die GrESt bemisst sich nach dem Grundbesitzwert (§ 8 Abs. 2 Nr. 2 GrEStG, § 138 BewG). Nach § 11 GrESt beträgt der Steuersatz 3,5 %. Da A am Vermögen der OHG mit $1/3$ beteiligt ist, wird die Steuer in Höhe dieses Anteils nicht erhoben (§ 5 Abs. 2 GrEStG).

Die GrESt beträgt somit 650.000 DM $\times$ 3,5 % $\times$ $2/3$ = 15.166 DM.

Die GrESt gehört anteilig zu den Anschaffungskosten des Grund und Bodens ($150/650$ = 3.500 DM) und des Gebäudes ($500/650$ = 11.666 DM). Vgl. § 255 Abs. 1 HGB, H 32 a „Grunderwerbsteuer" „Nebenkosten" EStH.

Anmerkung: Der Grundbesitzwert ist in der Praxis regelmäßig geringer als der Teilwert bzw. der Verkehrswert des Grundstücks. Bei Anwendung von § 8 Abs. 1 GrEStG (BMG: Wert der Gegenleistung) ergibt sich in diesem Fall das gleiche Ergebnis.

2. Aufgabe

Im GHV ist der Firmenwert gem. § 7 Abs. 1 Satz 3 EStG abzuschreiben.

Die AfA 1998 beträgt $1/15$ von 123.800 DM $\times$ $1/2$ = 4.127 DM.

Die OHG tritt bezüglich der AfA in die Rechtsstellung der bisherigen Einzelfirma ein (§ 4 Abs. 2, § 22 Abs. 1, § 24 Abs. 4 UmwStG).

Die Bemessungsgrundlage (BMG) für die Gebäude-AfA beträgt:

AK/HK von A = bisherige BMG	500.000 DM
aufgedeckte stille Reserven im GHV	80.000 DM
nachträgliche GrESt	11.666 DM
neue BMG im GHV	591.666 DM

Der AfA-Satz beträgt unverändert 4 %, die AfA 1998 im GHV der OHG beträgt für 6 Monate 11.834 DM.

Aufgrund des Minderwertes in der Ergänzungsbilanz beträgt die BMG insgesamt 511.666 DM (= BMG bisher + nachträgliche AK).

Die BMG für die Maschine beträgt im GHV aufgrund der gewählten degressiven AfA 30.000 DM. Bei einer Rest-ND von $4\,^1/_2$ Jahren ist die degressive AfA mit dem AfA-Satz von 30 % im Jahr 1998 günstiger als die auch mögliche lineare AfA.

Die AfA beträgt im GHV 30 % von 30.000 DM $\times$ $^1/_2$ = 4.500 DM.

In der Ergänzungsbilanz von A ist der Firmenwert analog zur Bilanz des GHV gem. § 7 Abs. 1 Satz 3 EStG abzuschreiben.

Es ergibt sich eine Minder-AfA (= Ertrag) von 4.127 DM.

In der Ergänzungsbilanz ist der Minderwert für den Grund und Boden unverändert beizubehalten. Es handelt sich beim Grund und Boden um ein WG des nicht abnutzbaren Anlagevermögens (§ 6 Abs. 1 Nr. 2 EStG). Anhaltspunkte für einen am 31. 12. 1998 gegenüber dem 01. 07. 1998 niedrigeren Teilwert liegen nicht vor.

In der Ergänzungsbilanz ist der Minderwert Gebäude analog zur Bilanz des GHV gem. § 7 Abs. 4 Satz 1 Nr. 1 EStG abzuschreiben.

Es ergibt sich eine Minder-AfA (Ertrag) i. H. von 3.200 DM jährlich = 1.600 DM für das 2. Halbjahr 1998.

1. Alternative: A hat das Gebäude bereits 4 Jahre abgeschrieben. Der Minderwert ist auf 21 Jahre (Rest-ND gem. § 7 Abs. 4 Satz 1 Nr. 1 EStG) zu verteilen.

Es ergibt sich eine Minder-AfA (Ertrag) i. H. von 3.809 DM jährlich = 1.904 DM für das 2. Halbjahr 1998.

2. Alternative: Die AfA im GHV ist in den folgenden 21 Jahren zutreffend. Das Gebäude wird wegen eines verbleibenden Restwertes jedoch noch weitere Jahre abgeschrieben. Der Mehrwert in der Ergänzungsbilanz braucht erst ab dem 22. Jahr aufgelöst zu werden, denn ab diesem Jahr hätte A in seiner Einzelfirma keine AfA mehr geltend machen können. Die Auflösung des Minderwertes i. H. von dann 20.000 DM jährlich korrigiert die weitere AfA im GHV hinsichtlich der 1998 aufgedeckten stillen Reserve.

In der Ergänzungsbilanz ist der Minderwert Maschine analog zur Bilanz des GHV abzuschreiben. Es gilt der Grundsatz der Einheit des WG (einheitliche ND, einheitliche AfA). Es ergibt sich eine Minder-AfA (Ertrag) i. H. von 930 DM (30 % von 6.200 DM $\times$ $^1/_2$).

3. Aufgabe

Aktiva	Bilanz der OHG zum 31. 12. 1998		Passiva
Firmenwert	119.673 DM	Eigenkapital A	493.179 DM
Grund und Boden	153.500 DM	Eigenkapital B	493.180 DM
Gebäude	499.832 DM	Eigenkapital C	493.180 DM
Maschine	25.500 DM	GrESt	15.166 DM
Bank	1.000.000 DM	Verbindlichkeiten	903.800 DM
Sonstige Vermögenswerte	600.000 DM		
Bilanzsumme	2.398.505 DM	Bilanzsumme	2.398.505 DM

Aktiva	Ergänzungsbilanz A 31. 12. 1998		Passiva
Minderkapital	293.343 DM	Minderwert Firmenwert	119.673 DM
		Minderwert Grund + Boden	90.000 DM
		Minderwert Gebäude	78.400 DM
		Minderwert Maschine	5.270 DM
Bilanzsumme	293.343 DM	Bilanzsumme	293.343 DM

Anmerkung: Im GHV ergibt sich ein Verlust von insgesamt 20.461 DM (= AfA), das gesamte Eigenkapital verringert sich um diesen Betrag.

2. Variante

1. Aufgabe

Die Eröffnungsbilanz der OHG entspricht der Eröffnungsbilanz in der 1. Variante. Eine Ergänzungsbilanz ist nicht zu erstellen.

2. Aufgabe

Die OHG darf das eingebrachte Betriebsvermögen aus der Einzelfirma mit einem Wert bis zur Höhe des Teilwerts der einzelnen WG ansetzen (§ 24 Abs. 2 Satz 3 UmwStG).

Der Mehrbetrag ist (wie in der 1. Variante) als Firmenwert zu aktivieren.

Die OHG hat eigene AK für die erworbenen WG (§ 24 Abs. 4 i. V. m. § 22 Abs. 3 UmwStG).

Die Fußstapfentheorie gilt nicht.

Der Firmenwert ist im GHV wie in der 1. Variante abzuschreiben.

Die AfA 1998 für das Gebäude erfolgt gem. § 7 Abs. 4 Satz 1 Nr. 1 EStG. BMG sind die AK i. H. von 511.666 DM. Die AfA beträgt demnach 511.666 DM × 4 % × $\frac{1}{2}$ Jahresbetrag = 10.234 DM.

Die Maschine ist im GHV wie in der 1. Variante abzuschreiben.

3. Aufgabe

Aktiva	Bilanz der OHG zum 31.12.1998		Passiva
Firmenwert	119.673 DM	Eigenkapital A	493.713 DM
Grund und Boden	153.500 DM	Eigenkapital B	493.713 DM
Gebäude	501.432 DM	Eigenkapital C	493.713 DM
Maschine	25.500 DM	GrESt	15.166 DM
Bank	1.000.000 DM	Verbindlichkeiten	903.800 DM
Sonstige Vermögenswerte	600.000 DM		
Bilanzsumme	2.400.105 DM	Bilanzsumme	2.400.105 DM

4. Aufgabe

A erzielt in der 2. Variante einen Veräußerungsgewinn (§ 16 Abs. 1 Nr. 1 Satz 1 EStG), der sich nach § 24 Abs. 3 UmwStG wie folgt berechnet:

Veräußerungspreis	500.000 DM
abzüglich Buchwerte der Einzelfirma	./. 200.000 DM
Veräußerungsgewinn	300.000 DM

Soweit auf der Seite des Erwerbers (der OHG) dieselbe Person Mitunternehmer ist (A), gilt der Gewinn jedoch als laufender Gewinn. Vgl. § 24 Abs. 3 UmwStG in Verbindung mit § 16 Abs. 2 Satz 3 EStG.

Der nach § 24 Abs. 3 UmwStG begünstigte Gewinn beträgt somit 200.000 DM, der laufende Gewinn beträgt 100.000 DM.

Auf den begünstigten Gewinn wird auf Antrag von A ein Freibetrag von 60.000 DM gem. § 16 Abs. 4 EStG gewährt, weil A das 55. Lebensjahr überschritten hat und der begünstigte Gewinn 300.000 DM nicht übersteigt.

Der nach Abzug des Freibetrages verbleibende, begünstigte Veräußerungsgewinn unterliegt nach § 34 Abs. 2 Nr. 1 EStG einem ermäßigten Steuersatz nach § 34 Abs. 1 EStG.

Lösung zu Aufgabe 3: Umsatzsteuer

1. Rechtsanwalt R erbringt an F eine rechtliche **Beratungsleistung** i. S. d. § 3 a Abs. 4 Nr. 3 UStG, somit eine sonstige Leistung gem. § 3 Abs. 9 Satz 1 UStG. Der Ort der sonstigen Leistung bestimmt sich grundsätzlich nach dem Ort, an dem der die Beratungsleistung empfangende Unternehmer sein Unternehmen betreibt (vgl. § 3 a Abs. 3 Satz 1 UStG). Leistungsempfänger F betreibt sein Unternehmen zwar in Stuttgart, wo sich seine Zentrale befindet, aber auch am jeweiligen Ort, an dem er eine Zweigniederlassung unterhält. Die von R empfangene sonstige Leistung, die sich auf den Ausbau der bulgarischen Zweigniederlassung erstreckt, wird nicht an die Stuttgarter Zentrale, sondern an die in Bulgarien belegene Betriebsstätte erbracht, weil sie ausschließlich für diese Betriebsstätte bestimmt ist (vgl. § 3 a Abs. 3 Satz 2 UStG, Abschn. 33 Abs. 1 Satz 4 UStR mit § 12 Satz 2 Nr. 2 AO sowie Abschn. 38 Abs. 2 Satz 2 UStR). Die Leistung des R ist somit in Deutschland nicht steuerbar.

R hat durch die Angabe des USt-Betrages zum angeforderten Bruttobetrag (vgl. Abschn. 202 Abs. 4 Satz 2 UStR) in seiner Rechnung über die an F erbrachte Beratungsleistung die Umsatzsteuer gem. § 14 Abs. 2 UStG i. V. m. Abschn. 189 Abs. 1 Satz 2 Nr. 3 UStR zu hoch ausgewiesen und schuldet sie bis zu einer gem. § 14 Abs. 2 Satz 2 UStG möglichen Rechnungsberichtigung.

Aus Rechnungen, die F im Zusammenhang mit seiner **Geschäftsreise** nach Berlin erhalten hat, ist grundsätzlich der Vorsteuerabzug möglich, weil er die dabei empfangenen Leistungen (Beratungsleistung des R, Beförderungsleistungen der Lufthansa und des Taxi-Unternehmers, Essensleistung) sämtlich für sein Unternehmen empfangen hat.

F hat aus der von R erteilten Rechnung über die empfangene Beratungsleistung jedoch keinen Vorsteuerabzug. Die ausgewiesene USt wird nicht regulär wegen Erbringung einer steuerpflichtigen Leistung geschuldet, sondern wegen zu hohen USt-Ausweises. Derartige USt-Beträge sind nach der neuesten Rechtsprechung des BFH (vgl. Urteil vom 02. 04. 1998, BStBl 1998 II S. 695) nicht als Vorsteuer abziehbar.

Aus der Rechnung, die dem F zur erhaltenen steuerpflichtigen **Flugbeförderungsleistung** erteilt worden ist, hat F ebenfalls keinen Vorsteuerabzug. Die Rechnung ist nicht ordnungsgemäß, weil die USt nicht betragsmäßig i. S. d. § 14 Abs. 1 Satz 2 Nr. 6 UStG angegeben ist. Ein Sonderfall gem. § 33 oder § 34 UStDV, wonach die Angabe des Steuersatzes genügen würde, liegt nicht vor: Die für Kleinbetragsrechnungen maßgebende Obergrenze von 200 DM brutto ist mit 500 DM bei weitem überschritten. Auch ein Fahrausweis ist nicht gegeben, weil hierfür erforderlich wäre, dass der als Rechnung anzusprechende Beleg einen Anspruch auf Beförderung von

Personen gewährt (vgl. Abschn. 186 Abs. 1 Satz 1 UStR); die zum Flugticket erteilte Begleit-Rechnung enthält zwar den Steuersatz von 16 %, ist aber selbst nicht Fahrausweis, während das Flugticket selbst als echter Fahrausweis keine Steuersatzangabe enthält (das Flugticket enthält laut Sachverhalt auch keinen ausdrücklichen Hinweis darauf, in welcher anderen Unterlage der in ihr fehlende Steuersatz enthalten ist, vgl. § 31 Abs. 1 Satz 2 UStDV).

F hat aus der Rechnung des Berliner **Taxi-Unternehmers** den Vorsteuerabzug, da eine ordnungsgemäße Kleinbetragsrechnung gem. § 33 UStDV vorliegt. Die abziehbare Vorsteuer ist gem. § 12 Abs. 2 Nr. 10 b UStG richtig mit 7 % angegeben, von F selbst zu errechnen (vgl. § 35 Abs. 1 UStDV) und in 30 DM mit (30 DM × $^7/_{107}$ =) 1,96 DM enthalten.

Für das auf der Geschäftsreise in Berlin eingenommene Mittagessen hat F zwar keinerlei Rechnung, doch kann er unter Beachtung der in § 4 Abs. 5 Nr. 5 Satz 2 a EStG enthaltenen Pauschbeträge für Verpflegungsmehraufwendungen (bei 18 Stunden Abwesenheit: 20 DM) gem. § 36 Abs. 1 UStDV (20 DM × 13,1 % =) 2,62 DM Vorsteuer abziehen.

2. C tätigt durch seine **Traktor-Vermietung** eine sonstige Leistung gem. § 3 Abs. 9 Satz 1 UStG an L. Der Ort der sonstigen Leistung bestimmt sich gem. § 3 a Abs. 1 UStG i. V. m. § 1 Abs. 1 Satz 1 Nr. 3 UStDV. C vermietet einen beweglichen körperlichen Gegenstand, aber zugleich ein Beförderungsmittel, da der Hauptzweck eines Traktors auf die Beförderung von Personen und Gütern zu Lande gerichtet ist (vgl. Abschn. 33 Abs. 5 Satz 1 UStR). Ein Traktor ist nicht anderen Arbeitsgeräten vergleichbar, die zwar Fahrzeuge, aber keine Beförderungsmittel darstellen, wie z. B. ein Bagger (vgl. Abschn. 33 Abs. 5 Satz 3 UStR) oder ein Mähdrescher (vgl. Abschn. 77 Abs. 2 Satz 5 bis 7 UStR). Danach bestimmt sich der **Ort der Vermietungsleistung** an sich gem. § 3 a Abs. 1 UStG nach dem Ort, von dem aus der Vermieter C sein Unternehmen betreibt; dies wäre Cheb in der Tschechischen Republik. Da jedoch C sein Unternehmen von einem im Drittlandsgebiet liegenden Ort aus betreibt, ein Beförderungsmittel vermietet und der Mieter L den Traktor im Inland nutzt, verlagert sich der Leistungsort gem. § 1 Abs. 1 Satz 1 Nr. 3 UStDV ins Inland. Die Vermietung durch C ist somit steuerbar.

Die Vermietungsleistung des C ist auch steuerpflichtig. Der Steuersatz beträgt 16 % (die Vermietungsleistung wird in der Zeit vom 09. bis 29. 04. 1998, also nach der Steuersatzerhöhung zum 01. 04. 1998, erbracht). Die USt beträgt bei einem Mietpreis von 1.200 DM somit (1.200 DM × 13,79 % =) 165,48 DM.

Der Erwerb des neuen Traktors durch L wird im Rahmen eines **Reihengeschäfts** gem. § 3 Abs. 6 Satz 5 und 6 UStG zwischen N, M und L abgewickelt. Zwischen N und M bzw. zwischen M und L liegen jeweils Kaufverträge über dasselbe französische Traktor-Modell vor, das von M bei N in Frankreich abgeholt und sofort zu L transportiert wird, somit mittels einheitlicher Warenbewegung vom ersten Lieferanten N an den Folgeabnehmer L des Abnehmers M gelangt. Da der Traktor von einem Abnehmer befördert wird, der zugleich Lieferer ist, muss die Beförderung grundsätzlich der Lieferung des N an M zugeordnet werden. Die Beförderung kann nicht der Lieferung des M an L zugeordnet werden, weil M anhand der Sachverhaltsangaben nicht nachweisen kann, dass er den Traktor als Lieferer von N zu L transportiert hat: M tritt laut Allgemeinem Hinweis Nr. 4 unter der USt-Identifikations-Nr. des Landes auf, in dem er sein Unternehmen betreibt, also mit deutscher USt-Identifikations-Nr., nicht jedoch mit der USt-Identifikations-Nr. des Landes, in dem die Beförderung beginnt (Frankreich); außerdem trägt nicht M, sondern N das Transportrisiko (vgl. BMF-Schreiben vom 18. 04. 1997, Rz. 15 Satz 2, BStBl 1997 I S. 529).

Dementsprechend erbringt N an M eine Beförderungslieferung gem. § 3 Abs. 6 Satz 1 UStG, deren Ort in Limoges/Frankreich liegt. Die Lieferung des N ist deshalb in Deutschland nicht steuerbar. Sie ist in Frankreich als innergemeinschaftliche Lieferung (entspr. den deutschen Vorschriften § 4 Nr. 1 b i. V. m. § 6 a UStG) steuerfrei.

M hat einen innergemeinschaftlichen Erwerb zu versteuern, dessen Ort in Deutschland liegt, weil sich der Traktor am Ende der Beförderung in Waldsassen/Deutschland befindet (vgl. § 3 d Satz 1 UStG); die Verwendung einer deutschen USt-Identifikations-Nr. durch M führt zu keiner anderen Ortsbestimmung (vgl. § 3 d Satz 2 UStG, Allgemeine Hinweise Nr. 4). Der innergemeinschaftliche Erwerb des M ist somit in Deutschland steuerbar und steuerpflichtig.

Die Erwerbs-USt kann M gem. § 15 Abs. 1 Nr. 3 UStG in demselben Voranmeldungszeitraum als Vorsteuer abziehen, in dem er auch die USt auf den innergemeinschaftlichen Erwerb des Traktors anzumelden und zu entrichten hat (vgl. § 13 Abs. 1 Nr. 6 UStG, Abschn. 192 a Abs. 2 UStR).

Die **Lieferung des Traktors** durch M an L ist gem. § 3 Abs. 6 Satz 5 und 6 Alt. 1 UStG nicht als Beförderungslieferung anzusehen und deshalb als ruhende Lieferung gem. § 3 Abs. 7 Satz 2 UStG einzuordnen. Weil sie der Lieferung des N an M nachfolgt, ist der Lieferort gem. § 3 Abs. 7 Satz 2 Nr. 2 UStG dort, wo die Beförderung endet, also in Waldsassen. Die Lieferung ist steuerbar. Sie kann als ruhende Lieferung nicht in eine steuerfreie innergemeinschaftliche Lieferung münden und ist deshalb steuerpflichtig.

Das Entgelt für die Lieferung des M an L besteht neben einer Zuzahlung des L auch in einer Lieferung des alten Traktors durch L an M, sodass die Lieferung des M im Wege eines **Tauschs mit Baraufgabe** (vgl. § 10 Abs. 2 Satz 2 UStG, Abschn. 153 Abs. 1 Satz 3 UStR) mit der Gegenlieferung des

L verbunden ist. Zum Entgelt für die Lieferung des M an L rechnet zunächst die Zuzahlung des L (33.600 DM), allerdings erhöht um den von L abgezogenen Betrag von 1.200 DM, da insoweit keine Entgeltsminderung vorliegt, sondern L seinen aufgrund des Verzugs des M (ausgelöst durch den Verzug des N) entstandenen Anspruch auf Schadensersatz (Ersatz der Mietkosten = echter nicht steuerbarer Schadensersatz gem. Abschn. 3 Abs. 2 Satz 1 und 3 UStR) gegen den Kaufpreisanspruch des M an L aufrechnet. Hinzu kommt der gemeine Wert des in Zahlung genommenen alten Traktors (11.000 DM, vgl. Abschn. 153 Abs. 4 Satz 2 UStR). Das Bruttoentgelt (vgl. Abschn. 153 Abs. 1 Satz 2 UStR) des M beläuft sich also auf:

gemeiner Wert des erhaltenen alten Traktors	11.000 DM
Zuzahlung des L	+ 33.600 DM
von L aufgerechneter Schadensersatzanspruch	+ 1.200 DM
Bruttoentgelt	45.800 DM

Obwohl M somit dem L in Höhe des Differenzbetrages zwischen dem gewöhnlichen Verkaufspreis des neuen Traktors (48.000 DM) und dem erzielten Bruttoentgelt (45.800 DM) einen verdeckten Preisnachlass gewährt, kann dieser wegen Zugrundelegung des amtlichen Schätzpreises anerkannt werden (vgl. Abschn. 153 Abs. 4 Satz 4 und 5 Nr. 1 UStR).

Die USt für die Traktor-Lieferung des M an L beträgt bei Anwendung des Regelsteuersatzes gem. § 12 Abs. 1 UStG (45.800 DM $\times$ $^{16}/_{116}$ =) 6.317,24 DM.

Die von L an M erbrachte Gegenlieferung des alten Traktors ist eine steuerbare **Beförderungslieferung** gem. § 3 Abs. 6 Satz 1 UStG, die auch steuerpflichtig ist. Da L im Wege eines Tauschs mit Baraufgabe liefert (s. o.), schuldet er die USt aus dem gemeinen Wert der erhaltenen Lieferung des neuen Traktors abzüglich der von ihm erbrachten Zuzahlung (vgl. Abschn. 153 Abs. 1 Satz 3 und 4 UStR). Das Bruttoentgelt (vgl. Abschn. 153 Abs. 1 Satz 2 UStR) des L beläuft sich also auf:

gemeiner Wert des erhaltenen neuen Traktors	48.000 DM
abzüglich geleisteter Zuzahlung (zur Höhe s. o.)	./. 34.800 DM
Bruttoentgelt	13.200 DM

Die USt ist anhand des für Landwirte zum Lieferdatum 31. 03. 1998 noch gültigen Durchschnittsatzes von 9,5 % gem. § 24 Abs. 1 Satz 1 Nr. 3 UStG (hierzu rechnen gem. Abschn. 265 Abs. 3 UStR auch derartige Hilfsumsätze) herauszurechnen. Sie beträgt (13.200 DM $\times$ $^{9,5}/_{109,5}$ =) 1.145,21 DM.

L hat aus der von M ausgestellten Rechnung über 30.000 DM zuzügl. 4.800 DM gesondert ausgewiesener USt, die somit zu niedrig ausgewiesen ist (s. o.), keinen Vorsteuerabzug. Als nicht regelbesteuerter Landwirt kann er den Vorsteuerabzug lediglich pauschal in Höhe der für eigene Umsätze entstandenen USt erhalten (vgl. § 24 Abs. 1 Satz 3 und 4 UStG), also gemessen an der Lieferung des alten Traktors z. B. i. H. von 1.145,21 DM.

Für die von C erhaltene Mietleistung gilt hinsichtlich des Vorsteuerabzugs das Gleiche (nur pauschaler Vorsteuerabzug).

Da L jedoch von dem im Ausland ansässigen Unternehmer C eine steuerpflichtige sonstige Leistung erhalten hat, muss er die hieraus entstehende USt (165,48 DM, s. o.) grundsätzlich im **Abzugsverfahren** gem. § 18 Abs. 8 UStG i. V. m. § 51 Abs. 1 Nr. 1 UStDV) einbehalten und an das für ihn zuständige Finanzamt abführen. Die Nullregelung gem. § 52 Abs. 2 UStDV kann L trotz fehlendem gesonderten USt-Ausweis nicht von dieser Pflicht entbinden, da er im Falle des gesonderten USt-Ausweises den Vorsteuerabzug aus der Mietleistung nicht in Anspruch nehmen könnte. Dies würde ein Vorsteuerabzugsrecht gem. § 15 UStG voraussetzen, woran es bei pauschalierenden Landwirten gem. § 24 UStG mangelt (vgl. Abschn. 234 Abs. 9 Satz 1 UStR).

3. Die **Vermietungsumsätze** des V (sonstige Leistungen gem. § 3 Abs. 9 Satz 1 UStG) sind ohne weiteres steuerbar und grundsätzlich gem. § 4 Nr. 12 a UStG von der USt befreit.

Soweit V die im Kalenderjahr 1992 erstellten Geschosse vermietet, kann er gem. § 9 Abs. 1 UStG für die an seine unternehmerischen Mieter zu unternehmerischen Zwecken erbrachten Vermietungsleistungen zur Steuerpflicht **optieren**. Das Optionsverbot in der geltenden Fassung des § 9 Abs. 2 UStG greift gem. § 27 Abs. 2 Nr. 3 UStG nicht ein, da mit der Errichtung des Gebäudes vor dem 11. 11. 1993 begonnen worden ist. Die Vermietung an den Zahnarzt ist durch die gem. dem Allgemeinen Hinweis Nr. 5 zu unterstellende Option steuerpflichtig, während die Vermietung an den Handelsvertreter nur zur Hälfte steuerpflichtig ist, weil V für den zu Wohnzwecken an den Handelsvertreter überlassenen Teil der Wohnräume gem. § 9 Abs. 1 UStG nicht zur Steuerpflicht optieren kann.

Soweit V das 1996 erstellte Dachgeschoss vermietet, handelt es sich um die Vermietung eines Neugebäudes, sodass das Optionsverbot gem. § 9 Abs. 2 UStG in der geltenden Fassung zu beachten ist (vgl. Abschn. 148 a Abs. 6 Satz 1 UStR). Die im Kalenderjahr 1997 an den Rechtsanwalt für Bürozwecke erfolgende Vermietung ist bei zu unterstellender Option steuerpflichtig. Hingegen kann V im Kalenderjahr 1998 an den Heilpraktiker nicht steuerpflichtig vermieten, weil der Heilpraktiker die Räume zwar zu unternehmerischen Zwecken, aber für gem. § 4 Nr. 14 UStG steuerfreie und damit gem. § 15 Abs. 2 Satz 1 Nr. 1 UStG schädliche Umsätze verwendet.

Da V die ihm entstandenen Wasserkosten auf seine Mieter umlegt, erhöhen diese Beträge als zusätzliche Miete für erbrachte **Nebenleistungen** (vgl. Abschn. 29 Abs. 3 und Abschn. 76 Abs. 5 Satz 3 UStR) sein Mietentgelt gem. § 10 Abs. 1 Satz 2 UStG.

Im Kalenderjahr 1998 ergeben sich die im Folgenden berechneten Netto-Gesamtmieten, in denen die entsprechenden Wasserkostenanteile enthalten sind. Hierbei ist lt. Aufgabenstellung davon auszugehen, dass sich der Jahresverbrauch an Wasser gleichmäßig über das Kalenderjahr 1998 verteilt. Hierbei sind die Monatsmieten Januar bis März 1998 im Falle zulässiger und zu unterstellender Option (vgl. Allgemeiner Hinweis Nr. 5) zur Steuerpflicht mit 15 % zu belasten, da es sich um **selbstständige Teilleistungen** handelt (vgl. § 13 Abs. 1 Nr. 1 a Satz 2 und 3, § 27 Abs. 1 UStG, Abschn. 160 Abs. 4 UStR), während die Monatsmieten April bis Dezember 1998 mit 16 % USt zu belasten sind.

Erdgeschoss: Grundmiete (1.200 DM × 12 =) 14.400 DM
umgelegter Wasserkostenanteil
  (6.000 DM × 600/1.500 cbm =) + 2.400 DM
Gesamt-Nettomiete 16.800 DM
16.800 DM × 3/12 = 4.200 DM, hierauf USt (15 %): 630 DM,
16.800 DM × 9/12 = 12.600 DM, hierauf USt (16 %): 2.016 DM.

Obergeschoss: Grundmiete (1.200 DM × 12 =) 14.400 DM
hiervon 1/2 (unternehm. Nutzungsanteil) = 7.200 DM
Gesamt-Nettomiete (kein Wasserkostenanteil) 7.200 DM
7.200 DM × 3/12 = 1.800 DM, hierauf USt (15 %): 270 DM,
7.200 DM × 9/12 = 5.400 DM, hierauf USt (16 %): 864 DM.

Der umgelegte Wasserkostenanteil von (6.000 DM × 400/1.500 cbm =) 1.600 DM erhöht, da sich nur in Wohnräumen Wasseranschlüsse befinden, in vollem Umfang den zwangsweise steuerfrei bleibenden Mietanteil für den zu Wohnzwecken überlassenen Wohnungsanteil.

Dachgeschoss: Da hier eine Option im Kalenderjahr 1998 ausgeschlossen ist, fällt keinerlei USt an. Die steuerfreie Jahresmiete beträgt:

Grundmiete (1.500 DM × 12 =) 18.000 DM
umgelegter Wasserkostenanteil
  (6.000 DM × 500/1.500 cbm =) + 2.000 DM
Gesamtmiete (netto = brutto) 20.000 DM

H (Wasserwerk der Stadt Heilbronn) liefert an V Brauchwasser und sorgt für die Beseitigung der entstehenden Abwässer.

Soweit H Brauchwasser liefert, unterhält H einen Betrieb gewerblicher Art (BgA) gem. § 2 Abs. 3 UStG. Wasserwerke einer Stadt der Größenordnung Heilbronns erfüllen die Voraussetzungen eines BgA dank großer Umsätze ohne weiteres (vgl. Abschn. 4 Abs. 1 und 3 KStG, Abschn. 5 Abs. 4 und 5 KStR). Die dabei erzielten Umsätze sind somit steuerbar und auch steuerpflichtig. Sie unterliegen gem. § 12 Abs. 2 Nr. 1 UStG i. V. m. der Anlage hierzu (Nr. 34) dem Steuersatz von 7 %. Die von H für die Lieferung von Brauchwasser an V geschuldete USt beläuft sich bei netto (1.500 cbm à 1 DM =) 1.500 DM auf (1.500 DM × 7 % =) 105 DM.

Soweit H für die Beseitigung von Abwässern sorgt, erbringt H die sich hierbei ergebenden sonstigen Leistungen gem. § 3 Abs. 9 Satz 1 UStG außerhalb des Rahmens seines Unternehmens. Die Beseitigung von Abwässern ist, da ein gesteigertes öffentliches Interesse an der umweltgerechten Entsorgung besteht und der Leistungsempfänger zur Leistungsannahme gesetzlich verpflichtet ist (vg. § 11 Gemeindeordnung Baden-Württemberg), traditionell eine Aufgabe der öffentlichen Hand; insoweit übt H die nicht steuerbare Tätigkeit eines **Hoheitsbetriebes** aus (vgl. § 4 Abs. 4 KStG, Abschn. 5 Abs. 14 Satz 1 und 3 KStR).

Der von H auch hierfür vorgenommene USt-Ausweis, anteilig 315 DM (1.500 cbm à 3 DM = 4.500 DM, hierauf 7 % USt), ist unberechtigt i. S. d. § 14 Abs. 3 UStG erfolgt (vgl. Abschn. 190 Abs. 2 Nr. 4 UStR). H schuldet infolgedessen 315 DM USt gem. § 14 Abs. 3 Satz 1 UStG.

V kann aus der Rechnung des H die für die Brauchwasserlieferung anteilig ausgewiesene USt gem. § 15 Abs. 1 Nr. 1 UStG als Vorsteuer geltend machen, also 105 DM. Im Übrigen ist ein Vorsteuerabzug ausgeschlossen, weil es sich insoweit nicht um regulär wegen Erbringung einer steuerpflichtigen Leistung, sondern wegen unberechtigten USt-Ausweises geschuldete USt handelt. Derartige USt-Beträge sind nach der neuesten Rechtsprechung des BFH (vgl. Urteil vom 02. 04. 1998, BStBl 1998 II S. 695) nicht als Vorsteuer abziehbar.

Die gem. § 15 Abs. 1 Nr. 1 UStG abziehbare Vorsteuer kann V nur insoweit als Vorsteuer abziehen, als seine Mietumsätze nicht dem Vorsteuerabzugsverbot gem. § 15 Abs. 2 UStG unterliegen, was jedoch im Ober- und Dachgeschoss der Fall ist. Daher kann V letztlich nur den auf die steuerpflichtige Vermietung des Erdgeschosses entfallenden Anteil abziehen, also nur (105 DM × 600/1.500 cbm =) 42 DM.

Durch die Aufstockung des Gebäudes und die sich dabei ergebende weitere Nutzung sowie durch den Mieterwechsel zwischen 1997 und 1998 im Dachgeschoss ergibt sich in mehrfacher Hinsicht die Notwendigkeit von **Vorsteuerberichtigungen** gem. § 15 a UStG.

Dachgeschoss: Die im Kalenderjahr 1996 für die Aufstockung angefallene Umsatzsteuer konnte V gem. § 15 Abs. 1 und 2 UStG in vollem Unfang als Vorsteuer abziehen, weil er das Dachgeschoss im Kalenderjahr 1997 (entsprechend seiner Absicht) in vollem Umfang steuerpflichtig an den Rechtsanwalt vermieten konnte (s. o.). Aufgrund der ab 01. 01. 1998 zwingend gem. § 4 Nr. 12 a UStG steuerfreien Vermietung an den Heilpraktiker haben sich die Nutzungsverhältnisse bei den nachträglichen Herstellungskosten für das Gebäude (§ 15 a Abs. 3 i. V. m. Abs. 1 UStG) zu 100 % zuungunsten des V geändert.

Er muss die Vorsteuer unter Beachtung des vom 01. 01. 1997 bis 31. 12. 2006 laufenden Berichtigungszeitraums von 10 Jahren (§ 15 a Abs. 1 Satz 2

UStG) in seiner USt-Jahreserklärung für 1998 i. H. von (45.000 DM × $^1/_{10}$ =) 4.500 DM zu seinen Lasten berichtigen.

Grund und Boden: Die im Kalenderjahr 1991 für den Erwerb des unbebauten Grundstücks angefallene Umsatzsteuer konnte V gem. § 15 Abs. 1 und 2 UStG entsprechend seiner Absicht und ab 1993 eintretenden tatsächlichen Nutzung i. H. von 75 % (= 21.000 DM) als Vorsteuer abziehen, weil er die Hälfte des Obergeschosses steuerfrei an den Handelsvertreter, im Übrigen aber in vollem Umfang steuerpflichtig vermieten konnte (s. o.).

Aufgrund der ab 01. 01. 1997 hinzukommenden steuerpflichtigen Vermietung an den Rechtsanwalt haben sich die Nutzungsverhältnisse bei dem Wirtschaftsgut Grund und Boden insoweit geändert, als nunmehr 2 $^1/_2$ von 3 Geschossen steuerpflichtig vermietet werden; somit wird der Grund und Boden über das auf ihm erstellte Gesamtgebäude im Kalenderjahr 1997 zu 83,33 % für steuerpflichtige Umsätze genutzt, sodass eine Nutzungsänderung i. H. von 8,33 % zugunsten des V eingetreten ist. Jedoch kann V die Vorsteuer nicht zu seinen Gunsten berichtigen, weil die Änderung nicht gewichtig i. S. d. § 44 Abs. 2 UStDV ist. Der Vorsteuer-Änderungsbetrag würde unter Beachtung des vom 01. 01. 1993 bis 31. 12. 2002 laufenden Berichtigungszeitraums von 10 Jahren (§ 15 a Abs. 1 Satz 2 UStG) bei einem auf 1997 entfallenden Vorsteueranteil von (28.000 DM × $^1/_{10}$ =) 2.800 DM nur (2.800 DM × 8,33 % =) 233,24 DM betragen.

Aufgrund der ab 01. 01. 1998 zwingend gem. § 4 Nr. 12 a UStG steuerfreien Vermietung an den Heilpraktiker haben sich die Nutzungsverhältnisse bei dem Wirtschaftsgut Grund und Boden erneut geändert; nunmehr werden nur noch 1 $^1/_2$ von 3 Geschossen steuerpflichtig vermietet, sodass der Grund und Boden über das auf ihm erstellte Gesamtgebäude im Kalenderjahr 1998 zu 50 % für steuerpflichtige Umsätze genutzt wird und sich eine Nutzungsänderung von 25 % zuungunsten des V ergibt. V muss die Vorsteuer in seiner USt-Jahreserklärung für 1998 i. H. von (28.000 DM × $^1/_{10}$ = 2.800 DM, hiervon 25 %) 700 DM zu seinen Lasten berichtigen.

4. Zwischen P und der P-GmbH liegt ein **Organschaftsverhältnis** i. S. d. § 2 Abs. 2 Nr. 2 UStG vor. P beherrscht die P-GmbH finanziell (er hat mit einer 60%igen Beteiligung die Stimmrechtsmehrheit an der P-GmbH), wirtschaftlich (die P-GmbH bezieht den Großteil des für die Möbelproduktion benötigten Holzes von P) und organisatorisch (die Geschäfte der P-GmbH werden von einem Sohn des P, somit von einer dem P nahe stehenden Person geführt, welche die Durchsetzung des Willens des P bei der P-GmbH in gewissem Umfang gewährleistet), vgl. im Einzelnen Abschn. 21 Abs. 4 Satz 1 und 2, Abs. 5 Satz 1, 3 und 5, Abs. 6 Satz 1 UStR).

Die im Juli bei der PZ eingetroffene Holzlieferung ist in einen Innenumsatz zwischen P und der PZ und in eine Lieferung des P an die P-GmbH zu zerlegen.

Soweit P seine deutsche Organgesellschaft P-GmbH beliefert, ergibt sich wirklich eine Lieferung, da die Voraussetzungen einer grenzüberschreitenden Organschaft gem. § 2 Abs. 2 Nr. 2 Satz 2 ff. UStG vorliegen, die eine Annahme bloßer Innenumsätze unmöglich macht.

Die Lieferung der von der P-GmbH bestellten (Hälfte der) Holzladung ist durch P in Form einer **Versendungslieferung** gem. § 3 Abs. 6 Satz 1, 3, 4 UStG bewirkt worden. Da der von P beauftragte Spediteur auch entsprechend der Lieferkondition „verzollt und versteuert" die deutsche Einfuhrumsatzsteuer im eigenen oder im Namen des P entrichtet hat, verlagert sich der Lieferort gem. § 3 Abs. 8 UStG von Vancouver/Kanada ins Inland. Die Holzlieferung an die P-GmbH ist damit steuerbar und steuerpflichtig. Das für die Lieferung des P von der P-GmbH aufzuwendende Brutto-Entgelt beträgt gem. § 10 Abs. 1 Satz 2 UStG (60.000 DM + 4.200 DM =) 64.200 DM. Hierin ist die USt mit 16 % enthalten; der ermäßigte Steuersatz ist gem. § 12 Abs. 2 Nr. 1 UStG i. V. m. der Anlage zu § 12 Abs. 2 Nr. 1 UStG (Nr. 48) nur noch für Brennholz, Sägespäne und andere Holzabfälle anwendbar. Die USt beträgt somit (64.200 DM × $^{16}/_{116}$ =) 8.855,17 DM. Die Mindest-Bemessungsgrundlage gem. § 10 Abs. 5 Nr. 1 i. V. m. § 10 Abs. 4 Nr. 1 UStG greift, obwohl die P-GmbH kraft der Beteiligung des P an der P-GmbH eine ihm nahe stehende Person ist, nicht ein, weil der von P aufgewendete Einkaufspreis weit unter dem von ihm bei der P-GmbH erzielten Verkaufspreis liegt.

Soweit P seine deutsche Zweigniederlassung PZ „beliefert", ergibt sich keine Lieferung, da die Einheit des Unternehmens zwischen dem Organträger und zugehörigen Zweigniederlassungen jenseits der Grenze von den Beschränkungen bei einer grenzüberschreitenden Organschaft gem. § 2 Abs. 2 Nr. 2 Satz 2 ff. UStG unberührt bleibt (vgl. Abschn. 21 Abs. 2 UStR). Es liegt also nur ein nicht steuerbarer Innenumsatz vor. Dem widerspricht auch nicht, dass die inländischen Unternehmensteile (P-GmbH einschließlich der inländischen Betriebsstätte PZ des P) gegenüber dem Organträger P im Ausland als ein gesondertes Unternehmen zu behandeln sind (vgl. § 2 Abs. 2 Nr. 2 Satz 2 und 3 UStG, Abschn. 21 a Abs. 3 Nrn. 4 und 5, Abs. 7 Satz 1, Abs. 9 Satz 4 UStR). Im Verhältnis zum ausländischen Organträger P gehört seine Zweigniederlassung PZ im Inland doch zum Unternehmen des P, da zwischen beiden kein Organschaftsverhältnis vorliegt. Die P-GmbH ist im Gegensatz zur Zweigniederlassung PZ eine juristische Person und gilt folglich, da die Voraussetzungen des § 18 KStG nach Sachverhalt offensichtlich nicht gegeben sind, als der wirtschaftlich bedeutendere Teil des inländischen Anteils am Organschaftskreis und damit als Unternehmer (vgl. § 2 Abs. 2 Nr. 2 Satz 4 UStG, Abschn. 21 a Abs. 7 Satz 3 UStR).

Der gesonderte USt-Ausweis in der Rechnung für die PZ ist unbedenklich. Ein USt-Ausweis für einen Innenumsatz verursacht keine USt-Schuld wegen unberechtigten USt-Ausweises gem. § 14 Abs. 3 UStG (vgl. Abschn. 183 Abs. 3 UStR).

Der Vorsteuerabzug aus der betragsmäßig nicht genannten Einfuhrumsatzsteuer für die Einfuhr des Holzes in das Inland steht gem. § 15 Abs. 1 Nr. 2 UStG dem P zu. Er hat das Holz für sein Unternehmen in das Inland eingeführt, weil er im Zeitpunkt des Grenzübertritts in das Inland aufgrund der gem. § 3 Abs. 8 UStG erfolgten Holzlieferung an die P-GmbH noch die Verfügungsmacht an dem Holz hat (vgl. Abschn. 199 Abs. 4 Satz 2, Abs. 6 Satz 1 und 2 UStR). Ein Vorsteuerabzugsverbot ist nicht ersichtlich.

Der für die P-GmbH kostenlose Transport durch die PZ ist ein nicht steuerbarer Innenumsatz, denn die PZ gehört zum inländischen Unternehmen der P-GmbH (s. o.), und nicht etwa ein Leistungs-Eigenverbrauch gem. § 1 Abs. 1 Nr. 2 b UStG.

Indem die PZ (liefernder Unternehmer ist die P-GmbH, s. o.) einen Teil des Holzes an eine Firma in Interlaken/Schweiz veräußert, erbringt sie eine Beförderungslieferung gem. § 3 Abs. 6 Satz 1 UStG, die steuerbar ist (Ort: Bremen). Die Lieferung ist als Ausfuhrlieferung gem. § 4 Nr. 1 a i. V. m. § 6 Abs. 1 Nr. 1 UStG steuerfrei; die erforderlichen Nachweise (Ausfuhr- und Buchnachweis gem. §§ 9 und 13 UStDV) sind laut Allgemeinem Hinweis Nr. 6 als gegeben zu unterstellen.

Die P-GmbH kann die von P in Rechnung gestellte USt i. H. von 4.200 DM gem. § 15 Abs. 1 und 2 UStG als Vorsteuer abziehen. Hinsichtlich der für die PZ ausgewiesenen weiteren 4.200 DM kommt ein Vorsteuerabzug beim Unternehmer P-GmbH, zu dessen Unternehmen auch die Zweigniederlassung PZ rechnet, jedoch nicht in Betracht, weil hierbei nur ein Innenumsatz zwischen P und der PZ zugrunde liegt (vgl. Abschn. 192 Abs. 11 UStR, s. o.).

5. X veräußert die Schneidwerkzeuge im eigenen Namen und, indem er der W-GmbH über den erzielten Kaufpreis Rechnung legt, für fremde Rechnung. Wer im eigenen Namen, aber für fremde Rechnung Gegenstände veräußert, ist Kommissionär. Deshalb liegt zwischen der W-GmbH und X ein **Kommissionsgeschäft** gem. § 3 Abs. 3 UStG i. V. m. § 383 HGB vor. Der Verkaufskommittent W-GmbH liefert die Werkzeuge an den Verkaufskommissionär X und X dieselben an den Schweizer Großabnehmer.

Die Veräußerung der Werkzeuge durch X wird im Rahmen eines Reihengeschäfts gem. § 3 Abs. 6 Satz 5 und 6 UStG zwischen der W-GmbH, X und dem Schweizer Großabnehmer abgewickelt. Zwischen der W-GmbH und X sowie zwischen X und dem Großabnehmer liegen jeweils Kaufverträge über dieselben Schneidwerkzeuge vor, die von dem von X beauftragten Frachtführer K in Offenburg abgeholt und direkt zu dem Großabnehmer transportiert werden, somit mittels einheitlicher Warenbewegung vom ersten Lieferanten W-GmbH an den Folgeabnehmer des Abnehmers X gelangen. Da die Schneidwerkzeuge von einem Abnehmer versendet werden, der zugleich Lieferer ist, muss die Versendung grundsätzlich der Lie-

ferung der W-GmbH an X zugeordnet werden. Die Versendung kann ausnahmsweise der Lieferung des X an den Großabnehmer zugeordnet werden, weil X nachweisen kann, dass er die Schneidwerkzeuge als Lieferer
von der W-GmbH zum Großabnehmer hat transportieren lassen: X trägt
aufgrund der Lieferklausel DDP gegenüber dem Großabnehmer das Transportrisiko, tritt laut Allgemeinem Hinweis Nr. 4 unter der USt-Identifikations-Nr. des Landes auf, in dem er sein Unternehmen betreibt (Deutschland), also mit einer USt-Identifikations-Nr. des Landes, in dem auch die
Beförderung beginnt, und verfügt laut Allgemeinem Hinweis Nr. 6 über die
für Ausfuhrlieferungen erforderlichen Nachweise (Beleg- und Buchnachweis gem. §§ 10, 13 UStDV; vgl. BMF-Schreiben vom 18. 04. 1997, Rz. 15
Satz 2 bis 4, BStBl 1997 I S. 529).

Der **Ort der Versendungslieferung** gem. § 3 Abs. 6 Satz 1, 3, 4 UStG des X
an den Großabnehmer ist Offenburg; sie ist steuerbar. Die Lieferung ist
jedoch gem. § 4 Nr. 1 a i. V. m. § 6 Abs. 1 Nr. 1 UStG als Ausfuhrlieferung
steuerfrei, weil die Schneidwerkzeuge durch den Lieferanten X in das Drittlandsgebiet versandt werden; die erforderlichen Nachweise (Ausfuhr- und
Buchnachweis gem. §§ 10 und 13 UStDV, s. o.) sind laut Allgemeinem Hinweis Nr. 6 als gegeben zu unterstellen.

Die Lieferung der W-GmbH an X, die der Versendungslieferung des X
im Reihengeschäft vorausgeht, gilt gem. § 3 Abs. 7 Satz 2 Nr. 1 UStG als
ruhende Lieferung dort als ausgeführt, wo die Versendung beginnt – in
Offenburg. Somit ist die Lieferung der W-GmbH in Deutschland steuerbar.

Die Lieferung ist auch steuerpflichtig, da die Steuerbefreiung für Ausfuhrlieferungen nur bei Beförderungs- oder Versendungslieferungen, nicht aber
bei ruhenden Lieferungen angewendet werden kann (vgl. BMF-Schreiben
vom 18. 04. 1997, Rz. 22, a. a. O.).

Der Steuersatz beträgt gem. § 12 Abs. 1 UStG 16 %.

Bemessungsgrundlage der Lieferung ist gem. § 10 Abs. 1 Satz 2 UStG
grundsätzlich das Entgelt; das Entgelt bestimmt sich beim Verkaufskom-
mittenten W-GmbH nach dem Nettobetrag, den der Verkaufskommissionär
X an die W-GmbH abführt, also 20 DM pro Exemplar, d. h. (50 × 20 DM =)
1.000 DM, abzüglich USt. Allerdings ist darüber hinaus die **Mindest-Bemessungsgrundlage** gem. § 10 Abs. 5 Nr. 1 i. V. m. § 10 Abs. 4 Nr. 1 UStG
zu prüfen, weil X durch seine Beteiligung an der W-GmbH eine ihr nahe
stehende Person ist (vgl. Abschn. 11 Abs. 3 und Abschn. 158 Abs. 1 Nr. 1
UStR). Die vom Fabrikanten und Lieferanten W-GmbH für die Schneidwerkzeuge aufgewendeten Selbstkosten (Herstellungskosten) liegen mit
75 DM pro Exemplar weit über dem bei der Lieferung von X aufgewendeten Entgelt (s. o.), sodass die Mindest-Bemessungsgrundlage mit (75 DM ×
50 DM =) 3.750 DM maßgebend ist. Die hierauf entfallende USt beträgt
(3.750 DM × 16 % =) 600 DM.

K erbringt eine sonstige Leistung gem. § 3 Abs. 9 Satz 1 UStG an X, die in einer Beförderungsleistung besteht. Der Ort der Beförderungsleistung liegt gem. § 3 b Abs. 1 Satz 1 und 2 UStG dort, wo die Beförderung bewirkt wird, also z. T. im Inland und z. T. im Ausland (Drittlandsgebiet). Der steuerbare inländische Teil der Beförderungsleistung ist gem. § 4 Nr. 3 a Buchst. aa UStG steuerfrei, der ausländische Teil nicht steuerbar.

6. Die T-GbR ist Unternehmer, da sie ohne weiteres selbstständig ist, unter ihrem Namen nach außen als Schuldner auftritt (vgl. Abschn. 16 Abs. 2 Satz 1 UStR), indem sie in Mietverträgen als Vermieter bezeichnet ist und durch die Vermietung eine berufliche Tätigkeit ausübt (vgl. § 2 Abs. 1 Satz 1 UStG). Die Wohnungsvermietungen sind gem. § 4 Nr. 12 UStG zwingend steuerfrei; eine Option zur Steuerpflicht gem. § 9 UStG ist ausgeschlossen.

Bei ihrer Gründung gewährt die T-GbR ihren Gesellschaftern, d. h. dem T und dessen Bruder, Gesellschaftsanteile und erbringt damit **sonstige Leistungen gem. § 3 Abs. 9 Satz 1 UStG.** Der Ort der sonstigen Leistungen befindet sich jeweils in Frankfurt/Main. Soweit T selbst der Empfänger ist, kommt ein unternehmerischer Empfang der Anteile in Betracht (s. u.), sodass sich der Ort nach § 3 a Abs. 4 Nr. 6 a i. V. m. Abs. 3 Satz 1 UStG bestimmen würde – allerdings besagt der Sachverhalt nichts darüber, ob T die Anteile ausnahmsweise in seinem Unternehmen hält, was deshalb auch nicht unterstellt werden kann. T wie sein Bruder empfangen demnach die Anteile im privaten Bereich. Infolgedessen ergibt sich der Ort aus § 3 a Abs. 1 UStG.

Die Anteilsgewährung ist in beiden Fällen gem. § 4 Nr. 8 f UStG steuerfrei; eine Option gem. § 9 UStG ist mangels Empfangs für unternehmerische Zwecke ausgeschlossen.

Da die Umsätze durchweg (gem. § 4 Nr. 8 f bzw. Nr. 12 UStG) steuerfrei sind, hat die T-GbR gem. § 19 Abs. 3 Satz 1 Nr. 1 UStG einen Gesamtumsatz von 0 DM erzielt und ist folglich Kleinunternehmer gem. § 19 Abs. 1 Satz 1 UStG. Eine Option zur Regelbesteuerung gem. § 19 Abs. 2 UStG kann angesichts des Verzichts der T-GbR auf jeglichen Vorsteuerabzug nicht angenommen werden.

Q liefert an die T-GbR ein im Inland gelegenes Grundstück, das bei ihm offensichtlich zum Unternehmensvermögen gehört hat, da er zur Berechnung von USt auf den Kaufpreis laut Sachverhalt berechtigt ist. Die Grundstückslieferung ist grundsätzlich gem. § 4 Nr. 9 a UStG steuerfrei, jedoch kann Q, da er das Grundstück an den Unternehmer T-GbR für dessen Vermietungszwecke veräußert, gem. § 9 UStG zur Steuerpflicht optieren; hiervon hat Q offensichtlich Gebrauch gemacht.

Die anfallende USt ist, weil zugleich GrESt anfällt, auf besondere Weise zu errechnen. Hierbei ist einerseits zu beachten, dass die gesondert vom zuständigen Finanzamt anzufordernde GrESt zur Hälfte zum umsatzsteuerlichen Entgelt i. S. d. § 10 Abs. 1 Satz 2 UStG gehört (vgl. Abschn. 149 Abs. 7 Satz 4 UStR) und damit die Höhe der USt beeinflusst, sowie andererseits zu beachten, dass die USt in dem verlangten Kaufpreis enthalten ist. Danach ergibt sich folgende Berechnung: Ein angenommener Netto-Kaufpreis von 100.000 DM ist um die halbe GrESt, ohne Beeinflussung durch die USt (vgl. Abschn. 149 Abs. 7 Satz 5 UStR), zu erhöhen, d. h. um 1.750 DM (vgl. § 11 Abs. 1 GrEStG: Steuersatz von 3,5 % × $^1/_2$ × 100.000 DM). Berechnet man hierauf die USt mit 16 % (101.750 DM × 16 %), so erhält man einen Brutto-Kaufpreis von 16.280 DM. Somit ist die USt in einem Brutto-Kaufpreis von 116.280 DM mit 16.280 DM enthalten. Hieraus ergibt sich eine auf den Brutto-Kaufpreis anzuwendende Formel, mit welcher die enthaltene, die GrESt berücksichtigende USt herausgerechnet werden kann. Somit ist in brutto 1.500.000 DM die USt mit (1.500.000 DM × 16.280/116.280 DM =) 210.010,20 DM enthalten.

T ist Unternehmer. Er erhält sein Honorar von den Treugebern dafür, dass er deren Gelder anlegt und verwaltet; also ist T nachhaltig in Einnahmeerzielungsabsicht tätig. Er ist dabei auch selbstständig tätig: Der in der Vereinbarung mit den Treugebern abgesteckte Tätigkeitsspielraum des T ist sehr weit, sodass die für Arbeitnehmer typischen Merkmale wie Weisungsgebundenheit, Schulden der Arbeitskraft etc. (vgl. § 2 Abs. 2 Nr. 1 UStG, § 1 Abs. 2 LStDV, H 67 LStH – „Allgemeines") nicht gegeben sind; insbesondere die Tatsache, dass T zugleich für mehrere Auftraggeber tätig ist, spricht eindeutig für Selbstständigkeit.

Die Unternehmereigenschaft entfällt auch nicht deshalb, weil T Gesellschafter der T-GbR ist und mit seiner Anlagenverwaltung zugleich die Geschäfte der T-GbR führt. Zwar ist die Geschäftsführungstätigkeit eines Gesellschafter-Geschäftsführers nicht steuerbar (vgl. Abschn. 1 Abs. 7 Satz 1 und Abschn. 18 Abs. 3 Satz 5 UStR; T erhält dafür auch kein Entgelt von der T-GbR), doch ergibt sich die Unternehmereigenschaft des T nicht aus seinem Verhältnis zur T-GbR, sondern aus dem Leistungsaustausch mit den Treugebern als Leistungsempfänger seiner Anlagenverwaltungstätigkeit.

Inhaltlich handelt es sich bei der von T ausgeübten Tätigkeit um eine sonstige Leistung gem. § 3 Abs. 9 Satz 1 UStG. T verwaltet die Gelder der Treugeber im eigenen Namen für Rechnung der Treugeber, da er den über die T-GbR erwirtschafteten Gewinn bzw. Verlust angeben muss. Es liegt – zivilrechtlich gesehen – eine entgeltliche Geschäftsbesorgung i. S. d. § 675 BGB vor und damit umsatzsteuerlich eine Besorgungsleistung, die jedoch nicht unter § 3 Abs. 11 UStG fällt, da T hierbei (über die Vermietung durch die T-GbR) einen Leistungsverkauf besorgt (vgl. Abschn. 32 Abs. 1 Satz 3 UStR).

Der **Ort der Besorgungsleistung** ergibt sich aus § 3 a Abs. 1 UStG, richtet sich also nach dem Ort, von dem aus T sein Unternehmen betreibt – Frankfurt/Main. Andere Ortregelungen greifen nicht ein: § 3 a Abs. 2 Nr. 1 UStG deshalb nicht, weil T keinen Leistungseinkauf besorgt und somit § 3 Abs. 11 UStG unanwendbar ist (s. o.) und die Vermögensverwaltung sich auch auf die Wertpapieranlage bezieht, sodass kein ausreichender Grundstückszusammenhang vorliegt; § 3 a Abs. 4 Nr. 3 UStG deshalb nicht, weil T nicht berät, sondern verwaltet; § 3 a Abs. 4 Nr. 6 a UStG deshalb nicht, weil T den Treugebern weder Gesellschaftsanteile an der T-GbR verschafft noch vermittelt, vielmehr selbst Halter von Gesellschaftsanteilen ist (hierin liegt keine unternehmerische Tätigkeit, vgl. Abschn. 18 Abs. 1 Satz 5 UStR). Die sonstige Leistung des T ist somit steuerbar.

Die Leistung des T ist auch steuerpflichtig. Insbesondere greifen § 4 Nr. 8 f bzw. Nr. 12 a UStG aus den oben geschilderten Gründen nicht ein.

Zu einem ähnlichen Fall vgl. BFH, Urteil vom 29. 01. 1998, BStBl 1998 II S. 413.

7. Es ist inzwischen herrschende Meinung, dass derjenige Unternehmer, der **Standard-Software** veräußert, an sich eine Lieferung eines Gegenstandes bewirkt (vgl. Abschn. 25 Abs. 2 Nr. 7 Satz 2 UStR). Hierzu ist allerdings erforderlich, dass er an einem Gegenstand (CD, Diskette o. Ä.) Verfügungsmacht verschafft. Hieran fehlt es, wenn Standard-Software auf elektronischem Weg (über Internet etc.) überlassen wird (vgl. Niederschrift zur USt-Arbeitsgemeinschaft 1998 S 7522 A – 88 – St 35/St 36 vom 19. 01. 1999, Tz. 2.3). Somit erbringt A eine **sonstige Leistung** gem. § 3 Abs. 9 Satz 1 UStG. Der Ort dieser sonstigen Leistung richtet sich nach § 3 a Abs. 4 Nr. 5 i. V. m. Abs. 3 bzw. Abs. 1 UStG. A überlässt an seine Kunden Informationen (bestätigt in Abschn. 39 Abs. 14 Satz 6 UStR), ohne dabei Urheberrechte einzuräumen, da A den Kunden die Software zum ausschließlich eigenen Gebrauch, nicht jedoch zur Vervielfältigung und Weiterveräußerung überlassen hat (vgl. Abschn. 168 Abs. 1 Satz 4 bis 7 UStR).

Soweit A die Software an deutsche Unternehmer für deren Unternehmen überlässt, liegt der Ort der Leistung dort, wo die empfangenden Unternehmer ihr Unternehmen betreiben, also in Deutschland (vgl. § 3 a Abs. 3 Satz 1 UStG, Abschn. 38 Abs. 1 Satz 3 UStR). Diese Leistungen sind somit steuerbar.

Diese sonstigen Leistungen sind auch steuerpflichtig.

Der Steuersatz beträgt gem. § 12 Abs. 1 UStG 16 %. Der ermäßigte Steuersatz für die Einräumung von Urheberrechten gem. § 12 Abs. 2 Nr. 7 c UStG ist nicht einschlägig, weil dabei keine Urheberrechte eingeräumt werden (s. o.).

Die Bemessungsgrundlage beträgt gem. § 10 Abs. 1 Satz 2 UStG brutto 250.000 DM. Einnahmen in dieser Höhe sind A von Unternehmern zugeflossen, die durch Verwendung ihrer deutschen USt-Identifikations-Nr. zu erkennen gegeben haben, dass sie die Software für ihren unternehmerischen Bereich erworben haben.

Die USt ist in brutto 250.000 DM mit (250.000 DM $\times$ $^{16}/_{116}$ =) 34.482,75 DM enthalten.

B kann die von A ordnungsgemäß ausgewiesene USt gem. § 15 Abs. 1 Nr. 1 UStG als Vorsteuer abziehen, da er als Spirituosenhändler nicht dem Vorsteuerabzugsverbot in § 15 Abs. 2 UStG unterliegt. Allerdings muss er – wie andere deutsche Unternehmer, denen A die USt gesondert ausgewiesen hat – die USt gem. § 18 Abs. 8 UStG i. V. m. § 51 Abs. 1 Nr. 1 UStDV im Abzugsverfahren einbehalten, anmelden und abführen (unter Verrechnung mit dem gleich hohen Vorsteuerabzug), weil er von einem im Ausland ansässigen Unternehmer eine steuerpflichtige sonstige Leistung erhalten hat. Unternehmer, die von A keine USt gesondert ausgewiesen erhalten haben, können auf die Durchführung des Abzugsverfahrens verzichten, soweit die Nullregelung gem. § 52 Abs. 2 UStDV bei ihnen angewendet werden kann.

Soweit A die Software an deutsche Privatkunden bzw. an Unternehmer für deren Privatbereich überlässt, liegt der Ort der Leistung gem. § 3 a Abs. 1 UStG dort, wo der Leistungsgeber A sein Unternehmen betreibt, also in Manchester (Großbritannien). Diese Leistungen sind somit in Deutschland nicht steuerbar.

8. Wie aus dem Verhalten des U anlässlich des Erwerbs des PKW Ende 1997 zu ersehen ist, hat U den erworbenen PKW nur zu 70 % seinem Unternehmen zugeordnet. Dies ist zulässig und allein aus der Tatsache zu entnehmen, dass U lediglich den Vorsteuerabzug i. H. von 70 % – entsprechend dem unternehmerischen Nutzungsanteil – geltend gemacht hat (vgl. BMF-Schreiben vom 27. 06. 1996, BStBl 1996 I S. 702, II. 1. Absatz Satz 1, 2. Absatz Satz 1 sowie I. Tz. 1 Satz 4), obwohl er auch den vollen Vorsteuerabzug hätte vornehmen können. Hieraus folgt aber weiter, dass U die im Kalenderjahr 1998 berechnet erhaltene USt ebenfalls nur zu 70 % als Vorsteuer abziehen darf (zur Berechnung im Einzelnen s. u.).

Für die rein private Nutzung muss U keinen Leistungs-Eigenverbrauch gem. § 1 Abs. 1 Nr. 2 b UStG versteuern, weil der PKW insoweit nicht seinem Unternehmen zugeordnet ist und der tatsächliche unternehmerische Nutzungsanteil dem bei Erwerb des PKW zugrunde gelegten unternehmerischen Nutzungsanteil entspricht.

Die bei der Privatfahrt verursachten **Unfallkosten** waren bislang gem. Abschn. 155 Abs. 3 Satz 4 UStR als Aufwendungs-Eigenverbrauch gem. § 1 Abs. 1 Nr. 2 c UStG zu versteuern. Aufgrund des BMF-Schreibens vom 16. 02. 1999 (BStBl 1999 I S. 224, II. Abs. 2 Satz 1 und 2) sind derartige

Kosten – wie die unternehmerisch veranlassten Unfallkosten – lediglich entsprechend dem privaten Nutzungsanteil des PKW dem Leistungs-Eigenverbrauch gem. § 1 Abs. 1 Nr. 2 b UStG zu unterwerfen. Eine Versteuerung hiernach unterbleibt jedoch ebenfalls, weil ein Leistungs-Eigenverbrauch aufgrund der nur anteiligen Zuordnung des PKW zum Unternehmen ausscheidet (s. o.).

U nutzt den PKW auch für Fahrten zwischen Wohnung und Betrieb und erfüllt dabei, soweit die Aufwendungen über den gem. § 9 Abs. 1 Satz 3 Nr. 4 Satz 4 a EStG abzugsfähigen Betriebsausgaben (0,70 DM pro Entfernungskilometer) liegen, den Tatbestand des **Aufwendungs-Eigenverbrauchs** gem. § 1 Abs. 1 Nr. 2 c UStG i. V. m. § 4 Abs. 5 Nr. 6 EStG. Der Aufwendungs-Eigenverbrauch ist ohne weiteres steuerbar und steuerpflichtig.

Die Bemessungsgrundlage des Aufwendungs-Eigenverbrauchs ergibt sich grundsätzlich aus den die abzugsfähigen Betriebsausgaben übersteigenden Aufwendungen (§ 10 Abs. 4 Nr. 3 UStG i. V. m. § 4 Abs. 5 Nr. 6 EStG). Nicht dazu gehören die privaten Unfall-Kosten, die weder zu Betriebsausgaben führen (netto 1.300 DM) noch den Vorsteuerabzug gewähren (208 DM, s. u.). Die anteiligen Kosten pro Entfernungskilometer betragen:

(49.300 DM ∕ 1.300 DM =) 48.000 DM / 60.000 km zurückgelegte Strecke
48.000 DM / 60.000 × 2 = 1,60 DM.

Deshalb summieren sich die anteiligen betrieblichen Aufwendungen für Fahrten zwischen Wohnung und Betrieb auf

200 Tage × 30 Entfernungskilometer × 1,60 DM = 9.600 DM.

Die abzugsfähigen Betriebsausgaben betragen hingegen

200 Tage × 30 Entfernungskilometer × 0,70 DM = 4.200 DM.

Hieraus ergeben sich nichtabzugsfähige Betriebsausgaben i. H. von (9.600 DM ∕ 4.200 DM =) 5.400 DM.

Diese Aufwendungen sind entgegen Abschn. 155 Abs. 5 Satz 3 UStR um die Kosten zu **kürzen**, bei denen kein Vorsteuerabzug möglich ist (Versicherungsprämien, Kraftfahrzeugsteuer, Rundfunkgebühren, vgl. BMF-Schreiben vom 16. 02. 1999, a. a. O., I. Abs. 2). Der Kürzungsbetrag ermittelt sich wie folgt:

5.400 DM × 2.000 / 48.000 DM = 225 DM

Somit beträgt die Bemessungsgrundlage des Aufwendungs-Eigenverbrauchs für das Kalenderjahr 1998 (5.400 DM ∕ 225 DM =) 5.175 DM. Da sich die Aufwendungen laut Sachverhalt gleichmäßig auf die Zeit vor dem 01. 04. 1998 (Steuersatz: 15 %) bzw. nach dem 31. 03. 1998 (Steuersatz: 16 %) verteilen, wird die Bemessungsgrundlage entsprechend dem Verhältnis der Zeitanteile aufgeteilt.

Die anteilige Bemessungsgrundlage und die anfallende USt betragen hiernach:

(5.175 DM × ¼ = 1.293,75 DM) × 15 % = 194,06 DM USt bzw.

(5.175 DM × ¾ = 3.881,25 DM) × 16 % = 621,00 DM USt,

zusammen also   815,06 DM USt.

Der Vorsteuerabzug steht U nicht in vollem Umfang (2.689,75 DM) zu. Die bei der Behebung des Unfallschadens angefallene USt ist nicht abziehbar, weil ein Unfall auf einer Privatfahrt zugrunde liegt und der PKW hinsichtlich der privaten Nutzung nicht dem Unternehmen zugeordnet ist. Somit reduziert sich der Vorsteuerabzug um die dabei angefallene USt, also auf (2.689,75 DM ⁒ 208 DM =) 2.481,75 DM. Außerdem ist dieser Betrag, der sich auf die gesamten betrieblichen Aufwendungen bezieht, auf 70 % (Anteil der unternehmerischen Nutzung) zu verringern (s. o.). Die abziehbare Vorsteuer beträgt demnach (2.481,75 DM × 70 % =) 1.737,23 DM.

Lösung zu Aufgabe 4:
Abgabenrecht und Finanzgerichtsordnung

Aufgabe 1: Auswertung des Grundlagenbescheids vom 15. 07. 1996

Ausweislich der Mitteilung des Finanzamts Ulm wurden mit Feststellungsbescheid vom 15. 07. 1996 anteilige Vermietungseinkünfte des HF i. H. von 160.000 DM gesondert festgestellt. Allein durch die Anfechtung des Grundlagenbescheids wurde weder die Vollziehung des Feststellungsbescheids noch die des darauf beruhenden Einkommensteuerfolgebescheids aufgehoben (§ 361 Abs. 1 Satz 2 AO). Vorliegend hat das Finanzamt Ulm jedoch entschieden, dass der Grundlagenbescheid i. H. von anteilig ✗ 400.000 DM Vermietungseinkünfte nicht vollzogen werden darf (AEAO zu § 361 Tz. 5). An diese **Aussetzungsverfügung** ist das Finanzamt Ehingen bei der Vollziehung des Einkommensteuerfolgebescheids 1993 gebunden. Es musste deshalb wie folgt verfahren:

a) Auswertung des Feststellungsbescheids:

Steuerfestsetzung im Änderungsbescheid vom 10. 11. 1997

Die einheitlich und gesondert festgestellten Vermietungseinkünfte sind für die Einkommensteuerfestsetzung weiterhin bindend (§§ 171 Abs. 10, 175 Abs. 1 Nr. 1 AO); deshalb ist die festzusetzende Einkommensteuer 1993 bei der Folgeänderung aus der gesonderten Feststellung von 160.000 DM zu berechnen. Der Änderungsbescheid vom 10. 11. 1997 über eine Einkommensteuerfestsetzung i. H. von 169.050 DM (323.000 DM + 160.000 DM = 483.000 DM × 35 %) ist nicht zu beanstanden. Die Aussetzung des Grundlagenbescheids steht dem Erlass des Folgebescheids nicht entgegen (§ 361 Abs. 3 Satz 2 AO), sondern wirkt sich allenfalls auf dessen Vollziehung bzw. Erhebung aus (vgl. nachfolgende Tz. b).

b) Auswertung der Aussetzungsmitteilung:

Erhebung/Abrechnung zum Änderungsbescheid vom 10. 11. 1997

Soweit die Vollziehung des Grundlagenbescheids ausgesetzt ist (hier: ✗ 400.000 DM), ist auch die Vollziehung des Folgebescheids auszusetzen (§ 361 Abs. 3 Satz 1 AO; hier: ✗ 140.000 DM Einkommensteuer). Hierzu bedarf es keines Einspruches gegen den Folgebescheid. Im vorliegenden Fall tritt hinzu, dass es sich bei dem zu vollziehenden Bescheid vom 10. 11. 1997 nicht um einen erstmaligen, sondern um einen **Änderungsbescheid** handelt. Die einschränkende Regelung des § 361 Abs. 2 Satz 4 AO gilt auch in diesen Fällen (AEAO zu § 361 Nr. 4, 5.3, 6).

Nach § 361 Abs. 2 Satz 4 AO errechnet sich folgende aussetzungsfähige Einkommensteuer:

festgesetzter Betrag lt. Änderungsbescheid vom 10. 11. 1997	169.050 DM
∕ einbehaltene Steuerabzugsbeträge (Lohnsteuer)	49.000 DM
∕ festgesetzte Vorauszahlungen (ohne die im Erstbescheid vom 10. 08. 1995 abgerechnete Nachzahlung)	0 DM
= max. auszusetzen	120.050 DM

Im Einzelnen:

Abschlusszahlung Änderungsbescheid   56.000 DM

Die Festsetzung des Änderungsbescheids weicht gegenüber dem Erstbescheid um + 56.000 DM ab. In diesem Fall kann die Vollziehung des Änderungsbescheids unabhängig von den Beschränkungen des § 361 Abs. 2 Satz 4 AO ausgesetzt bzw. aufgehoben werden – allerdings nur innerhalb des Mehrbetrags von 56.000 DM (AEAO zu § 361 Nr. 4 Satz 6). Da HF diese Nachzahlung termingerecht überwiesen hat, geht es um **Aufhebung der Vollziehung; § 361 Abs. 2 Satz 4 AO** steht der vorläufigen Rückzahlung dieses Betrages nicht entgegen.

Abschlusszahlung Erstbescheid   64.050 DM

Der Aussetzungsverfügung des Grundlagenbescheids ist jedoch erst dann voll Rechnung getragen, wenn auch die Vollziehung der verbleibenden Einkommensteuer von 140.000 DM ∕ 56.000 DM = 84.000 DM aufgehoben werden kann. Lt. Abrechnung zum Erstbescheid vom 10. 08. 1995 war eine Einkommensteuernachzahlung i. H. von 64.050 DM fällig und auch bezahlt. § 361 Abs. 2 Satz 4 AO steht der Aufhebung der Vollziehung dieses Betrages nicht entgegen, da dort Abschlusszahlungen geänderter Steuerbescheide nicht genannt sind. Nach § 361 Abs. 3 Satz 1 AO spielt es keine Rolle, dass die Festsetzung des Erstbescheids nicht angefochten und deshalb formell bestandskräftig geworden ist. Somit ist vorbehaltlich der Zahlungsverjährung ein weiterer Teilbetrag von 64.050 DM **vorläufig zu erstatten.**

Einbehaltene Lohnsteuer   19.950 DM

Die Erstattung der noch verbliebenen ausgesetzten Einkommensteuer i. H. von 19.950 DM (84.000 DM ∕ 64.050 DM) würde zur **Rückzahlung einbehaltener Lohnsteuer** der UF führen und muss deshalb nach § 361 Abs. 2 Satz 4 AO **unterbleiben.** Insoweit geht § 361 Abs. 2 Satz 4 AO der Bindungswirkung des Abs. 3 Satz 1 vor.

    140.000 DM

Zahlungsverjährung gem. §§ 228 ff. AO (5 Jahre) ist in 1999 noch nicht eingetreten. Die Vollziehung der Einkommensteuer 1993 ist in Höhe eines Teilbetrages von 120.050 DM aufzuheben. Dadurch erhalten HF und UF einen **Erstattungsanspruch** in gleicher Höhe (§ 37 Abs. 2 AO), da der rechtliche Grund für die Zahlungen nachträglich weggefallen ist (AEAO zu § 361 Nr. 7).

Ergebnis: Da noch keine Zahlungsverjährung eingetreten ist, muss das Finanzamt Ehingen in 1999 die **Vollziehung** der Einkommensteuer 1993 i. H. von 120.050 DM **nachträglich aufheben** und diesen Betrag **vorläufig erstatten**. Hierzu bedarf es weder eines Einspruches gegen die Steuerfestsetzung noch eines sonstigen Antrages.

Aufgabe 2: Entscheidung des FG über den AdV-Antrag vom 02. 05. 1998

Laut Sachverhalt hat der Prozessbevollmächtigte HD im Namen seiner Mandanten am 02. 05. 1998 beim Finanzgericht einen **Antrag auf Aufhebung der Vollziehung** des Einkommensteueränderungsbescheids 1993 vom 10. 11. 1997 gestellt. Das Verfahren über Aufhebung der Vollziehung ist ein gegenüber dem Klageverfahren (Hauptverfahren) rechtlich selbstständiges Verfahren. Es kann nur dann erfolgreich sein, wenn der Antrag zulässig gestellt wurde und auch begründet ist.

Zulässigkeit

Die Zulässigkeit dieses Antrags richtet sich nach § 69 Abs. 4 Satz 1 FGO. Hiernach kann ein Antrag beim Finanzgericht nur dann zulässig gestellt werden, wenn er bereits zuvor beim Finanzamt gestellt wurde und dort erfolglos geblieben ist (erfolgloses Vorverfahren). Da lt. Sachverhalt beim Finanzamt Ehingen in dieser Angelegenheit noch kein Aussetzungsantrag eingegangen ist, dürfte der beim Finanzgericht gestellte Antrag wegen Verstoßes gegen § 69 Abs. 4 Satz 1 FGO unzulässig sein; ein Ausnahmefall des § 69 Abs. 4 Satz 2 FGO liegt nicht vor.

Allerdings ist der Einkommensteueränderungsbescheid 1993 vom 10. 11. 1997 nur ergangen, weil ein vom Finanzamt Ulm erlassener Grundlagenbescheid über die einheitliche und gesonderte Feststellung von Vermietungseinkünften ausgewertet werden musste (§§ 171 Abs. 10, 175 Abs. 1 Nr. 1 AO). Die Vollziehung dieser Vermietungseinkünfte war i. H. von ∕ 400.000 DM (steuerliche Auswirkung: ∕ 140.000 DM) vom Finanzamt Ulm ausgesetzt bzw. aufgehoben worden. Die vom Finanzamt Ulm innerhalb des Einspruchsverfahrens gegen den Grundlagenbescheid erlassene Aussetzungsverfügung ist für das Wohnsitzfinanzamt Ehingen verbindlich; § 361 Abs. 3 Satz 1 AO schreibt für diesen Fall in Abweichung zu dem in Abs. 2 Sätze 1, 2 aufgestellten Antragsgebot vor, dass die Vollziehung des Folgebescheids **von Amts wegen** auszusetzen bzw. aufzuheben ist.

Trotzdem wird man nach dem insoweit eindeutigen und nicht differenzierenden Wortlaut des § 69 Abs. 4 Satz 1 FGO verlangen müssen, dass der Steuerpflichtige sich zuerst an das Wohnsitzfinanzamt wendet und dort einfordert, die vom Feststellungsfinanzamt verfügte Aussetzung umzusetzen. Da dies bisher nicht geschah, konnte ein Aussetzungsantrag beim Finanzgericht **nicht zulässig** gestellt werden.

Begründetheit

Da die Sachentscheidungsvoraussetzungen nicht vorliegen, braucht die Begründetheit nicht geprüft zu werden.

Ergebnis: Da HF/UF bisher weder beim Finanzamt einen Antrag auf Vollziehungsaufhebung gestellt haben noch Vollstreckungsmaßnahmen drohen, liegen die Zulässigkeitsvoraussetzungen des § 69 Abs. 4 FGO nicht vor. Das Finanzgericht wird den Antrag des HD somit als **unzulässig** abweisen. Dies geschieht nicht in der Form eines Urteils, sondern durch **Beschluss**.

Aufgabe 3: Zulässigkeit der Klage vom 30. 12. 1997

Die Klage vom 30. 12. 1997 ist zulässig, wenn die verfahrensmäßigen (Sachentscheidungs-)Voraussetzungen erfüllt sind, die an eine Klage zu stellen sind. Maßgebender Zeitpunkt für das Vorliegen der Zulässigkeit ist nicht der Zeitpunkt der Klageerhebung bzw. das Ende der Klagefrist, sondern die letzte mündliche Verhandlung vor dem Ergehen des Urteils (Gräber/von Groll, FGO, 4. Aufl. 1997, vor § 33 Rn. 10, § 68 Rn. 9). Nach Ablauf der Klagefrist, aber spätestens innerhalb der letzten mündlichen Verhandlung verwirklichte Zulässigkeitsmerkmale – hier die mit Telefax vom 30. 03. 1998 und vom 02. 05. 1998 vorgetragenen Umstände bzw. vorgelegten Unterlagen – sind deshalb vom Gericht grundsätzlich zu berücksichtigen (BFH vom 17. 10. 1990, I R 118/88, BStBl 1991 II S. 242 ff.). Eine Berücksichtigung nach Verstreichen der Klagefrist verwirklichter Zulässigkeitsmerkmale scheidet jedoch aus, wenn deren Fehlen zur Unwirksamkeit der Klage geführt hat und somit ein **nicht heilbarer Mangel** vorliegt (z. B. Schriftform, eigenhändige Unterschrift). Bis zum Ende der Klagefrist müssen lediglich die Erfordernisse beachtet werden, von denen es abhängt, ob ein Schriftstück sich überhaupt als Klageschrift qualifizieren lässt.

Finanzrechtsweg/Zuständigkeit

Bezüglich der Zulässigkeit des Finanzrechtsweges (§ 33 FGO), der sachlichen (§ 35 FGO) und der örtlichen Zuständigkeit des Finanzgerichts Baden-Württemberg, Außensenate Stuttgart (§ 38 FGO), sind keine Zulässigkeitsprobleme erkennbar. Auf diese Merkmale braucht deshalb nicht weiter eingegangen zu werden.

Klageart

Da verschiedene weitere Zulässigkeitsmerkmale (Vorverfahren u. a.) an die Klageart anknüpfen, ist es sinnvoll, zunächst diese zu bestimmen. Nach ihrem Vorbringen im Telefax vom 30. 03. 1998 halten die Eheleute HF und UF den Änderungsbescheid vom 10. 11. 1997 für rechtswidrig, da Zinsen aus einem steuerlich anzuerkennenden Zweikontenmodell nicht berücksichtigt waren. Sie begehren mithin nicht die ersatzlose Aufhebung des Änderungbescheids, sondern lediglich eine Herabsetzung der festgesetzten Einkommensteuer 1993 um 1.400 DM (4.000 DM × 35 %). Somit wurde eine **Anfechtungsklage** in der Form einer **Änderungsklage = Anfechtungs-änderungsklage** (§ 40 Abs. 1 1. Alt. FGO) erhoben. Für die Zulässigkeit einer Klage ist es nicht erforderlich, dass die Klageart in der Klageschrift zutreffend benannt wird. Entscheidend ist, das sich das erkennbare Klage-begehren unter einen in § 40 Abs. 1 FGO genannten Typus einordnen lässt.

Frist und Form

Grundsätzlich ist eine Klage innerhalb der Klagefrist **beim zuständigen Gericht** zu erheben (§ 64 Abs. 1 FGO). Die Klagefrist beginnt mit Bekanntgabe der Einspruchsentscheidung vom 15. 12. 1997 und endet einen Monat später (§ 47 Abs. 1 Satz 1 FGO). Die **Anbringung** der Klage **bei dem Finanzamt**, das den angefochtenen Verwaltungsakt erlassen hat, wahrt die Klagefrist (§ 47 Abs. 2 Satz 1 FGO). Da die Klage am 30. 12. 1997 erhoben wurde, ist die Klagefrist auf jeden Fall gewahrt. Deshalb spielt es keine Rolle, dass das Finanzamt Ehingen die Klage erst nach Verstreichen der Klagefrist an das Finanzgericht weitergeleitet hat (§ 47 Abs. 2 Satz 2 FGO).

Die Klage wurde mit Schreiben vom 30. 12. 1997 innerhalb der Klagefrist schriftlich eingelegt und ist vom Bevollmächtigten eigenhändig unterschrieben (§ 64 FGO) worden. Auch die nachfolgenden **Telefaxe** vom 30. 03. 1998 und vom 02. 05. 1998 **genügen** dem Anspruch der Schriftform.

Inhalt

§ 65 Abs. 1 FGO unterscheidet zwischen Muss-Inhalt und Soll-Inhalt einer Klage. Der Muss-Inhalt gehört zu den Zulässigkeitsvoraussetzungen:

a) **Kläger:** Da der Steuerberater die Klage im Auftrag der Eheleute HF und UF eingelegt hat, sind diese als Kläger erkennbar. Für den Fall, dass er keine ordnungsgemäße Vollmacht vorlegen würde bzw. könnte und deshalb selbst als Kläger zählen würde, ist auch die Identität des **Steuerberaters** hinreichend bezeichnet.

b) **Beklagter** ist gem. § 63 Abs. 1 Nr. 1 FGO die Behörde, die den ursprünglichen Verwaltungsakt erlassen hat. Bereits im Schreiben vom 30. 12. 1997 ist das Finanzamt Ehingen ausdrücklich als Beklagter bezeichnet.

c) **Gegenstand des Klagebegehrens** (Streitgegenstand): Zur Bezeichnung des Gegenstandes des Klagebegehrens muss vorgetragen werden, worin die den Kläger treffende Rechtsverletzung liegt und inwiefern der angefochtene Verwaltungsakt rechtswidrig sein soll. Bei einer Anfechtungsklage gegen einen Einkommensteuerbescheid ist es ausreichend, aber auch erforderlich, das Klagebegehren in allgemeiner Form – z. B. durch genaue Benennung der nach Ansicht des Klägers zu Unrecht nicht berücksichtigten Abzugsbeträge – so zu umreißen, dass es konkretisiert und von anderen denkbaren Streitpunkten abgrenzbar ist (BFH vom 13. 06. 1996, BStBl 1996 II S. 483 ff. m. w. N.). Das Klageschreiben vom 30. 12. 1997 genügt diesen Anforderungen nicht, da es lediglich eine spätere Begründung ankündigt. Die Nichtbenennung des Gegenstandes des Klagebegehrens bildet jedoch keinen unheilbaren Mangel. Dies ist schon daran erkennbar, dass der Gesetzgeber in § 65 Abs. 2 FGO die Möglichkeit vorgesehen hat, zur nachträglichen Benennung des Gegenstandes des Klagebegehrens eine Frist – ggf. mit ausschließender Wirkung – zu setzen. Für die Zulässigkeit der Klage muss es also ausreichen, wenn der Gegenstand des Klagebegehrens nach Ablauf der Klagefrist bis zur mündlichen Verhandlung noch benannt wird.

Im vorliegenden Fall hat das Finanzgericht am 27. 02. 1998 eine **Frist mit ausschließender Wirkung** bis 31. 03. 1998 gesetzt. Die Fristsetzung ist möglich (§ 65 Abs. 2 FGO) und wirksam. Sie wurde durch das Telefax vom 30. 03. 1998 gewahrt. Mit dem dort aufgegriffenen Punkt (Schuldzinsen aus Zweikontenmodell: ✗ 4.000 DM) wurde nicht nur der **Gegenstand des Klagebegehrens** – Rechtswidrigkeit des Änderungsbescheids wegen Nichtberücksichtigung der Schuldzinsen – hinreichend benannt, sondern auch ein nach § 65 Abs. 1 FGO nicht zwingend gebotener Klageantrag (✗ 4.000 DM) gestellt. Die Klage ist insoweit also **zulässig.**

Hinweis: Die Erweiterung des Klageantrags ist auch nach Ablauf der Frist gemäß § 65 Abs. 2 FGO weiterhin möglich (s. u.).

d) **Angefochtener Verwaltungsakt und Entscheidung über den außergerichtlichen Rechtsbehelf** wurden bereits in der Klageschrift des HD vom 30. 12. 1997 ordnungsgemäß benannt (§ 65 Abs. 1 Satz 1 FGO). Die Klage ist insofern **zulässig.**

e) Über die Minimalanforderung des Gesetzes hinaus stellen die Kläger einen **bestimmten Antrag** auf Berücksichtigung weiterer Schuldzinsen unter Begründung mit inzwischen eingetretener Rechtsprechungsänderung sowie auf Berücksichtigung des ordnungsgemäß ermittelten Gewinns aus Land- und Forstwirtschaft (§ 65 Abs. 1 Satz 2, 3 FGO).

Vorverfahren

Da kein Fall der sog. Sprunganfechtungsänderungsklage vorliegt, ist die Eröffnung des Klageverfahrens nur zulässig, wenn das Vorverfahren über den außergerichtlichen Rechtsbehelf – hier Einspruch – ganz oder teilweise erfolglos durchgeführt worden ist (§ 44 Abs. 1 FGO). Vorliegend wurde das außergerichtliche Einspruchsverfahren durchgeführt und der **zulässige, aber voll unbegründete Einspruch** mittels **Einspruchsentscheidung** (§ 367 Abs. 2 AO) beschieden. § 44 Abs. 1 FGO steht somit der Zulässigkeit der Klage nicht entgegen. Dabei spielt es keine Rolle, dass die Ehegatten den außergerichtlichen Rechtsbehelf mit einer anderen Begründung geführt haben als das nachfolgende Klageverfahren. § 44 Abs. 1 FGO verlangt nämlich nur, dass ein Vorverfahren dem Grunde nach durchgeführt wurde, nicht aber in derselben Streitfrage wie im nachfolgenden Klageverfahren.

Beschwer

Der Kläger muss die **Verletzung eigener Rechte** geltend machen; ein entsprechender Nachweis, dass eine solche Rechtsverletzung tatsächlich vorliegt, ist nicht erforderlich. Nach dem Inhalt der Klage könnte eine Rechtsverletzung vorliegen, da Betriebsausgaben evtl. nicht in zutreffender Höhe zum Abzug zugelassen wurden bzw. ein falscher Gewinn aus Land- und Forstwirtschaft zugrunde gelegt wurde (§ 40 Abs. 2 FGO).

Zu prüfen ist noch, ob es sich um die Verletzung eigener Rechte handelt. Hierzu ist vorab zu klären, wer im vorliegenden Fall Kläger ist. Vordergründig klagen die Ehegatten HF und UF, da es um die Rechtmäßigkeit der gegen sie gerichteten Einkommensteuerfestsetzung geht. Es könnte jedoch auch sein, dass HD als Kläger gilt, weil er seine Bevollmächtigung nicht fristgerecht oder in nicht ordnungsgemäßer Form nachgewiesen hat.

Gemäß § 62 Abs. 1 FGO konnten sich die Eheleute HF und UF im Klageverfahren durch einen Bevollmächtigten vertreten lassen. Die Bevollmächtigung ist gegenüber dem Gericht durch schriftliche Vollmacht nachzuweisen. Die Vollmacht kann auch nach Ablauf der Klagefrist noch nachgereicht werden; hierfür kann das Finanzgericht eine **Frist mit oder ohne ausschließende(r) Wirkung** setzen (§ 62 Abs. 3 FGO). Wird die Vollmacht schuldhaft nach Ablauf der Ausschlussfrist, gar nicht oder nicht im Original vorgelegt, hat das Gericht den Rechtsbehelf als unzulässig abzuweisen (BFH vom 17. 07. 1984, BStBl 1984 II S. 802).

Im vorliegenden Fall wurde eine Frist mit ausschließender Wirkung wirksam bis 31. 03. 1998 gesetzt. Die Mandanten haben die Vertretungsmacht am 30. 03. 1998 und somit fristwahrend dem Finanzgericht übermittelt. Fraglich ist, ob bei Übermittlung per **Telegramm** die Vollmacht im **Original** vorgelegt wurde. Wäre dies nicht der Fall, hätte der Bevollmächtigte bis heute weder seine Vollmacht dem Grunde nach nachgewiesen noch das in § 62 Abs. 2 Satz 1 FGO geforderte Original vorgelegt. In beiden Fällen wäre die Klage vom Finanzgericht als **unzulässig** abzuweisen.

Die gewillkürte Vollmacht wird als bedingungsfeindliche Prozesshandlung durch **einseitige empfangsbedürftige Willenserklärung** gegenüber dem zu Bevollmächtigenden, dem Prozessgegner oder dem Gericht erteilt (BFH vom 15. 03. 1991, BStBl 1991 II S. 726 ff.; BFH vom 30. 07. 1991, BStBl 1991 II S. 849 ff.). Die Erteilung per Telegramm ist nach neuerer Rechtsprechung der Schriftform gleichgestellt (BFH vom 25. 01. 1996, BStBl 1996 II S. 299 m. w. N.). Bei einer dem **Prozessbevollmächtigten** durch Telegramm zulässigerweise erteilten Vollmacht muss dieser deshalb dem Gericht das **Original** dieses Telegrammausdrucks vorlegen. Zur Entwicklung der Rechtsprechung vgl. auch Gräber/von Groll, FGO, 4. Aufl. 1997, § 62 Anm. 29.

Da vorliegend die Kläger – und nicht der Bevollmächtigte HD – die Vollmacht dem Finanzgericht per Telegramm übermittelt haben, ist die am 31. 03. 1998 endende **Ausschlussfrist gewahrt**. Der Bevollmächtigte hat die **Beschwer seiner Mandanten** geltend gemacht. Die Klage ist insofern zulässig.

§ 42 FGO, § 351 Abs. 1 AO

Es ist auch auf die Besonderheit einzugehen, dass sich die Klage gegen einen Änderungsbescheid in Gestalt einer Einspruchsentscheidung richtet, die eine **unanfechtbare Einkommensteuerfestsetzung** (Erstbescheid vom 10. 08. 1995) **ändert**. Im außergerichtlichen Rechtsbehelfs-/Einspruchsverfahren war dies ein Fall der Anfechtungsbeschränkung des § 351 Abs. 1 AO. Hiernach kann gegen den Änderungsbescheid grundsätzlich nur insoweit Einspruch eingelegt werden, wie die Änderung reicht. Unter „Änderung reicht" ist nicht die Änderung der Besteuerungsgrundlagen zu verstehen, sondern die Änderung der **festgesetzten Steuer**. Als Folge dieser – unstreitigen – Auslegung können im Rechtsbehelf gegen den Änderungsbescheid auch fehlerhaft bzw. unvollständig berücksichtigte Besteuerungsgrundlagen der Erstfestsetzung angegriffen werden, wenn sich diese im Änderungsbescheid wiederholen. Obwohl § 351 Abs. 1 AO seiner Stellung nach (§§ 347 ff. AO) eine Frage der Zulässigkeit ist, ist es aus praktischer und rechtlich vertretbarer Sicht geboten, ihn als Begründetheitsnorm zu prüfen. Diese rechtliche Handhabung wird auch von der Finanzverwaltung praktiziert. Auf diese Weise wird vermieden, dass bestimmte Fragen sowohl bei der Zulässigkeit wie auch bei der Begründetheit – also doppelt – geprüft werden müssen bzw. dass ein Rechtsbehelf nur teilweise zulässig ist.

Gemäß § 42 FGO gilt § 351 Abs. 1 AO auch im **gerichtlichen Rechtsbehelfsverfahren**. Nach Gräber/von Groll, Kommentar zur FGO, 4. Aufl. 1997, § 42 Rn. 22, macht ein Verstoß gegen §§ 42 FGO, 351 Abs. 1 AO die Klage unzulässig. Nachfolgend werden deshalb beide Lösungen zugelassen. Lt. Änderungsbescheid vom 10. 11. 1997 erhöht sich die festzusetzende Einkommensteuer 1993 von bisher 113.050 DM auf 169.050 DM, also um 56.000 DM. Die beiden Klageanträge summieren sich auf insg. ✗ 6.650 DM

(4.000 DM + 15.000 DM = 19.000 DM × 35 %). Somit ist die Klage in vollem Umfang zulässig.

Ergebnis: Die Anfechtungsänderungsklage der Eheleute HF und UF vom 30. 12. 1997 gegen den Einkommensteueränderungsbescheid 1993 vom 10. 11. 1997 in Gestalt der Einspruchsentscheidung vom 15. 12. 1997 ist **zulässig.**

Aufgabe 4: Begründetheit der Klage vom 30. 12. 1997
(Zulässigkeit unterstellt)

Festsetzungsverjährung

Vorweg ist aus Gründen der Vollständigkeit zu prüfen, ob die Entscheidung des Finanzgerichts durch das Rechtsinstitut der Festsetzungsverjährung begrenzt ist.

Die in 1995 abgegebenen Unterlagen der Eheleute HF und UF stellen keine Steuererklärung dar, die geeignet ist, ein ordnungsgemäßes Veranlagungsverfahren in Gang zu setzen. Zwar sind einzelne Rückfragen grundsätzlich unschädlich, im vorliegenden Sachverhalt muss das Finanzamt jedoch mit Ausnahme der gewerblichen Einkünfte die **gesamten Besteuerungsgrundlagen 1993 von Amts wegen ermitteln.**

Hinzu tritt, dass lt. Sachverhalt kein unterschriebener Einkommensteuererklärungsvordruck abgegeben wurde. Bei der Bedeutung der fehlenden Unterschrift kann ein ordnungsgemäßes Veranlagungsverfahren ebenfalls nicht in Gang gesetzt werden; der Beginn der Festsetzungsverjährung richtet sich in diesem Fall nach der maximalen Anlaufhemmung (BFH vom 14. 01. 1998, HFR 1998 S. 625).

Somit gilt die Einkommensteuererklärung 1993 als nicht abgegeben. Die reguläre Festsetzungsverjährung errechnet sich somit wie folgt:

Beginn nach § 170 Abs. 2 Nr. 1 AO: Ablauf 1993 + 3 Jahre = Ablauf 1996
Dauer: 4 Jahre
reguläres Ende: Ablauf 2000

Da in 1999 die reguläre Festsetzungsverjährung nicht eingetreten ist, braucht nicht geprüft zu werden, ob die Festsetzungsverjährung wegen leichtfertiger Steuerverkürzung oder vorsätzlicher Steuerhinterziehung zu verlängern ist (§ 169 Abs. 2 AO).

Zum selben Ergebnis gelangt man, wenn man unter Hinweis auf § 171 Abs. 3 AO ausführt, dass der Eintritt der Festsetzungsverjährung ungeachtet des regulären Endes durch Einspruch bzw. Klage **vollumfänglich ablaufgehemmt** ist.

Ergebnis: In 1999 ist noch keine Festsetzungsverjährung eingetreten.

Begründetheit der Klage

Die Ehegatten haben folgende Klageanträge gestellt:

a) Klageschrift – Fax vom 30. 03. 1998:
Berücksichtigung der Schuldzinsen aus Zweikontenmodell i. H. von 4.000 DM als Betriebsausgaben entsprechend der geänderten Rechtslage (BFH/GrS vom 08. 12. 1997, BStBl 1998 II S. 193 ff.) und

b) Klageschrift – Fax vom 02. 05. 1998:
Minderung des Gewinnes aus Land- und Forstwirtschaft um 15.000 DM auf 40.000 DM.

In beiden Punkten ist nach der Sachverhaltsdarstellung davon auszugehen, dass eine Änderung aus Gründen des materiellen Rechts geboten ist. Ob und in welchem Umfang die Klage begründet ist, hängt hier zusätzlich davon ab, ob verfahrensrechtliche Vorschriften einer Abhilfe entgegenstehen.

zu a)

Nach der Rechtsprechung des Bundesfinanzhofes, die von der Finanzverwaltung mit der Veröffentlichung in Teil II des Bundessteuerblattes übernommen wurde, hätten die Schuldzinsen i. H. von insg. 4.000 DM als Betriebsausgaben des Gewerbebetriebs Viehhandel berücksichtigt werden müssen. Sie hätten deshalb – nach der heutigen Rechtslage – bereits bei der erstmaligen Einkommensteuerfestsetzung 1993 im Bescheid vom 10. 08. 1995 als Betriebsausgaben berücksichtigt werden müssen. Ungeachtet dessen, dass diese Festsetzung nicht mit Einspruch angegriffen und deshalb formell bestandskräftig geworden ist, kann diese – aus heutiger Sicht – rechtliche Fehlentscheidung im Rechtsbehelf gegen den Änderungsbescheid nach Maßgabe des § 351 Abs. 1 AO (s. o. unter Zulässigkeit) wieder aufgegriffen werden. Besteuerungsgrundlagen nehmen nicht an der Bestandskraft der Steuerfestsetzung teil. Auch der im Klageverfahren gem. § 132 AO fortgeltende § 176 AO gebietet keine andere Sichtweise, da kein Vertrauensschutz zum Nachteil des Steuerpflichtigen vorgesehen ist. Die Klage ist somit i. H. von ∕ 4.000 DM **begründet.**

zu b)

Wie unter „Zulässigkeit" dargestellt, war die Klage der Eheleute HF und UF u. a. deshalb zulässig, weil sie den Gegenstand des Klagebegehrens innerhalb der vom Finanzgericht gesetzten Präklusionsfrist am 30. 03. 1998 benannt haben. Die Klageerweiterung (ebenso wie die Klageermäßigung) fällt nach h. M. nicht unter den Begriff der **Klageänderung gem. § 67 FGO** (BFH/GrS vom 23. 10. 1989, GrS 2/87, BStBl 1990 II S. 327 ff.). Das Verstreichen der Ausschlussfrist schließt nicht aus, dass der Kläger seine zulässige **Anfechtungsklage** zu einem späteren Zeitpunkt um einen weiteren

Begründungspunkt **erweitert** (BFH/GrS vom 23. 10. 1989, GrS 2/87, a. a. O.). Die Ausschlussfrist des § 65 Abs. 2 Satz 2 FGO dient nach ihrem Wortlaut und der verfahrensrechtlichen Funktion des § 65 FGO lediglich dazu, die nach Abs. 1 für die Zulässigkeit einer Klage notwendigen Angaben zu bewirken (BFH vom 12. 09. 1995, BStBl 1996 II S. 16 ff.).

Ergebnis: Die zulässige Klage ist in **vollem Umfang** (19.000 DM × 35 % = ∕ 6.650 DM) **begründet.** Das Finanzgericht wird den Einkommensteueränderungsbescheid 1993 des Finanzamts Ehingen vom 10. 11. 1997 in Gestalt der Einspruchsentscheidung vom 15. 12. 1997 aufheben (Kassation) und die Einkommensteuer 1993 auf 162.400 DM (169.050 DM ∕ 6.650 DM) festsetzen (§ 100 Abs. 2 Satz 1 FGO). Der Grundsatz der Gewaltenteilung ist insoweit durchbrochen. Da keine weiteren umfangreichen Ermittlungen geboten sind, wird das Finanzgericht nicht von der Möglichkeit des § 100 Abs. 2 Satz 2, 3 FGO Gebrauch machen.

Aufgabe 5 a: Steuerberater schickt Originalvollmacht per Fax an Finanzgericht

Wie bereits oben dargestellt, ist die Vorlage der Vollmacht im Original eine **Zulässigkeitsvoraussetzung.**

Vorliegend haben HF und UF den HD durch ein unterschriebenes Papier schriftlich bevollmächtigt. Dieses Papier muss er dem Gericht im Original vorlegen. Wird das Original in einem technischen Verfahren übermittelt, das lediglich einen **Abdruck der Originalurkunde** herstellt und dem Empfänger zukommen lässt, z. B. Fotokopie, Telekopie oder Telefax, ist dieses Verfahren **nicht geeignet,** die Erteilung der Vollmacht im Original nachzuweisen. Das Telefax vom 30. 03. 1998 genügt somit dem Erfordernis des § 62 Abs. 3 Satz 1 FGO nicht und ist somit nicht geeignet, die gem. § 62 Abs. 3 Satz 3 FGO gesetzte Ausschlussfrist zu wahren. Aufgrund dieser unübersichtlichen Rechtslage kann im Einzelfall **Wiedereinsetzung** zu gewähren sein, wenn das Gericht den Bevollmächtigten nicht ausdrücklich zur Vorlage der Originalvollmacht aufgefordert hat (BFH, BStBl 1996 II S. 319). Im vorliegenden Fall hat das Finanzgericht mit Schreiben vom 27. 02. 1998 ausdrücklich die Originalvollmacht angefordert. Somit sind **keine Wiedereinsetzungsgründe** erkennbar.

Ergebnis: Die Klage ist somit **unzulässig.** Auf die Kostenfolgen ist lt. Aufgabenstellung nicht einzugehen.

Aufgabe 5 b: Originalvollmacht verspätet vorgelegt, keine Wiedereinsetzung

Aufgrund der Präklusionswirkung des § 62 Abs. 3 Satz 3 FGO darf die verspätet eingereichte Vollmacht nicht mehr berücksichtigt werden. Fraglich ist, ob das Finanzgericht die verspätet vorgelegte Originalvollmacht entsprechend § 79 b Abs. 3 FGO noch zum Verfahren zulassen kann. Diese Möglichkeit ist weder durch einen Hinweis in § 62 FGO noch in § 79 b FGO vorgesehen (ebenso Gräber/Koch, FGO, 4. Aufl. 1997, § 62 Rn. 64 ff.). Da keine Wiedereinsetzungsgründe vorliegen, muss das Finanzgericht die Klage zwingend als unzulässig abweisen.

Ergebnis: Die Klage ist somit **unzulässig**. Auf die Kostenfolgen ist lt. Aufgabenstellung nicht einzugehen.

Aufgabe 6: Welche Straftaten liegen vor?

Indem die Eheleute HF und UF über Jahre hinweg lediglich die Einkünfte aus Gewerbebetrieb ordnungsgemäß ermittelt und erklärt haben und im Übrigen ihrer gesetzlichen Verpflichtung zur Abgabe einer Einkommensteuererklärung nicht nachgekommen sind, haben sie dem Finanzamt **unvollständige Angaben** gemacht (§ 370 Abs. 1 Nr. 1 AO). Als Folge wurde zumindest hinsichtlich der Einnahmen aus Kapitalvermögen die Einkommensteuer zu niedrig festgesetzt. Der Taterfolg in Form einer Steuerverkürzung ist jeweils kausal eingetreten. Dabei spielt es keine Rolle, dass die Einkommensteuer evtl. aus anderen Gründen – z. B. überhöht geschätzter Gewinn aus Land- und Forstwirtschaft – hätte ermäßigt werden müssen (**Kompensationsverbot** gem. § 370 Abs. 4 AO). Lt. Sachverhalt haben die Eheleute **vorsätzlich** (§ 15 StGB) gehandelt. Sie sind deshalb (Mit-)**Täter** einer Steuerhinterziehung.

Die Straftat/en kann/können in 1999 noch bestraft werden, soweit keine **Strafverfolgungsverjährung** eingetreten ist. Dies ist lt. Sachverhalt bezüglich der ESt 1992 ff. der Fall.

Welche Straftaten?

Die Eheleute HF und UF sind (Mit-)Täter einer Steuerhinterziehung. Nach der in der Vergangenheit auch bei Steuerstraftaten angewandten, von der Rechtsprechung entwickelten Rechtsfigur der **fortgesetzten Handlung** war im Falle mehrfach wiederholender Handlungen in gleichartiger Begehungsform und Verletzung gleichartiger Rechtsvorschriften zu prüfen, ob ein sog. Fortsetzungszusammenhang – **fortgesetzte Steuerhinterziehung** – vorlag. Dieser Fortsetzungszusammenhang war von entscheidender Bedeutung, wenn es darum ging, ob Strafverfolgungsverjährung eingetreten ist oder nicht. Bei angenommenem Fortsetzungszusammenhang wurde eine Gesamttat angenommen, deren strafrechtliche Verjährung erst mit der letzten Einzelhandlung zu laufen begann. Das hatte zur Folge, dass Jahrzehnte zurückliegende Taten ausschließlich wegen der Zusammenfassung zur fortgesetzten Handlung nicht verjähren konnten.

Der Bundesgerichtshof und ihm nachfolgend auch der Bundesfinanzhof sind aufgrund neuerer Erkenntnis von der Anwendung der Rechtsfigur des Fortsetzungszusammenhanges auf dem Gebiet des Steuerstrafrechts abgekommen (BGH vom 03. 05. 1994, NJW 1994 S. 1663; BGH vom 20. 06. 1994, BStBl 1994 II S. 673 ff.). Nach der neuen Rechtsprechung ist jede der bisher zum Fortsetzungszusammenhang gehörenden Einzeltaten separat zu verurteilen.

Entsprechend beginnt die strafrechtliche Verjährung auch für jede rechtlich selbstständige (Einzel-)Tat gesondert.

Da in jedem Veranlagungszeitraum der Tatbestand des § 370 Abs. 1 Nr. 1 AO neu verwirklicht wurde und es auf einen evtl. Gesamtvorsatz nicht (mehr) ankommt, liegt jeweils eine eigenständig zu beurteilende Tat vor. Die Eheleute HF und UF können somit vorbehaltlich der strafrechtlichen Verjährung jeweils wegen **Hinterziehung von Einkommensteuer** 1996, 1995, 1994, 1993 usw. bestraft werden.

ESt 1997 und 1998

Da im Juni 1999 die Einkommensteuerschätzungsbescheide 1997 und 1998 noch nicht ergangen sind, befindet sich die Hinterziehung von Einkommensteuer 1997 und 1998 noch in der **Versuchsphase** (§§ 23 StGB, 370 Abs. 2 AO). Vollendung tritt erst ein mit Bekanntgabe der zu niedrigen Schätzungsbescheide im August 1999 (für 1997) bzw. im August 2000 (für 1998).

Für beide Jahre ist die Grenze der **straflosen Vorbereitungshandlung** überschritten, da jeweils im Mai des übernächsten Jahres die Gewinnermittlung für den Gewerbebetrieb Viehhandel abgegeben und um Schätzung der übrigen Besteuerungsgrundlagen gebeten wurde.

ESt 1996 und Vorjahre

Die Hinterziehung von Einkommensteuer 1996 und Vorjahre ist jeweils **vollendet.** Wegen Eintritt der Strafverfolgungsverjährung für die ESt 1991 und früher kann in 1999 nur die Hinterziehung von ESt 1992 bis 1996 strafrechtlich geahndet werden.

Ergebnis: HF und UF könnten somit im Juni 1999 noch wegen **vollendeter** Hinterziehung von Einkommensteuer 1992 bis 1996 und wegen **versuchter** Steuerhinterziehung von Einkommensteuer 1997 und 1998 bestraft werden.

Aufgabe 7: Prüfung Selbstanzeige 1993

Das Schreiben des HD im Auftrag von HF und UF vom 25. 01. 1999 könnte eine wirksame Selbstanzeige nach § 371 AO in Bezug auf die begangenen

Steuerstraftaten wegen Einkommensteuer 1992 ff. darstellen. Rechtsfolge wäre eine persönliche Straffreiheit der Ehegatten für diese Straftaten. Dabei ist die Wirksamkeit der Selbstanzeige für jede Tat bzw. jeden Veranlagungszeitraum separat zu prüfen. Die rechtswirksame Selbstanzeige hindert jedoch nicht den gesetzlichen Auftrag, die hinterzogenen Steuern sowie Hinterziehungszinsen (§ 235, 239 AO) festzusetzen und zu erheben.

Vorliegend geht es um die **Wirksamkeit der Selbstanzeige** wegen Hinterziehung von Einkommensteuer 1993:

Wie bereits in Beantwortung auf Aufgabe 6 ausgeführt, wurde die auf die verschwiegenen Zinsen entstandene Einkommensteuer 1993 hinterzogen (§ 370 Abs. 1 Nr. 1 AO). Mit Schreiben des HD vom 25. 01. 1999 haben HF und UF die unrichtigen bzw. unvollständigen Angaben entsprechend der Begehungsform gegenüber dem Finanzamt Ehingen richtiggestellt. Dass diese Richtigstellung durch den Steuerberater der Eheleute erfolgte, ist unschädlich, da dieser im Auftrag handelte. Aufgrund der nacherklärten Zinsen 1993 von insg. 56.000 DM konnte das Finanzamt die Einkommensteuer 1993 ohne weitere Nachprüfung zeitnah festsetzen – somit ist eine **ausreichende Materiallieferung** erfolgt (§ 371 Abs. 1 AO). Durch rechtzeitige Überweisung der Nachzahlung wurde der durch die Tat eingetretene finanzielle **Vorteil wieder rückgängig gemacht** (§ 371 Abs. 3 AO). Die Wirksamkeit der Selbstanzeige 1993 könnte jedoch durch einen der **Sperrgründe** in § 371 Abs. 2 AO gehindert sein:

– Weder bei der Volksbank Ehingen noch bei den Eheleuten HF und UF ist ein **Amtsträger** der Außenprüfung bzw. Steuerfahndung zur Prüfung bzw. Ermittlung erschienen (Abs. 2 Nr. 1 Buchst. a).

– Im Zeitpunkt der Selbstanzeige war weder wegen Hinterziehung von Einkommensteuer 1993 noch wegen einer anderen Tat der Eheleute das **Strafverfahren** eingeleitet und somit auch **nicht bekannt gegeben** worden (§§ 397, 371 Abs. 2 Nr. 1 Buchst. b AO).

– Es könnte jedoch sein, dass die Straf- und Bußgeldsachenstelle bzw. die Steuerfahndungsstelle bei Erhalt der Listen die Hinterziehungstat bereits **entdeckt** hatte (§ 371 Abs. 2 Nr. 2 AO). Eine Entdeckung der Tat im Sinne der Sperrwirkung liegt erst dann vor, wenn den Finanz- oder den anderen Ermittlungsbehörden Anhaltspunkte bekannt sind, die über einen bloßen Anfangsverdacht hinausgehen und die eine Verurteilung wahrscheinlich machen. Dies bedeutet, dass nicht nur der objektive Straftatbestand bekannt ist, sondern darüber hinaus konkrete Anhaltspunkte vorliegen, dass der Steuerpflichtige vorsätzlich gehandelt hat **(subjektiver Tatbestand)**. Auch wenn der objektive Straftatbestand durch Abgleich mit der Steuerakte möglicherweise bereits bekannt sein könnte, gibt der Sachverhalt keinen Hinweis darauf, dass hinlängliche Anhaltspunkte für die vorsätzliche Begehung der Steuerhinterziehung bekannt sind.

Ebenso wenig kann davon ausgegangen werden, dass die Eheleute von einer Entdeckung der Tat wussten bzw. mit einer Entdeckung rechnen mussten.

Für die Wirksamkeit der Selbstanzeige/n ist jeder Veranlagungszeitraum bzw. jede Tat für sich zu sehen. Sind Selbstanzeigen über vorausgehende oder nachfolgende Veranlagungszeiträume evtl. unwirksam, bleibt die Selbstanzeige 1993 trotzdem wirksam. Ebenso wenig spielt es eine Rolle, dass HF und UF für die Anfang 1999 strafrechtlich noch nicht verjährte Steuerhinterziehungstat 1992 keine Selbstanzeige erstattet haben.

Ergebnis: Mangels Sperrwirkung ist die **Selbstanzeige** der Eheleute HF und UF vom 25. 01. 1999 wegen Einkommensteuer 1993 **wirksam** und schließt eine Bestrafung wegen Steuerhinterziehung insoweit aus. Hinterziehungszinsen und Mehrsteuern werden trotzdem festgesetzt.

Aufgabe 8: Hinterziehungszinsen wegen Einkommensteuer 1993

Da HF und UF Einkommensteuer 1993 hinterzogen haben, sind Hinterziehungszinsen festzusetzen. Der Ausgang eines evtl. Strafverfahrens braucht nicht abgewartet zu werden, da **keine Bindungswirkung zwischen Strafverfahren und Besteuerungsverfahren** besteht.

Die Hinterziehungszinsen betragen 0,5 % je vollen Monat. Die Bemessungsgrundlage ist auf volle 100 DM nach unten abzurunden (§ 238 AO). Bemessungsgrundlage ist die hinterzogene Einkommensteuer 1993, hier: 19.600 DM.

Beginn Zinslauf:

Mit Fälligkeit der Nachzahlung lt. Erstbescheid
vom 10. 08. 1995 (§ 235 Abs. 2 AO):   Ablauf 13. 09. 1995

Ende Zinslauf:

Mit Bezahlung der Nachzahlung lt. Änderungsbescheid
vom 25. 02. 1999 (§ 235 Abs. 3 AO):   Ablauf 24. 03. 1999

Anzahl der vollen Zinsmonate bis Ablauf 09. 03. 1999:   42

festzusetzende Hinterziehungszinsen:
- in %   42 Monate à 0,5 % = 21 %
- in DM   19.600 × 21 % = 4.116 DM

Ergebnis: Die Zinsen i. H. von 4.116 DM werden mittels Zinsbescheid gegenüber dem Zinsschuldner festgesetzt (§ 239 AO). Zinsschuldner ist derjenige, zu dessen Vorteil die Steuern hinterzogen worden sind (§ 235 Abs. 1 Satz 2 AO). Da HF und UF als Ehegatten zur Einkommensteuer 1993 zusammenveranlagt werden und somit Gesamtschuldner sind, schulden sie nach §§ 239 Abs. 1 Satz 1, 155 Abs. 3, 5 AO auch die Hinterziehungszinsen als Gesamtschulder (AO-Kartei Ba.Wü. Karte 1 Tz. 4 zu § 235). Der Zinsbescheid kann an beide Ehegatten gerichtet und bekannt gegeben werden.

Aufgabe 9: Rückfrage wegen Zinsen 1992 und Vorjahre

Nach § 88 AO ermittelt die Finanzbehörde den Sachverhalt von Amts wegen. Sie bestimmt Art und Umfang der Ermittlungen nach den Verhältnissen des Einzelfalles (Untersuchungsgrundsatz).

Ermittlungsbefugnis des Finanzamts

Entsprechend sind die Beteiligten des Besteuerungsverfahrens verpflichtet, bei der Ermittlung des Sachverhaltes mitzuwirken (§ 90 AO) und Auskünfte zu geben (§ 93 AO). Beteiligte des Einkommensteuerveranlagungsverfahrens sind im vorliegenden Fall die Ehegatten HF und UF (§ 78 Nr. 2 AO). Die Vorgehensweise des Finanzamtes Ehingen, die Ehegatten nach deren Zinsen 1992 und Vorjahre zu fragen, ist in Ordnung.

Die Entscheidung des Finanzamts, im vorliegenden Fall aufgrund der eingegangenen Selbstanzeige weiter zu ermitteln, ist auch sachlich gerechtfertigt, da aufgrund der Höhe der nacherklärten Zinsen davon auszugehen war, dass auch in den Vorjahren Zinsen zugeflossen sind. Dabei spielt es keine Rolle, dass die Veranlagungszeiträume, nach denen das Finanzamt Ehingen vorliegend gefragt hat, evtl. aus Gründen der **Festsetzungsverjährung** nicht mehr geändert werden können; nach der Rechtsprechung des BFH steht eine evtl. Verjährung noch nicht einmal der Durchführung einer Außenprüfung entgegen.

Die Ermittlungsbefugnis des Finanzamts ist auch nicht dadurch eingeschränkt, dass den Ehegatten evtl. ein Steuerstrafverfahren droht. Ungeachtet eines evtl. von der Staatsanwaltschaft oder von der Straf- und Bußgeldsachenstelle durchzuführenden strafrechtlichen Ermittlungsverfahrens wird das Besteuerungsverfahren von der Finanzbehörde weitergeführt. Jedoch kann die Finanzbehörde auch im strafrechtlichen Ermittlungsverfahren tätig werden (§ 386 AO). Wird wegen desselben Sachverhaltes im Strafverfahren wie auch im Besteuerungsverfahren ermittelt, richten sich die Rechte und Pflichten des Steuerpflichtigen und der Finanzbehörde nach den für das jeweilige Verfahren geltenden Vorschriften (§ 393 Abs. 1 Satz 1 AO). Die Unterscheidung, in welchem Verfahren die Finanzbehörde im Einzelfall nun gerade tätig wird, ist von großer Bedeutung, da die Pflicht zur Mitwirkung für den Steuerpflichtigen jeweils unterschiedlich geregelt ist. Im **Besteuerungsverfahren** ist der **Steuerpflichtige zur Mitwirkung verpflichtet** (§§ 90, 93 AO), während es ihm im **Straf- und Bußgeldverfahren freisteht,** sich zur Sache zu äußern (§§ 385, 393 AO).

Im Rahmen des Besteuerungsverfahrens durfte das Finanzamt Ehingen durchaus nach weiteren Zinseinnahmen fragen. Zu Anfragen innerhalb eines Strafverfahrens vgl. unten.

Auskunftsverweigerungsrecht

Es könnte aber auch sein, dass den Ehegatten wegen des ihnen evtl. drohenden Steuerstrafverfahrens ein Auskunftsverweigerungsrecht zusteht. Wenn dies zutrifft, hätte das Finanzamt HF und UF über dieses Recht belehren müssen, bevor es in Sachverhalten ermittelt, die in steuerstrafrechtlicher Sicht relevant sein könnten; hier insbesondere nach den Besteuerungsgrundlagen des strafrechtlich noch nicht verjährten Veranlagungszeitraumes 1992. Bei Verstoß gegen diese Belehrungspflicht könnten die in Unkenntnis des Auskunftverweigerungsrechts mitgeteilten Besteuerungsmerkmale evtl. einem Verwertungsverbot unterliegen.

– **§ 103 AO:**

Hiernach kann gegenüber dem Finanzamt die Auskunft verweigert werden, wenn die **Gefahr einer Strafverfolgung** droht. Allerdings gilt dieses Recht nach dem insoweit eindeutigen Wortlaut des Gesetzes **nur für Dritte,** nicht für den Steuerpflichtigen bzw. Beteiligten in seiner eigenen Steuersache, auch dann nicht, wenn gegen ihn bereits ein strafrechtliches Ermittlungsverfahren läuft (Klein/Brockmeyer, AO, 6. Aufl. 1998, § 104 Anm. 5).

– **§ 393 Abs. 1 Satz 4 AO:**

Sobald in einem Strafverfahren ermittelt wird, hat der Bürger das Recht, jede Mitwirkung zu **verweigern** (§§ 136 Abs. 1, 163 a Abs. 3, 4 StPO). Ermittlungen dieser Art können nicht nur von der Staatsanwaltschaft, sondern auch von der Finanzbehörde durchgeführt werden. Diese rückt damit in die zusätzliche Rechtsstellung einer Strafverfolgungsbehörde ein. Die Grundsätze der StPO gelten sowohl im Vorfeld wie auch im evtl. nachfolgenden Steuerstrafverfahren entsprechend (§§ 385 Abs. 1, 393 AO). Ein Steuerstrafverfahren wird durch jede Maßnahme eingeleitet, die erkennbar darauf abzielt, gegen jemanden strafrechtlich vorzugehen. Die Verfahrenseinleitung ist kein Verwaltungsakt, sondern ein tatsächlicher Vorgang und kann durch jede amtsinterne Untersuchungshandlung geschehen, in welcher einem strafrechtlichen Verdacht nachgegangen wird. Sie ist aktenkundig zu machen (§ 397 Abs. 2 AO). Nach den vorliegenden Sachverhaltsangaben gibt es keine Hinweise dafür, dass das Finanzamt Ehingen mit seiner Rückfrage nach den Zinseinnahmen 1992 und Vorjahren einem konkreten strafrechtlichen Verdacht nachgehen wollte. Gegen derartige Absichten spricht auch, dass die Straftaten 1991 und Vorjahre aufgrund der eingetretenen Strafrechtsverjährung in 1999 nicht mehr geahndet werden können. Wenn trotzdem wegen der Höhe der Zinseinkünfte und nach einer evtl. Begehensform ermittelt wurde, geschah dies mit der Zielsetzung, die steuerliche Festsetzungsverjährung zu errechnen und noch nicht verjährte Einkommensteueransprüche festzusetzen.

Selbst wenn ein Strafverfahren eingeleitet worden wäre, hätten HF und UF kein Auskunftsverweigerungsrecht gehabt; ihre Mitwirkung zur Aufklärung der Besteuerungsmerkmale könnte allerdings unter den Voraussetzungen des § 393 Abs. 1 Satz 2 ff. AO nicht mehr erzwungen werden.

Ergebnis: Das Finanzamt durfte ungeachtet der evtl. eingetretenen Festsetzungsverjährung auch nach der Höhe der Zinsen 1992 und Vorjahre fragen. Da den Steuerpflichtigen diesbezüglich **kein Auskunftsverweigerungsrecht** zustand, brauchte es auch keine entsprechende Belehrung zu erteilen.

Aufgabe 10: Einkommensteueränderungsbescheide 1992 und Vorjahre

Festsetzung der hinterzogenen Einkommensteuer

Die Änderung der bereits ergangenen formell und materiell bestandskräftigen Einkommensteuerbescheide 1992 und Vorjahre findet ihre Grenzen in der **Festsetzungsverjährung** (§§ 169 ff., 47 AO). Da lt. Sachverhalt die Zinsen in allen Jahren **vorsätzlich** verschwiegen wurden, liegt insoweit **Steuerhinterziehung** vor (§ 370 Abs. 1 AO). Die auf die Einkünfte aus Kapitalvermögen entstandene anteilige Einkommensteuer 1992 und Vorjahre unterliegt somit einer Festsetzungsverjährung von 10 Jahren (§ 169 Abs. 2 Satz 2 AO). Dabei spielt es keine Rolle, ob die Steuerhinterziehung strafrechtlich noch geahndet werden kann oder ob bereits **Strafverfolgungsverjährung** (§§ 78 ff. StGB) eingetreten ist.

Da ein Fall der gesetzlichen Erklärungspflicht vorliegt und die Ehegatten keine Einkommensteuererklärung abgegeben haben (s. o.), welche das Finanzamt in die Lage versetzt hätte, ein ordnungsgemäßes Veranlagungsverfahren in Gang zu setzen, beginnt die Festsetzungsverjährung gem. § 170 Abs. 2 Nr. 1 AO mit Ablauf des dritten Folgejahres und dauert jeweils 10 Jahre.

Somit kann bis zum 31. 12. 1999 ein geänderter **Einkommensteuerbescheid 1986** erlassen werden (§ 169 Abs. 1 Satz 3 AO). Die Einkommensteuerfestsetzungen 1985 und Vorjahre können nicht mehr geändert werden.

Festsetzung von Hinterziehungszinsen

Hinterziehungszinsen unterliegen einer **einjährigen** Festsetzungsverjährungsfrist (§ 239 Abs. 1 Satz 1 AO). Gemäß § 239 Abs. 1 Satz 2 Nr. 3 AO beginnt diese erst mit Ablauf des Kalenderjahres, in dem die Festsetzung der hinterzogenen Steuern unanfechtbar geworden ist, jedoch nicht vor Ablauf eines Kalenderjahres, in dem ein eingeleitetes Strafverfahren rechtskräftig abgeschlossen worden ist (Anlaufhemmung). Da die Anlaufhemmung für die Hinterziehungszinsen 1985 und früher mangels Festsetzung der Einkommensteuer nicht mehr greifen kann, sind diese entsprechend der hinterzogenen Einkommensteuer 1985 und Vorjahre verjährt. In 1999 können somit die **Hinterziehungszinsen zur Einkommensteuer 1986 ff.** festgesetzt werden.

Ergebnis: In 1999 können die hinterzogene Einkommensteuer 1986 ff. und die darauf entstandenen Hinterziehungszinsen noch festgesetzt werden.

Aufgabe 11 a: Erlass des Einkommensteueränderungsbescheids 1993 während des Klageverfahrens – Korrekturvorschrift

Gemäß §§ 132 AO, 68, 77 Abs. 3 FGO gelten die Vorschriften über die Änderung von Verwaltungsakten auch während eines finanzgerichtlichen Verfahrens. Der Änderungsbescheid vom 25. 02. 1999 ist somit rechtmäßig, wenn er sich auf eine Korrekturvorschrift der AO stützen konnte. In Betracht kommen § 172 Abs. 1 Nr. 2 a, Nr. 2 c und 173 Abs. 1 Nr. 1 AO. Die Angabe der Korrekturvorschrift gehört grundsätzlich nicht zum verfügenden Teil bzw. Regelungsinhalt des Änderungsbescheids, sondern begründet diesen formalrechtlich. Deshalb ist ein Steuerbescheid, der mit einer evtl. falschen Korrekturvorschrift begründet wird, nicht nichtig, sondern lediglich rechtswidrig. Ein Fehler in der Begründung stellt keinen schwerwiegenden und offenkundigen Mangel im Sinne von § 125 AO dar.

§ 172 Abs. 1 Nr. 2 a AO

Mit Abgabe der Selbstanzeige kommt der Steuerpflichtige – sofern außerhalb des Strafverfahrens – nicht nur seiner Pflicht zur Richtigstellung der Einkommensteuererklärung gem. § 153 AO nach, sondern er erklärt sich auch mit der Änderung des fehlerhaften Steuerbescheids einverstanden. Da sich die Zustimmung hier auf eine Änderung zum Nachteil des Steuerpflichtigen bezieht, ist sie nicht an die Dauer der Einspruchsfrist gebunden, sondern kann zeitlich unbegrenzt, bis zum Eintritt der Festsetzungsverjährung, erteilt werden. Somit konnte eine schlichte Änderung zuungunsten des Klägers durchgeführt werden.

Anmerkung: Nach der Rechtsprechung des BFH zur Rechtsnatur der Nacherklärung nach dem Amnestiegesetz (Nacherklärung kein Einspruch und somit kein Antragscharakter) streitig.

§ 172 Abs. 1 Nr. 2 c AO

Da die Zinsen lt. Sachverhalt vorsätzlich nicht erklärt worden sind, haben HF und UF den Bescheid insoweit durch **Anwendung unlauterer Mittel** erwirkt. Die fehlerhafte Einkommensteuerfestsetzung konnte somit auch nach Nr. 2 c richtig gestellt werden.

§ 173 Abs. 1 Nr. 1 AO

Schlussendlich bildet die Erkenntnis, dass und in welcher Höhe im Veranlagungszeitraum 1993 Zinsen zugeflossen sind, auch eine **neue Tatsache.** Die Korrektur wäre nach § 173 Abs. 1 Nr. 1 AO durchzuführen (Änderung zum Nachteil). Da die Steuerpflichtigen ihre Mitwirkungspflicht verletzt haben, braucht nicht geprüft zu werden, ob das Finanzamt evtl. seine Ermittlungspflicht vernachlässigt hat; die **vorsätzliche Verletzung der Mitwirkungspflicht** macht eine Ermittlungsverletzung des Finanzamts auf jeden Fall unschädlich.

Ergebnis: Der Einkommensteueränderungsbescheid 1993 vom 25. 02. 1999 durfte ergehen. Er leidet weder an einem formellen noch an einem materiellen Fehler.

Aufgabe 11 b: Auswirkungen auf die Klage

Die ursprüngliche Anfechtungsklage vom 30. 12. 1997 muss ihrem Inhalt und ihrer Form nach alle Zulässigkeitsvoraussetzungen erfüllen. Maßgeblicher Zeitpunkt für die Beurteilung der Zulässigkeit ist grundsätzlich die **letzte mündliche Verhandlung** (vgl. auch oben zu Aufgabe 3). Daraus ergibt sich, dass nicht nur eine zunächst unzulässige Klage nachträglich zulässig, sondern auch eine zunächst zulässige Klage später unzulässig werden kann.

Nach der Rechtsprechung des BFH nimmt ein Änderungsbescheid den ursprünglichen Bescheid in seinem Regelungsinhalt auf. Solange der Änderungsbescheid Bestand hat, entfaltet der ursprüngliche Bescheid keine Wirkung. Dieser ist vielmehr in dem Umfang, in dem er in den Änderungsbescheid aufgenommen ist, suspendiert und bleibt dies auch für die Dauer der Wirksamkeit des Änderungsbescheids. Lediglich dann, wenn der Änderungsbescheid wieder aufgehoben wird, tritt der ursprüngliche Bescheid **wieder in Kraft** (BFH vom 05. 05. 1992, BStBl 1992 II S. 1040).

Aufgrund des gegebenen Sachverhalts ist vorab zu klären, ob der Änderungsbescheid vom 25. 02. 1999 den Ehegatten HF und UF überhaupt wirksam bekannt gegeben worden ist. Laut Sachverhalt ist Steuerberater HD Prozessbevollmächtigter der Eheleute. Evtl. hätte der Änderungsbescheid ihm bekannt gegeben werden müssen. Ohne näher auf die Frage einzugehen, ob der Steuerberater auch allgemeiner Empfangsbevollmächtigter der Kläger ist, hat der BFH hierzu entschieden, dass mit der Erteilung einer Prozessvollmacht für ein bestimmtes Rechtsbehelfsverfahren auch die Vollmacht zum Empfang der in diesem Verfahren ergehenden Verwaltungsakte erteilt wird (BFH vom 05. 05. 1994, BStBl 1994 II S. 806; BFH vom 29. 10. 1997, BStBl 1998 II S. 266). Geschieht dies nicht, wird die Bekanntgabe in dem Zeitpunkt geheilt, in dem der Bevollmächtigte den Verwaltungsakt nachweislich erhalten hat (§ 9 Abs. 1 VwZG). Jedoch beginnen die in § 9 Abs. 2 VwZG genannten und an die Bekanntgabe des Verwaltungsaktes geknüpften Fristen nicht zu laufen (insoweit keine Heilung). Im Ergebnis wurde der **Änderungsbescheid** den Ehegatten HF und UF mit Übergabe an den Steuerberater am 28. 02. 1999 **wirksam bekannt gegeben;** in § 9 Abs. 2 VwZG genannte Fristen beginnen jedoch nicht zu laufen.

Wird ein streitbefangener Verwaltungsakt während eines außergerichtlichen oder gerichtlichen Rechtsbehelfsverfahrens geändert, tritt der für die Zulässigkeit des Rechtsmittels schädliche Umstand ein, dass der ursprünglich angegriffene Verwaltungsakt keine rechtliche Wirkung mehr entfaltet und die Beschwer des Rechtsbehelfsführers nachträglich entfällt. Der zunächst zulässige Einspruch bzw. die zunächst zulässige Klage kann auf diese Weise durch Wegfall der Beschwer nachträglich unzulässig werden (§§ 350 AO, 40 Abs. 2 FGO). Dies ist dann unschädlich, wenn der Änderungsbescheid dem Rechtsmittel voll abhilft. Liegt hingegen nur eine Teilabhilfe oder eine Änderung zum Nachteil des Rechtsbehelfsführers vor, stellt sich die Frage nach der weiteren Qualifikation des Rechtsmittels. Ob die Beschwer letztendlich dauerhaft entfallen ist und das gegen den Erstbescheid gerichtete Rechtsmittel mithin dauerhaft unzulässig bleibt, hängt davon ab, ob der Änderungsbescheid dem Grunde nach bestehen bleibt oder ggf. auf Einwendungen hin aufzuheben ist. Die Bearbeitung des Rechtsmittels gegen den Erstbescheid müsste deshalb zurückgestellt werden, bis über evtl. Einwendungen gegen den Änderungsbescheid unanfechtbar entschieden ist.

Diese verfahrensrechtliche Problematik wird bei Änderung während eines außergerichtlichen Rechtsbehelfsverfahrens (Einspruchsverfahrens) dahin gehend gelöst, dass der Einspruch auf den Änderungsbescheid umgelenkt wird (§ 365 Abs. 3 AO) und dieser somit zulässig bleibt. Während des finanzgerichtlichen **Klageverfahrens** (einschließlich Revisionsverfahren) stehen dem Kläger folgende **Wahlmöglichkeiten** offen:

a) Antrag nach § 68 FGO beim Finanzgericht, den **Änderungsbescheid zum Gegenstand des Klageverfahrens** zu machen:

§ 68 FGO stellt eine Sonderform der Klageänderung (§ 67 FGO) dar. Bei Inanspruchnahme dieser Möglichkeit tritt eine Rechtsfolge entsprechend § 365 Abs. 3 AO ein. Grundsätzlich kann dieser Antrag nur innerhalb eines Monats nach Bekanntgabe des Änderungsbescheids gestellt werden. Da es sich hierbei um eine in § 9 Abs. 2 VwZG genannte Frist handelt und der Bekanntgabe bzw. Zustellungsmangel in Bezug auf diese Frist nicht geheilt wird, kann der Antrag unbefristet gestellt werden. Die Frist nach § 68 FGO beginnt auch dann nicht zu laufen, wenn der Kläger den ihm bekannt gegebenen Änderungsbescheid an seinen Prozessbevollmächtigten weitergegeben hat (BFH vom 29. 10. 1997, X R 37/95, BStBl 1998 II S. 266). Stellen HF und UF den Antrag, bleibt die Klage zulässig.

b) Sprungklage (§ 45 FGO) oder **Einspruch** (§§ 347 ff. AO) gegen den Änderungsbescheid:

§ 351 Abs. 1 AO, § 42 FGO finden insoweit keine Anwendung. Das Klageverfahren gegen den Erstbescheid ist auszusetzen, bis über die Rechtmäßigkeit des Änderungsbescheids entschieden ist (§ 74 FGO). Im Anschluss hieran kann über die gegen den geänderten Bescheid gerichtete Klage entschieden werden.

Ergebnis: Die Kläger haben die Möglichkeit, zeitlich unbefristet den Antrag nach § 68 FGO zu stellen. In diesem Fall bleibt die Klage vom 30. 12. 1997 zulässig. Wählen die Kläger hingegen ein neues Rechtsmittel gegen den Änderungsbescheid (Sprungklage oder Einspruch ggf. mit nachfolgender Klage, NZB bzw. Revision), kann erst nach dessen Abschluss über die Zulässigkeit/Begründetheit der Klage entschieden werden.

Lösung zu Aufgabe 5: Ertragsteuern

Teil I: Einkommensteuer

I. Persönliche Steuerpflicht

F ist nach § 1 Abs. 1 Satz 1 EStG unbeschränkt einkommensteuerpflichtig, weil sie als natürliche Person ihren Wohnsitz (§ 8 AO) im Inland, nämlich in Kassel, hat.

II. Veranlagungsform

F ist nach § 25 Abs. 1 in Verbindung mit § 46 Abs. 2 Nr. 1 EStG mit ihrem im Veranlagungszeitraum 1998 bezogenen Einkommen einzeln zur Einkommensteuer zu veranlagen.

III. Tarif

Aufgrund der Einzelveranlagung kommt der Grundtarif gem. § 32 a Abs. 1 bis 4, § 2 Abs. 5 EStG zur Anwendung.

IV. Summe/Gesamtbetrag der Einkünfte von F

A. Einkünfte aus selbstständiger Arbeit

1. Laufender Gewinn

F erzielt als Handelschemikerin vom 01. 01. 1998 bis zum 31. 03. 1998 Einkünfte aus selbstständiger Arbeit (§ 18 Abs. 1 Nr. 1 Satz 2, § 2 Abs. 1 Nr. 3 EStG), da sie einen Katalogberuf selbstständig ausübt.

Die laufenden Einkünfte aus ihrer Tätigkeit bis zum 31. 03. 1998 sind noch den Einkünften aus selbstständiger Arbeit zuzurechnen. Sie sind ertragsteuerlich nicht der neu gegründeten F-GmbH zuzurechnen.

Die F-GmbH entstand als sog. **Vorgesellschaft,** die auch schon Subjekt der KSt ist, erst mit Abschluss des notariellen Vertrags am 17. 03. 1998 bzw. der Aufnahme ihrer Geschäftstätigkeit am 01. 04. 1998. Eine Zurechnung der Einkünfte vor dieser Zeit wäre nur unter den Voraussetzungen des § 20 Abs. 7 i. V. m. Abs. 8 UmwStG möglich. Ein entsprechender Antrag nach § 20 Abs. 7 UmwStG ist zwar konkludent durch die Einreichung der Unterlagen zur Gewinnermittlung der F-GmbH „per 01. 01. 1998" gestellt worden, auch bildet das Vermögen, das der Ausübung einer freiberuflichen

Tätigkeit gewidmet ist, in seiner Gesamtheit einen Betrieb i. S. d. § 20 Abs. 1 UmwStG, dessen wesentliche Betriebsgrundlagen auf die Kapitalgesellschaft übertragen worden sind. Der Betrieb wurde jedoch nicht in die Gesellschaft gegen Gewährung neuer Gesellschaftsrechte eingebracht. Vielmehr hat F zunächst die F-GmbH im Wege der **Bargründung** errichtet und danach die Wirtschaftsgüter (Aktiva) des Betriebsvermögens an die GmbH verkauft. Das sind zwei in ihrer Wirksamkeit unterschiedlich zu beurteilende Rechtsgeschäfte. Der wirksame Abschluss des Bargründungsvertrags bewirkt, dass die Anteile an der Kapitalgesellschaft für die Bareinlage und nicht für eine Sacheinlage i. S. d. § 20 UmwStG gewährt werden. Es handelt sich insoweit um eine **verschleierte Sachgründung**. Auf diese ist § 20 Abs. 1 UmwStG nach seinem Wortlaut nicht anzuwenden. § 20 UmwStG kann mangels Gesetzeslücke auch nicht analog auf die verschleierte Sachgründung angewendet werden (BFH, BStBl II 1993 S. 131 und 133).

Die laufenden Einkünfte von F für die Zeit vom 01. 01. 1998 bis zum 31. 03. 1998 sind daher weiterhin im Wege des Betriebsvermögensvergleichs zu ermitteln (§ 4 Abs. 1 EStG) und dem Einzelunternehmen „Chemielabor Finke" zuzurechnen.

Für das Einzelunternehmen „Chemielabor Finke" ergibt sich zum 31. 03. 1998 die folgende **Schlussbilanz** (vgl. Angaben des Sachverhaltes in Tz. 4 und 12):

Aktiva		Passiva	
Betriebsvorrichtungen	30.000 DM	Kapital	18.800 DM
Laborgeräte	150.000 DM	Darlehen	200.000 DM
Vorräte	24.000 DM	Lieferanten-	
Bank	16.800 DM	verbindlichkeiten	27.500 DM
Forderungen	36.000 DM	USt-Schuld	10.500 DM
	256.800 DM		256.800 DM

Laut Sachverhalt tätigte F in den Monaten Januar bis März 1998 folgende Entnahmen:

Überweisungen Januar bis März 1998 auf das private Girokonto: 3 × 6.000 DM		18.000 DM
Einlage in die GmbH		70.000 DM
Summe Einnahmen		88.000 DM

Die Überweisung der 70.000 DM auf das Konto der F-GmbH in Gründung ist aus Sicht des Einzelunternehmens eine Entnahme. Denn die Erfüllung der Einlageverpflichtung der F gegenüber der F-GmbH dient aus der Sicht des Einzelunternehmens „Chemielabor Finke" betriebsfremden Zwecken.

Somit ermittelt sich der laufende Gewinn (vgl. § 4 Abs. 1 EStG) wie folgt:

Kapital per 01. 04. 1998	18.800 DM
abzügl. Kapital per 01. 01. 1998 (Anlage 1 zum Sachverhalt)	⅄ 62.800 DM
zuzügl. Entnahmen 1. Quartal 1998	+ 88.000 DM
Laufender Gewinn	44.000 DM

2. Aufgabegewinn zum 01. 04. 1998

F erzielt in 1998 auch Einkünfte aus selbstständiger Arbeit in Form eines Aufgabegewinns (§ 18 Abs. 3 i. V. m. § 16 Abs. 3, § 2 Abs. 1 Nr. 3 EStG). Am 01. 04. 1998 stellt F ihre freiberufliche Tätigkeit ein und überträgt alle im Betrieb befindlichen Wirtschaftsgüter mit Ausnahme des betrieblichen Girokontos in einem einheitlichen Vorgang auf die F-GmbH.

Grundsätzlich stellt die Veräußerung aller wesentlichen Betriebsgrundlagen in einem einheitlichen Vorgang an einen Erwerber eine Betriebsveräußerung im Ganzen i. S. d. § 18 Abs. 3 EStG i. V. m. § 16 Abs. 1 Nr. 1 EStG dar, und zwar auch dann, wenn der Veräußerungspreis den gemeinen Wert der Wirtschaftsgüter unterschreitet. Jedoch gilt dies nicht, wenn alle wesentlichen Betriebsgrundlagen eines Einzelunternehmens wie im vorliegenden Fall im Wege einer sog. verdeckten Einlage in eine GmbH überführt werden, an der der Veräußerer selbst als Gesellschafter beteiligt ist. In diesem Fall geht nach Auffassung des BFH der Übertragung der Wirtschaftsgüter auf die GmbH eine Entnahme zwangsläufig voraus (BFH, BStBl II 1987 S. 705). Ein solcher Vorgang stellt deswegen eine **Betriebsaufgabe** i. S. d. § 16 Abs. 3 EStG dar (vgl. BFH, BStBl II 1991 S. 512; BFH/NV 1993 S. 525; BFH/NV 1997 S. 214).

Für die Ermittlung des Aufgabegewinns (§ 16 Abs. 3 EStG) ist zu beachten, dass der Geschäftswert aus dem Einzelunternehmen entnommen und unmittelbar nachfolgend in die F-GmbH verdeckt eingelegt wird. Er ist damit in die Berechnung des Aufgabegewinns einzubeziehen. Insoweit ist nicht die konkrete, sondern die allgemeine Bilanzierungsfähigkeit als Wirtschaftsgut maßgebend (BFH, BStBl II 1987 S. 705). Auf den Kaufpreis ist im Übrigen keine Umsatzsteuer abzuführen, da im wirtschaftlichen Ergebnis alle wesentlichen Betriebsgrundlagen im Ganzen auf die GmbH übergehen (§ 1 Abs. 1 a UStG).

Der Aufgabegewinn ermittelt sich wie folgt:

Gemeiner Wert der übertragenen Wirtschaftsgüter

Geschäftswert	200.000 DM	
Betriebsvorrichtungen	40.000 DM	
Laborgeräte	200.000 DM	
Vorräte	24.000 DM	
Forderungen	36.000 DM	
Summe	500.000 DM	500.000 DM

	Übertrag:	500.000 DM	500.000 DM
Abzügl. Buchwerte			
Betriebsvorrichtungen		30.000 DM	
Laborgeräte		150.000 DM	
Vorräte		24.000 DM	
Forderungen		36.000 DM	
		240.000 DM	⁒ 240.000 DM
Aufgabegewinn			260.000 DM
abzügl. Freibetrag			⁒ 60.000 DM
stpfl. Aufgabegewinn			
(§ 34 Abs. 1 und Abs. 2 Nr. 1 EStG)			200.000 DM

F steht der Freibetrag nach § 16 Abs. 4 EStG von 60.000 DM zu, weil sie das 55. Lebensjahr vollendet hat und der Aufgabegewinn unter 300.000 DM liegt. Nach der Aufgabenstellung gilt der insoweit erforderliche Antrag als gestellt.

B. Einkünfte aus nichtselbstständiger Arbeit

Als Geschäftsführerin der F-GmbH erzielt F seit dem 01. 04. 1998 Einkünfte aus nichtselbstständiger Arbeit (§ 19 Abs. 1 Nr. 1, § 2 Abs. 1 Nr. 4 EStG, § 1 Abs. 1 LStDV). Die Einkünfte ermitteln sich als Überschuss der Einnahmen über die Werbungskosten (§ 2 Abs. 2 Nr. 2 EStG).

Einnahmen i. S. d. § 8 Abs. 1 EStG sind die von April bis Dezember 1998 zugeflossenen Lohnzahlungen (§ 2 Abs. 1 LStDV) in Höhe von 9 × 6.000 DM = 54.000 DM.

Kein Arbeitslohn i. S. d. § 19 EStG sind bei einem Gesellschafter-Geschäftsführer durch das Gesellschaftsverhältnis veranlasste Vermögenszuflüsse. Eine solche Veranlassung ist regelmäßig anzunehmen, wenn die Kapitalgesellschaft ihrem Gesellschafter einen Vermögensvorteil zuwendet, den sie bei der Sorgfalt eines ordentlichen und gewissenhaften Geschäftsleiters einem Nichtgesellschafter nicht gewährt hätte. Ist der begünstigte Gesellschafter ein beherrschender, kann eine Veranlassung durch das Gesellschaftsverhältnis auch anzunehmen sein, wenn die Kapitalgesellschaft eine Leistung an ihn erbringt, für die es an einer klaren, im Voraus getroffenen, zivilrechtlich wirksamen und tatsächlich durchgeführten Vereinbarung fehlt **(Rückwirkungsverbot).**

Kein Arbeitslohn sind somit die sog. Lohnzahlungen an F für die Monate Januar bis März 1998. F wurde erst ab dem 01. 04. 1998 als Geschäftsführerin für die GmbH tätig. Auch wurde der Anstellungsvertrag erst am 30. 03. 1998 zwischen F und der GmbH abgeschlossen (= Verstoß gegen das Rückwirkungsverbot).

Auch kein (gem. § 3 b EStG steuerfreier) Arbeitslohn sind die gezahlten **Überstundenvergütungen.** Das Verhältnis zwischen der GmbH und dem Geschäftsführer wird von der Erwartung getragen, dass der Geschäftsführer – wann auch immer – seine Arbeit erledigt, selbst wenn dies die Ableistung sog. Überstunden bedeuten sollte. Die GmbH muss hierauf vertrauen können, zumal das Einhalten der Arbeitszeit eines Geschäftsführers nicht überprüft werden kann. Also ist die Vereinbarung einer Überstundenvergütung nicht mit dem Aufgabenbild eines Geschäftsführers zu vereinbaren. Dies gilt auch dann, wenn die Überstundenvergütung von vornherein für Überstunden an Sonn- und Feiertagen sowie während der Nacht vereinbart ist. Die Vereinbarung weicht somit von dem ab, was voneinander unabhängige Dritte unter gleichen oder ähnlichen Verhältnissen vereinbart hätten, und indiziert die Veranlassung im Gesellschaftsverhältnis (vgl. BFH, BStBl II 1997 S. 577).

Zu den Einnahmen aus nichtselbstständiger Arbeit gehören zudem die Zahlungen der Haftpflichtversicherung, soweit damit künftige berufsbedingte Mindereinnahmen ausgeglichen werden sollen (§ 19, § 24 Nr. 1 a EStG). Die Einnahmen belaufen sich auf 4 × 350 DM = 1.400 DM.

Mangels nachgewiesener Werbungskosten ist gem. § 9 a Nr. 1 EStG der Arbeitnehmer-Pauschbetrag von 2.000 DM abzuziehen.

Die Einkünfte aus nichtselbstständiger Arbeit betragen somit 53.400 DM.

C. Einkünfte aus Kapitalvermögen

1. Verdeckte Gewinnausschüttung (F-GmbH)

Die Überstundenvergütungen (400 DM × 6 Monate) und die für Januar bis März gezahlten Geschäftsführergehälter (6.000 DM × 3 Monate), insgesamt also ein Betrag von 20.400 DM, führen nicht zu Einkünften aus Kapitalvermögen i. S. d. § 20 Abs. 1 Nr. 1, § 2 Abs. 1 Nr. 5 EStG.

Es handelt sich zwar um **verdeckte Gewinnausschüttungen** i. S. d. § 20 Abs. 1 Nr. 1 Satz 2 EStG, da die Zahlungen durch das Gesellschaftsverhältnis veranlasst sind, nicht auf einem ordnungsgemäßen Gewinnverteilungsbeschluss zurückzuführen sind und der F auch zugeflossen sind. Die Bezüge gehören jedoch gem. § 20 Abs. 1 Nr. 1 Satz 2 EStG nicht zu den Einnahmen aus Kapitalvermögen, soweit sie aus Ausschüttungen einer unbeschränkt steuerpflichtigen Körperschaft stammen, für die **Eigenkapital** i. S. d. § 30 Abs. 2 Nr. 4 KStG als verwendet gilt.

Die F-GmbH hat ihre Geschäftsleitung und ihren Sitz im Inland und ist deswegen unbeschränkt körperschaftsteuerpflichtig (§ 1 Abs. 1 Nr. 1 KStG). Da die GmbH in 1998 einen Verlust erwirtschaftet hat, verfügt sie ansonsten nicht über andere positive EK-Beträge.

In die GmbH hat die Gesellschafterin F neben dem Stammkapital 20.000 DM als Aufgeld eingezahlt. Außerdem hat sie die Aktiva ihres Einzelunternehmens mit Ausnahme des Bankguthabens auf die F-GmbH übertragen. In Höhe der Differenz zwischen dem Teilwert der eingelegten Wirtschaftsgüter (500.000 DM) und den von der F-GmbH in diesem Zusammenhang eingegangenen Verpflichtungen im Gesamtwert von 300.000 DM (Übernahme der Verbindlichkeiten in Höhe von 238.000 DM – Stand 31. 03./01. 04. 1998 – sowie Kaufpreis von 62.000 DM) liegt eine verdeckte Einlage (siehe oben unter IV.A.1.). Die Einlagen der Anteilseignerin haben das Eigenkapital der Gesellschaft erhöht und sind damit dem EK 04 (§ 30 Abs. 2 Nr. 4 KStG) zuzuordnen. Also beläuft sich das EK 04 der F-GmbH zum 31. 12. 1998 auf 220.000 DM.

Andere Ausschüttungen sind mit dem verwendbaren Eigenkapital zu verrechnen, das sich zum Schluss des Wirtschaftsjahres ergibt, in dem die Ausschüttung erfolgt. Die Teilbeträge des verwendbaren Eigenkapitals gelten in der in § 30 KStG enthaltenen Reihenfolge als für die Ausschüttung verwendet (§ 28 Abs. 2 und 3 KStG). Im vorliegenden Fall übersteigt der Bestand an EK 04 zum 31. 12. 1998 den Betrag der Einnahmen aus den verdeckten Gewinnausschüttungen. Da dieser Betrag als verwendet gilt (§ 28 Abs. 3 Satz 1 KStG), gehören die Bezüge nicht zu den Einnahmen aus Kapitalvermögen (§ 20 Abs. 1 Nr. 1 Satz 3 EStG).

Hinweis: *Nach a. A. (vgl. FG Münster vom 14. 06. 1994, EFG 1994, 968) handelt es sich bei der Übertragung von Wirtschaftsgütern im Rahmen einer verschleierten Sachgründung nicht um eine verdeckte Einlage, weil der Kaufvertrag nichtig ist und der Gesellschafter somit wieder die Herausgabe der Wirtschaftsgüter verlangen kann. Eine verdeckte Einlage läge erst vor, wenn der Gesellschafter im Nachhinein auf seinen Bereicherungsanspruch verzichtet, und zwar in Höhe des dann noch werthaltigen Teils des Bereicherungsanspruchs. Ein solcher Verzicht ist dem Sachverhalt nicht zu entnehmen. Danach belaufen sich die Einkünfte aus Kapitalvermögen auf 571 DM (§ 20 Abs. 1 Nr. 1 EStG: 400 DM; § 20 Abs. 1 Nr. 3 EStG: 171 DM), weil nur EK 04 in Höhe von 20.000 DM zur Verfügung steht. Diese Auffassung soll hier nicht weiter verfolgt werden.*

2. Dividende X-AG

F erzielt als Anteilseignerin der X-AG im Zeitpunkt des Gewinnverteilungsbeschlusses (§ 20 Abs. 2 a EStG) Einnahmen aus Kapitalvermögen gem. § 20 Abs. 1 Nr. 1 EStG in Höhe von 3.500 DM und gem. § 20 Abs. 1 Nr. 3 EStG in Höhe von 1.500 DM.

3. Einkünfte

Nach Abzug des WK-Pauschbetrags von 100 DM gem. § 9 a Satz 1 Nr. 1 Buchst. a EStG und des Sparer-Freibetrags von 4.900 DM (5.471 DM) gem.

§ 20 Abs. 4 Satz 1 und 4 EStG belaufen sich die Einkünfte aus Kapitalvermögen auf 0 DM.

D. Einkünfte aus § 17 EStG

Der Gewinn aus der Veräußerung des Anteils von 20 v. H. an der GmbH an Herrn Neumann (N) ist steuerpflichtig nach § 17 Abs. 1 Satz 1 EStG.

Berechnung des Veräußerungsgewinns (§ 17 Abs. 2 EStG):

Veräußerungspreis			45.000 DM
abzügl. Anschaffungskosten:			
Einlageverpflichtung zuzügl. geleistetes Aufgeld	70.000 DM		
nachträgl. AK durch verdeckte Sacheinlage	200.000 DM		
Minderung AK durch Rückzahlung EK 04	∕. 20.000 DM		
= Anschaffungskosten insgesamt	250.000 DM		
davon 20 v. H.	50.000 DM	∕. 50.000 DM	
Veräußerungsverlust			5.000 DM

Bei Annahme einer verdeckten Sacheinlage von 200.000 DM (oben II 3 a) entstehen nachträgliche Anschaffungskosten in gleicher Höhe.

Die Anschaffungskosten mindern sich, soweit EK 04 zurückgezahlt bzw. ausgeschüttet wird. § 17 Abs. 4 Satz 1 Alt. 3 EStG greift erst ein, sobald aufgrund von Ausschüttungen o. Ä. die Anschaffungskosten auf 0 DM gemindert sind. Hier war bis zum Veräußerungszeitpunkt EK 04 in Höhe von 20.000 DM ausgeschüttet worden; die vGA von 400 DM für die Überstunden Dezember war im Veräußerungszeitpunkt noch nicht abgeflossen.

Der Verlust ist nach § 17 Abs. 2 Satz 4 Buchst. a EStG ausgleichsfähig.

Hinweis: *Wird der Ansicht des FG Münster (siehe oben) gefolgt, werden die Wirtschaftsgüter im Rahmen der verschleierten Sachgründung nicht verdeckt eingelegt. Dann ist die Ansicht vertretbar, es seien bisher keine nachträglichen Anschaffungskosten entstanden. Dem Sachverhalt lässt sich nicht entnehmen, dass ein im Rahmen der verschleierten Sachgründung entstandener Bereicherungsanspruch der F wertgemindert ist und diese Wertminderung ihren Grund im Gesellschaftsverhältnis hat. Damit beliefen sich die anteiligen AK nur auf 10.000 DM; es entstünde ein steuerpflichtiger (kein Freibetrag gem. § 17 Abs. 3 EStG), nach § 34 EStG tarifbegünstigter Veräußerungsgewinn i. H. von 35.000 DM.*

E. Sonstige Einkünfte

1. Aktienverkauf

Mit dem Verkauf der Aktien der X-AG am 30. 09. 1998 verwirklicht F den Einkunftstatbestand des § 23 Abs. 1 Satz 1 Nr. 1 b i. V. m. § 22 Nr. 2 EStG.

Zwischen der Anschaffung der Aktien am 30. 04. und der Veräußerung am 30. 09. 1998 lagen weniger als 6 Monate.

Spekulationsgewinn bzw. -verlust ist der Unterschied zwischen dem Veräußerungspreis und den Anschaffungs- und Werbungskosten (§ 23 Abs. 2 Satz 1 EStG).

Der Anschaffungskostenbegriff ist für das Einkommensteuerrecht grundsätzlich einheitlich auszulegen. In die Anschaffungskosten der Aktien gehen also auch die Anschaffungskosten für das Optionsrecht mit ein (BMF vom 10. 11. 1994, BStBl I 1994 S. 816 Rz. 6). Die beim Erwerb der Kaufoptionen anfallenden Spesen von 40 DM sind Anschaffungsnebenkosten dieses Optionsrechts. Die Anschaffungskosten für Optionen auf 500 Aktien beliefen sich damit auf 3.040 DM. Die Anschaffungskosten der Aktien betragen 103.040 DM.

Werbungskosten sind alle Aufwendungen, die durch die Veräußerung des (zuvor angeschafften) Spekulationsobjekts veranlasst sind, einschließlich der innerhalb der Spekulationsfrist angefallenen Schuldzinsen, soweit nicht eine Nutzung des Spekulationsgegenstands im Rahmen einer vorrangigen Einkunftsart oder eine private Nutzung gegeben ist (BFH vom 12. 12. 1996, DB 1997 S. 1444).

Die alsbaldige Weiterveräußerung der Aktien durch F und der Umstand, dass F auch sonst lt. Sachverhalt gelegentlich mit Aktien spekuliert, sind Indizien dafür, dass bei der Anschaffung bzw. dem Halten der Kapitalanlage nicht die Absicht zur Realisierung von Überschüssen, sondern von Wertsteigerungen der Kapitalanlage im Vordergrund stand. Das spricht dafür, dass die Schuldzinsen für den zum Aktienerwerb aufgenommenen Kredit insgesamt keine Werbungskosten bei den Einkünften aus Kapitalvermögen sind (H 153 „Schuldzinsen" EStH 1998).

Hinweis: *A. A.: WK aus Kapitalvermögen, jedoch des Jahres 1999 (§ 11 EStG) – vertretbar für die anteiligen Schuldzinsen für die Zeit vom 30. 04. bis 30. 06. (1.600 DM) bzw. für die Zeit vom 30. 04. bis 30. 09. (4.000 DM), weil der Spekulationsgegenstand auch zu Einkünften aus Kapitalvermögen genutzt wurde.*

Demgegenüber stehen Schuldzinsen, die für den Kredit nach Ablauf des 30. 09. 1998 angefallen sind, nicht mehr in ausreichendem wirtschaftlichem Zusammenhang mit dem Spekulationsgeschäft (BFH, BStBl II 1997 S. 454).

Die Darlehenszinsen sind erst im VZ 1999 abgeflossen. Sie sind gleichwohl im Zuflussjahr zu berücksichtigen (§ 23 Abs. 3 Satz 1 EStG). Das Abflussprinzip des § 11 EStG wird insoweit durchbrochen (BFH, BStBl II 1991 S. 916; BStBl II 1992 S. 1017).

Damit berechnet sich der **Spekulationsgewinn** wie folgt:

Veräußerungspreis	112.500 DM	
abzügl. Anschaffungskosten	103.040 DM	
abzügl. Veräußerungskosten:		
Spesen	1.300 DM	
anteilige Schuldzinsen bis 30. 09.:	4.000 DM	
	5.300 DM	./. 5.300 DM
		4.160 DM

Der Spekulationsgewinn erhöht sich gem. § 50 c Abs. 11 i. V. m. Abs. 1 Satz 1 Nr. 2 EStG um die **ausschüttungsbedingte Gewinnminderung** von 3.450 DM (Kursminderung nach Abschlag der Dividende von 6,90 DM pro Aktie × 500 Stück). § 50 c Abs. 11 EStG erfasst auch die ausschüttungsbedingte Verringerung eines Veräußerungsgewinns. Die von F erworbenen Anteile gehörten innerhalb der letzten zehn Jahre vor der Veräußerung einem privaten Kleinanleger, also einem anrechnungsberechtigten Anteilseigner, bei dem die Veräußerung nicht nach § 17 EStG oder § 23 EStG steuerpflichtig war. Die Gewinnminderung überschreitet nicht den Sperrbetrag i. S. d. § 50 c Abs. 4 EStG. Die Bagatellgrenze des § 50 c Abs. 9 EStG gilt im Rahmen des § 50 c Abs. 11 EStG nicht.

Insgesamt beträgt der Spekulationsgewinn somit 7.610 DM.

2. Zahlungen Haftpflichtversicherung

Aus den von der Haftpflichtversicherung erbrachten Zahlungen erzielt F keine Einkünfte aus sonstigen wiederkehrenden Bezügen gem. § 22 Nr. 1 EStG.

Schadensersatzrenten zum Ausgleich vermehrter Bedürfnisse (sog. Mehrbedarfsrenten im Sinne von § 843 Abs. 1, Alt. 2 BGB) sind keine sonstigen wiederkehrenden Bezüge, weil sie ein Ausgleich für verletzungsbedingt entstandene zusätzliche Bedürfnisse sind. Einmalzahlungen zum Ausgleich vermehrter Bedürfnisse sind nicht steuerbar; nach dem Grundsatz der Besteuerung nach der wirtschaftlichen Leistungsfähigkeit kann eine zeitlich gestreckte Auszahlung einer Schadensersatzrente nicht anders besteuert werden als der in einer Summe ausbezahlte Betrag (BFH, BStBl II 1995 S. 121).

Ebenso sind nach Auffassung der Finanzverwaltung auch **Schmerzensgeldrenten** nicht nach § 22 Nr. 1 EStG steuerbar, weil der Geschädigte dadurch in die Lage versetzt wird, sich Erleichterungen und Annehmlichkeiten anstelle derer zu verschaffen, deren Genuss ihm durch die Verletzung unmöglich gemacht wird (BMF vom 08. 11. 1995, BStBl I 1995 S. 705).

Hinweis: *Mit entsprechender Begründung (Wortlaut des § 22 Nr. 1 EStG; Leistungsfähigkeit der F erhöht sich) ist für die Schmerzensgeldzahlungen auch die Steuerbarkeit als wiederkehrende Bezüge vertretbar.*

F. Summe/Gesamtbetrag der Einkünfte

Der Gesamtbetrag der Einkünfte berechnet sich somit wie folgt:

Einkünfte aus selbstständiger Arbeit	244.000 DM
Einkünfte nach § 17 EStG	./. 5.000 DM
Einkünfte aus nichtselbstständiger Arbeit	53.400 DM
Einkünfte aus Kapitalvermögen	0 DM
Sonstige Einkünfte	7.610 DM
Summe der Einkünfte	300.010 DM

Der Gesamtbetrag der Einkünfte entspricht hier der Summe der Einkünfte.

V. Einkommen/zu versteuerndes Einkommen

A. Sonderausgaben

Sonderausgaben gem. § 10 EStG laut Sachverhalt: 10.000 DM

B. Außergewöhnliche Belastungen

Die verletzungsbedingten Mehraufwendungen von 700 DM stellen dem Grunde nach keine außergewöhnlichen Belastungen im Sinne von § 33 EStG dar, weil es bei F insoweit aufgrund der Leistungen der Haftpflichtversicherung an einer (endgültigen) Belastung fehlt.

F kann nach § 33 a Abs. 1 Satz 2 EStG Aufwendungen für den Unterhalt von M für die Monate Januar bis Juni 1998 als außergewöhnliche Belastungen in besonderen Fällen vom Gesamtbetrag der Einkünfte abziehen. Die Bundesanstalt für Arbeit verweigert dem M öffentliche Mittel unter Berufung auf § 193 Abs. 2 SGB III.

Der Höchstbetrag von 12.000 DM im Kalenderjahr ermäßigt sich für jeden vollen Kalendermonat, in dem die o. g. Voraussetzungen nicht vorgelegen haben (hier Juli bis Dezember), um je ein Zwölftel (§ 33 a Abs. 4 EStG). Also kann F von den bei ihr entstandenen Aufwendungen (insgesamt 9.000 DM) nur 6.000 DM als außergewöhnliche Belastungen geltend machen.

Gesamtbetrag der Einkünfte	300.010 DM
abzügl. SA nach § 10 EStG	10.000 DM
abzügl. agB nach § 33 a EStG	6.000 DM
Einkommen = zvE	284.010 DM

VI. Tarifliche Besonderheiten und Anrechnung

Der Aufgabegewinn (§ 18 Abs. 3, § 16 EStG) ist nach § 34 Abs. 1 und Abs. 2 Nr. 1 EStG tarifbegünstigt, nicht hingegen die Zahlungen zur Abgeltung berufsbedingter Mindereinnahmen, da diese nicht zusammengeballt in einem Veranlagungszeitraum zufließen.

Auf die ESt ist die Lohnsteuer für die Monate April bis Dezember (12.420,72 DM) anzurechnen. Soweit die GmbH für die Monate Januar bis März Lohnsteuer einbehalten und abgeführt hat (4.140,24 DM), ist zweifelhaft, ob die Lohnsteuer gem. § 36 Abs. 2 Satz 2 Nr. 2 EStG auf die „bei der Veranlagung erfassten Einkünfte" erhoben wurde. Die Zahlung aus dem EK 04 führt zwar unmittelbar zu einer Minderung der Anschaffungskosten der GmbH-Anteile, nicht jedoch zu Einkünften. Letztlich wirkt sich die Zahlung jedoch einkünfteerhöhend aus.

Anzurechnen sind die Kapitalertragsteuer von 875 DM (§ 36 Abs. 2 Satz 2 Nr. 2 EStG) und die Körperschaftsteuer i. H. von 1.500 DM (§ 36 Abs. 2 Satz 2 Nr. 3 EStG).

Teil II: Körperschaftsteuer

I. Tantiemevereinbarung vom 31. 12. 1991

A ist seit 1980 Geschäftsführer und alleiniger Gesellschafter der X-GmbH. Die zwischen ihm und der GmbH getroffene Tantiemevereinbarung vom 31. 12. 1991 führt zu einer verdeckten Gewinnausschüttung.

Eine **verdeckte Gewinnausschüttung,** die das Einkommen gem. § 8 Abs. 3 Satz 2 KStG nicht mindern darf, ist eine Vermögensminderung oder verhinderte Vermögensmehrung, die durch das Gesellschaftsverhältnis veranlasst ist, sich auf die Höhe des Einkommens auswirkt und nicht auf einem den gesellschaftsrechtlichen Vorschriften entsprechenden Beschluss beruht.

Das Entgelt für die Tätigkeit eines Gesellschafter-Geschäftsführers ist als Betriebsausgabe nur abzugsfähig, wenn die Gesellschaft mit dem Gesellschafter-Geschäftsführer einen zivilrechtlich wirksamen Vertrag abgeschlossen hat, zumindest bei beherrschenden Gesellschafter-Geschäftsführern von Anfang an klare und eindeutige Vereinbarungen getroffen hat und der Vertrag in der vereinbarten Form auch durchgeführt wurde. Liegen diese Voraussetzungen nicht vor, sind derartige Zahlungen als gesellschaftlich veranlasste verdeckte Gewinnausschüttungen dem zu versteuernden Einkommen der X-GmbH wieder hinzuzurechnen.

Als Alleingesellschafter beherrscht A die X-GmbH. Zivilrechtlich war dieser Vertrag wirksam, kann jedoch steuerlich nicht anerkannt werden.

Zum einen betraf die Tantiemevereinbarung vom 31. 12. 1991 das bereits verflossene Jahr 1991 und verstößt damit gegen das **Rückwirkungsverbot.**

Zum anderen ist die Tantieme nicht in zeitlich engem Zusammenhang mit ihrer Vereinbarung ausgezahlt worden. Die Auszahlung war auch sieben Jahre nach Entstehung des Tantiemeanspruchs noch nicht erfolgt, ohne dass betriebliche Gründe dafür erkennbar sind. Es ist somit davon auszugehen, dass die Vereinbarung nicht ernst gemeint war. Außerdem fehlt es an der tatsächlichen Durchführung der Vereinbarung. Sie hat ihren Ursprung in der beherrschenden Gesellschafterstellung des A und ist daher eine verdeckte Gewinnausschüttung.

Somit ist die vereinbarte Tantieme in Höhe von 400.000 DM dem zu versteuernden Einkommen der X-GmbH zuzurechnen. Die Zurechnung müsste allerdings im Jahre der Tantiemevereinbarung, d. h. im Veranlagungszeitraum 1991, erfolgen. Dem steht jedoch entgegen, dass der Steuerbescheid 1991 wegen seiner Bestandskraft nicht mehr vollumfänglich geändert werden kann.

Die Steuererklärung für 1991 war schon im Jahre 1993 abgegeben worden. Mithin begann die **Festsetzungsverjährung** gem. § 170 Abs. 2 Nr. 1 AO mit Ablauf des Jahres 1993 und war gem. § 169 Abs. 2 Nr. 2 AO nach vier Jahren mit Ablauf des 31. 12. 1997 eingetreten.

Die verdeckte Gewinnausschüttung kann nach der Rechtsprechung in einem späteren Jahr (hier 1998) nur nachgeholt werden, wenn die Bilanz zum 31. 12. 1991 unrichtig und die Veranlagung 1991 nicht mehr zu korrigieren war (BFH, BStBl II 1983 S. 303).

Hier war wegen der Verjährung eine Korrektur der Veranlagung für 1991 zwar nicht mehr möglich. Die Bilanz 1991 war jedoch nicht unrichtig. Wenn sich die GmbH zivilrechtlich wirksam zur Zahlung einer Tantieme von 400.000 DM verpflichtete, musste dieser Betrag zwingend passiviert werden (§ 246 Abs. 1 HGB). Dies gilt sowohl für die Handels- als auch für die Steuerbilanz, die an die handelsrechtlich zutreffenden Bilanzpositionen der Handelsbilanz gebunden ist (§ 5 Abs. 1 Satz 1 EStG). Denn verdeckte Gewinnausschüttungen sind außerhalb der Steuerbilanz dem zu versteuernden Einkommen hinzuzurechnen und berühren die Richtigkeit der Handels- und Steuerbilanz nicht (vgl. BFH, BFHE 175, 3347).

Zur Unrichtigkeit der Bilanz führte aber die Rückstellung von 542.000 DM insoweit, als sie um 142.000 DM höher als die vereinbarte Tantieme von 400.000 DM war.

Insoweit hat die GmbH entgegen § 249 Abs. 1 HGB i. H. von 142.000 DM eine Rückstellung für eine nicht vorhandene Verbindlichkeit gebildet und um diesen Betrag das Vermögen der GmbH zu niedrig ausgewiesen.

Die Bilanz ist in diesem Punkte unrichtig und kann im ersten noch offenen Veranlagungsjahr 1998 durch Bilanzberichtigung korrigiert werden.

Gewinnerhöhung: + 142.000 DM.

II. Kauf einer Maschine

Die X-GmbH hat von der Y-GmbH die Maschine für einen um 100.000 DM zu hohen Preis erworben. Bei Anwendung der Sorgfalt eines ordentlichen Kaufmannes hätte die X-GmbH nur 200.000 DM gezahlt. Die Zahlung eines überhöhten Preises hat ihren Grund darin, dass beide Gesellschaften den gleichen Alleingesellschafter A haben und mithin Schwestergesellschaften sind. In Höhe dieser als betrieblicher Aufwand behandelten 100.000 DM liegt grundsätzlich eine als verdeckte Gewinnausschüttung zu behandelnde Vermögensminderung (siehe oben) vor.

Im Jahre 1998 hat die handels- und steuerrechtliche Behandlung dieses Vorgangs durch die X-GmbH jedoch nicht zu einer Minderung des zu versteuernden Einkommens geführt. Denn in dem der Besteuerung nach Maßgabe des § 5 Abs. 1 EStG zu ermittelnden Betriebsvermögen hat die X-GmbH die Maschine auch mit den überhöhten Anschaffungskosten von 300.000 DM aktiviert und keine AfA geltend gemacht.

Bei einer betriebsgewöhnlichen Nutzungsdauer von 10 Jahren muss bei linearer AfA eine Abschreibung von 10 % der Anschaffungskosten, also 30.000 DM, vorgenommen werden (§ 7 Abs. 1 Satz 1 EStG). Da die Anschaffung am 01. 07. 1998 erfolgte, halbiert sich diese Abschreibung auf 15.000 DM.

Hinsichtlich der auf den Betrag von 100.000 DM entfallenden AfA von 5.000 DM ist diese Gewinnminderung jedoch durch das Gesellschaftsverhältnis veranlasst. Eine Korrektur erfolgt durch entsprechende außerbilanzielle Hinzurechnung von 5.000 DM. Denn nur um diesen Betrag hat die Gewinnausschüttung von 100.000 DM das zu versteuernde Einkommen 1998 gemindert.

Zu beachten ist außerdem, dass die Ausschüttungsbelastung nur für den bereits gezahlten Teil des überhöhten Kaufpreises i. H. von 40.000 DM (240.000 DM ./. 200.000 DM) herzustellen ist. Hinsichtlich des als Verbindlichkeit passivierten Teils der vGA i. H. von 60.000 DM erfolgte noch kein Abfluss der Gewinnausschüttung (Abschn. 77 Abs. 6 Satz 3 und 4 KStR 1995).

Gewinnminderung: ./. 15.000 DM
Außerbilanzielle vGA: + 5.000 DM

Hinweis: *Zulässig ist auch folgende Lösung:*

Die Maschine gehört zum Anlagevermögen. Derartige Vermögensgegenstände sind gem. § 253 Abs. 2 Satz 3 HGB wegen einer voraussichtlich dauernden Wertminderung mit dem niedrigeren beizulegenden Wert von 200.000 DM zu bilanzieren. Insoweit wäre die Bilanz unrichtig. Die Teilwertabschreibung von 100.000 DM bleibt jedoch einkommensneutral, da gleichzeitig das Einkommen dieses Jahres außerhalb der Bilanz um die als vGA zu beurteilende einkommenswirksame Teilwertabschreibung i. H. von 100.000 DM wieder zu erhöhen ist.

Bei der hier gegebenen betriebsgewöhnlichen Nutzungsdauer von 10 Jahren muss bei linearer AfA eine Abschreibung von 10 % = 20.000 DM der angemessenen Anschaffungskosten von 200.000 DM vorgenommen werden (§ 7 Abs. 1 Satz 1 EStG).

Zudem sind auch unabhängig von der handelsrechtlichen Teilwertabschreibung aus rein steuerlichen Gründen die Anschaffungskosten mit 200.000 DM anzusetzen, weil nur sie betrieblich veranlasst sind. Der zusätzliche Betrag von 100.000 DM kann als vGA die Anschaffungskosten nicht erhöhen (vgl. BFH, BFH/NV 1986 S. 116).

Für das hier maßgebende 2. Halbjahr (Anschaffung am 01. 07. 1998) halbiert sich diese Abschreibung auf 10.000 DM mit entsprechender Gewinnminderung.

Die Ausschüttungsbelastung ist auch in diesem Fall nur für den bereits gezahlten Teil des überhöhten Kaufpreises i. H. von 40.000 DM (240.000 DM ./. 200.000 DM) herzustellen. Hinsichtlich des als Verbindlichkeit passivierten Teils i. H. von 60.000 DM erfolgte noch kein Abfluss der Gewinnausschüttung (Abschn. 77 Abs. 6 Satz 3 und 4 KStR 1995).

Gewinnminderung:	*./. 100.000 DM*
Gewinnminderung:	*./. 10.000 DM*
außerbilanzielle vGA:	*+ 100.000 DM*

III. Forderungsverzicht und Schuldübernahme

Der Verzicht der Z-KG auf ihre eigene Forderung sowie die Übernahme der Schuld gegenüber der N-Bank diente der Sanierung der X-GmbH. Dadurch trat bei der X-GmbH eine Vermögensmehrung ein. Denn durch den Forderungsverzicht und die Schuldübernahme fielen bisher in der Steuerbilanz ausgewiesene und sowohl rechtlich als auch wirtschaftlich entstandene Passivposten weg.

Diese Sanierungsmaßnahmen führen nur dann zu einem steuerlichen Ertrag in Form eines Sanierungsgewinnes, wenn sie betrieblich veranlasst sind. Sind sie hingegen durch das Gesellschaftsverhältnis veranlasst, ist von einer verdeckten Einlage auszugehen. Dies ist dann der Fall, wenn der Gesellschafter oder eine ihm nahe stehende Person der Kapitalgesellschaft mittelbar oder unmittelbar einen einlagefähigen Vermögensvorteil zuwendet, der bei Anwendung der Sorgfalt eines ordentlichen Kaufmannes nicht zugewendet worden wäre.

Hier liegt eine **verdeckte Einlage** vor. Forderungsverzicht und Schuldübernahme sind einlagefähige Wirtschaftsgüter. Der Verzicht bzw. die Schuldübernahme erfolgten zwar nicht durch den Gesellschafter A, sondern die Z-KG, an der A beteiligt ist. Dies schließt eine verdeckte Einlage jedoch nicht aus. Denn diese kann auch dann vorliegen, wenn der Gläubiger der erlassenen Schuld eine Personengesellschaft ist, an der der Gesellschafter als Mitunternehmer beteiligt ist. Es genügt, wenn die verdeckte Einlage durch eine dritte Person für Rechnung des Gesellschafters erbracht wird und deshalb in der Leistung an die Gesellschaft eine Zuwendung an den Gesellschafter zu sehen ist. Da A sowohl Gesellschafter der KG als auch der GmbH ist, muss die Z-KG als eine der X-GmbH nahe stehende Person angesehen werden.

Von einer Veranlassung durch das Gesellschaftsverhältnis ist schon deshalb auszugehen, weil sich fremde Gläubiger nicht an der Sanierung beteiligen (vgl. BFH, BStBl 1992 II S. 375 m. w. N.).

Hinsichtlich des Forderungsverzichtes über 200.000 DM liegt allerdings nur in Höhe des **werthaltigen Teils** der Forderung über 150.000 DM eine verdeckte Einlage vor. In der Höhe der nicht mehr werthaltigen Restforderung ist der Erlass nicht mehr durch das Gesellschaftsverhältnis veranlasst und stellt einen außerordentlichen Ertrag in Höhe von 50.000 DM dar (BFH, BStBl II 1998 S. 307; BFH, BFH/NV 1998 S. 513).

Die befreiende Schuldübernahme war schon bei ihrer Begründung nicht durch den Betrieb der X-GmbH veranlasst und ist daher in vollem Umfange als verdeckte Einlage i. H. von 50.000 DM zu werten. Auf die Werthaltigkeit der übernommenen Schuld kommt es daher gar nicht mehr an (vgl. BFH, BFH/NV 1998 S. 513 m. w. N.).

Gewinnerhöhung:	+	50.000 DM
außerbilanziell v. E.:	∕.	150.000 DM
außerbilanziell v. E.:	∕.	50.000 DM

IV. Darlehensgewährung

Ein fremder Kaufmann hätte der X-GmbH das Darlehen nur für einen Zinssatz von 8 % gewährt. Der geringere Zins von 4 % bzw. ab dem 01. 08. 1998 die Zinslosigkeit hat ihren Grund in der Gesellschafterstellung des Darlehensgebers A und ist mithin durch das Gesellschaftsverhältnis veranlasst.

Ob insoweit die Voraussetzungen einer verdeckten Einlage erfüllt sind, hängt letztlich von der Frage ab, ob ein einlagefähiger Vermögensvorteil vorliegt. Einlagefähig sind nämlich nur Wirtschaftsgüter, die bei der empfangenden Kapitalgesellschaft bilanziert werden können. Es muss sich um Vermögensvorteile handeln, die entweder einen Aktivposten geschaffen oder erhöht bzw. den Wegfall oder die Verminderung eines Passivpostens bewirkt haben.

Der Verzicht auf bereits entstandenes Nutzungsentgelt ist eine **verdeckte Einlage.** Denn hierbei handelt es sich um eine passivierungsfähige Verpflichtung der Gesellschaft gegenüber ihrem Gesellschafter. Nicht einlagefähig sind hingegen Nutzungsvorteile und -rechte, die noch gar nicht entstanden sind (BFH, BStBl II 1988 S. 348).

Das für die Zeit vom 01. 02. bis 01. 08. 1998 vereinbarte Nutzungsentgelt von 2.000 DM stand dem A bürgerlich-rechtlich zu und war von der X-GmbH als bereits entstandenes passivierungsfähiges Wirtschaftsgut zu zahlen. Der Verzicht des A ist gesellschaftlich bedingt und mithin eine verdeckte Einlage.

Damit erhielt die X-GmbH einen dauerhaften Vermögensvorteil. Diese Vermögensmehrung ist für die steuerliche Gewinnermittlung wieder abzuziehen (§ 4 Abs. 1 EStG, § 8 Abs. 1 KStG).

Der in dem Verzicht auf den angemessenen Zinssatz von 8 % vom 01. 02. 1998 bis 01. 08. 1998 sowie der in der Zinslosigkeit des Darlehens ab dem 01. 08. 1998 liegende Nutzungsvorteil ist dagegen nicht passivierungs- und einlagefähig.

Außerbilanziell v. E.:   ∕. 2.000 DM

V. Mantelkauf

Der Verlustabzug gem. § 10 d EStG kann nur gewährt werden unter Berücksichtigung des § 12 Abs. 3 Satz 2 UmwStG und des § 8 Abs. 4 KStG.

Da der Geschäftsbetrieb der M-GmbH im Zeitpunkt der Verschmelzung am 31. 12. 1998 weitergeführt wird, sind die Bedingungen des § 12 Abs. 3 Satz 2 UmwStG grundsätzlich gegeben.

Nach § 8 Abs. 4 KStG setzt der Verlustabzug aber voraus, dass zwischen der X-GmbH und der bisherigen M-GmbH nach der Verschmelzung **rechtliche und wirtschaftliche Identität** besteht.

An der rechtlichen Identität bestehen durch die Verschmelzung keine Bedenken. Wirtschaftliche Identität bedeutet Identität mit der M-GmbH im Zeitpunkt der Entstehung des Verlustes, wobei die Voraussetzungen des § 8 Abs. 4 Satz 2 und 3 KStG zu beachten sind. Danach liegt wirtschaftliche Identität dann nicht vor, wenn mehr als die Hälfte der Anteile übertragen werden und die Kapitalgesellschaft ihren Geschäftsbetrieb mit überwiegend neuem Betriebsvermögen fortführt oder wieder aufnimmt.

Die X-GmbH erwarb am 01. 02. 1998 mit 51 % mehr als die Hälfte der Anteile. Unter Betriebsvermögen ist Aktivvermögen mit Teilwerten zu verstehen (BMF vom 16. 04. 1999, BStBl I 1999 S. 455 Tz. 9): Dieses Aktivvermögen betrug 1998 durchgehend 5 Mio. DM.

Am 01. 12. 1998 wurde durch die Gesellschafterin X-GmbH für die M-GmbH eine Produktionsanlage für 6 Mio. DM angeschafft. Diese Anschaffungskosten sind grundsätzlich im Zeitpunkt der Anschaffung mit dem Teilwert identisch.

Dieses Aktivvermögen übersteigt somit das Aktivvermögen im Zeitpunkt der Anteilsübertragung am 01. 02. 1998 um 1 Mio. DM. Mithin wird der Geschäftsbetrieb der M-GmbH ab dem 01. 12. 1998 mit überwiegend neuem Betriebsvermögen fortgeführt. Dies schließt eine wirtschaftliche Identität ab dem 01. 12. 1998 grundsätzlich aus.

Allerdings ist die Zuführung neuen Betriebsvermögens unschädlich, wenn sie allein der Sanierung des Geschäftsbetriebes dient, der den verbleibenden Verlustabzug gem. § 10 d Abs. 3 Satz 2 EStG verursacht hat, und die Körperschaft den Geschäftsbetrieb in einem nach dem Gesamtbild der wirtschaftlichen Verhältnisse vergleichbarem Umfang in den folgenden fünf Jahren fortführt.

Die Produktionsanlage dient dem florierenden Geschäftsbetrieb der Brauerei, nicht dem Geschäftsbetrieb der Gaststätte, der den Verlust verursacht hat. Somit dient die Zuführung des neuen Betriebsvermögens nicht ausschließlich der Sanierung des den Verlust verursachenden Geschäftsbetriebes. Die Ausnahmeregelung des § 8 Abs. 4 Satz 3 KStG liegt nicht vor. Es bleibt bei dem Wegfall der wirtschaftlichen Identität der M-GmbH nach und vor dem 01. 12. 1998.

Der Verlust der M-GmbH für 1997 kann daher wegen fehlender wirtschaftlicher Identität nicht bei der Körperschaftsteuerveranlagung der X-GmbH für 1998 abgezogen werden.

VI. Zahlungen und Aufwendungen für privaten Hausbau

Die Auszahlung von 30.000 DM im Februar 1998 für Zwecke des privaten Hausbaus hat ihren Ursprung im Gesellschaftsverhältnis und ist eine verdeckte Gewinnausschüttung an den Alleingesellschafter A. Sie ist außerbilanziell hinzuzurechnen.

Die Rückzahlung von 10.000 DM im November ist keine Rückgängigmachung der verdeckten Gewinnausschüttung vom Februar des gleichen Jahres. Daran ändert auch die Satzungsklausel über die Rückzahlung verdeckter Gewinnausschüttungen nichts. Denn die Rückzahlung an die GmbH hat ihre Veranlassung im Gesellschaftsverhältnis. Sie ist eine Einlage. Alleingesellschafter A kann nicht gezwungen werden, diese rechtliche Rückzahlungsverpflichtung zu erfüllen.

Außerbilanziell vGA: + 30.000 DM
Außerbilanziell v. E.:   ∕. 10.000 DM

VII. Ermittlung des zu versteuernden Einkommens

Bilanzgewinn			2.000.000 DM
Gewinnerhöhung (aus I.)			+ 142.000 DM
Gewinnminderung (aus II.)			∕. 15.000 DM
Gewinnerhöhung (aus III.)			+ 50.000 DM
Korrigierter Gewinn			2.177.000 DM

Außerbilanziell			
Verdeckte Gewinnausschüttung (aus II.)	+	5.000 DM	
Verdeckte Gewinnausschüttung (aus VI.)	+	30.000 DM	
Verdeckte Einlage (aus III.)	∕.	150.000 DM	
Verdeckte Einlage (aus III.)	∕.	50.000 DM	
Verdeckte Einlage (aus IV.)	∕.	2.000 DM	
Verdeckte Einlage (aus VI.)	∕.	10.000 DM	∕. 177.000 DM
Zu versteuerndes Einkommen			2.000.000 DM

Hinweis: Alternativlösung

Bilanzgewinn			2.000.000 DM
Gewinnerhöhung (aus I.)			+ 142.000 DM
Gewinnminderung (aus II.)			∕. 100.000 DM
Gewinnminderung (aus II.)			∕. 10.000 DM
Gewinnerhöhung (aus III.)			+ 50.000 DM
Korrigierter Gewinn			2.082.000 DM

Außerbilanziell			
Verdeckte Gewinnausschüttung (aus II.)	+	100.000 DM	
Verdeckte Gewinnausschüttung (aus VI.)	+	30.000 DM	
Verdeckte Einlage (aus III.)	∕.	150.000 DM	
Verdeckte Einlage (aus III.)	∕.	50.000 DM	
Verdeckte Einlage (aus IV.)	∕.	2.000 DM	
Verdeckte Einlage (aus VI.)	∕.	10.000 DM	∕. 82.000 DM
Zu versteuerndes Einkommen			2.000.000 DM

Gliederung des verwendbaren Eigenkapitals (in DM)

	DM	Summe DM	EK 45 DM	EK 04 DM
Stand 31.12.1997		2.000.000	1.500.000	500.000
Zu versteuerndes Einkommen	2.000.000			
abzügl. Tarifbelastung 45 %	900.000			
Zugang EK 45	1.100.000	1.100.000	1.100.000	
Zugang EK 04		150.000		150.000
		50.000		50.000
		2.000		2.000
		10.000		10.000
Verwendbares Eigenkapital		3.312.000	2.600.000	712.000

Nachrichtlich:

vGA	40.000	
+	30.000	
	70.000	

		EK 45	EK 04
Summe verwendbares EK 45:			
$^{55}/_{70}$ von 70.000 DM		./. 55.000	./. 55.000

KSt-Minderung:
$^{15}/_{70}$ von 70.000 DM
(oder $^{15}/_{55}$ von 55.000 DM)
= 15.000 DM

	Summe	EK 45	EK 04
Bestand nach Ausschüttung	3.257.000	2.545.000	712.000

Endgültige Steuerfestsetzung

Zu versteuerndes Einkommen	2.000.000 DM
Tarifbelastung 45 %	900.000 DM
abzügl. Ermäßigung durch Ausschüttung	./. 15.000 DM
Endgültige Steuer	885.000 DM

Lösung zu Aufgabe 6: Buchführung und Bilanzwesen

I. Gründung einer Personengesellschaft – Sachgründung

a) Die **Einbringung von Wirtschaftsgütern** aus dem Privatvermögen eines Mitunternehmers in das Gesamthandsvermögen einer Personengesellschaft gegen Gewährung von Gesellschaftsrechten ist ein **tauschähnlicher Vorgang.** Nach Auffassung der FinVerw[1] soll in diesen Fällen gleichwohl eine Einlage i. S. d. § 4 Abs. 1 Satz 5 EStG vorliegen.

Folgt man der Auffassung der FinVerw, dann ist sowohl das unbebaute Grundstück als auch die wesentliche Beteiligung an der C-GmbH im Wege der Einlage in das Gesellschaftsvermögen der A&B-KG vom Komplementär A eingelegt worden. Da das Grundstück innerhalb von drei Jahren vor dieser Einlage angeschafft wurde, ist der Zugang zum Gesellschaftsvermögen nach § 6 Abs. 1 Nr. 5 a EStG mit dem Teilwert, jedoch höchstens mit den Anschaffungskosten zu bewerten. Die Übertragung des Grundstücks unterliegt der GrESt (§ 1 Abs. 1 Nr. 1 GrEStG). Bemessungsgrundlage ist der Bedarfswert (§ 8 Abs. 2 Nr. 2 GrEStG, § 138 Abs. 3 BewG). Unter Berücksichtigung der partiellen Steuerbefreiung nach § 5 Abs. 2 GrEStG beträgt die GrESt 1.750 DM (§ 11 GrEStG).

Die Einlage der wesentlichen Beteiligung ist nach § 6 Abs. 1 Nr. 5 b EStG mit dem Teilwert, höchstens mit den Anschaffungskosten zu bewerten.

Anmerkung: *Die Übertragung des Grundstücks löst Notariatskosten und Grundbuchgebühren aus. Die Übertragung der GmbH-Anteile ist notariatspflichtig und löst außerdem Registerkosten aus. Der Sachverhalt schweigt dazu.*

Folgt man der Verwaltungsauffassung, ist bei der Aufstellung der Eröffnungsbilanz der A&B-KG zu beachten, dass das Grundstück und die Beteiligung nach den Vorgaben im Sachverhalt zum Verkehrswert angesetzt werden sollen. Da die Bewertung jedoch lediglich höchstens mit den Anschaffungskosten erfolgen darf, ist der Unterschiedsbetrag in einer negativen Ergänzungsbilanz für B auszuweisen. Die Pflicht zur Aufstellung der Ergänzungsbilanz trifft die KG.

Bilanzansatz in der Bilanz der A&B-KG:

Grundstück	76.750 DM
Beteiligung C-GmbH	45.000 DM
Sonstige Verbindlichkeiten (GrESt-Schuld)	1.750 DM

---

1 Tz. 49 des Mitunternehmer-Erlasses vom 20. 12. 1977, BStBl I 1978 S. 8.

Negative Ergänzungsbilanz 01. 01. 1998 für A

Minderkapital	70.000 DM	Grundstück	50.000 DM
		Beteiligung C-GmbH	20.000 DM
	70.000 DM		70.000 DM

Anmerkung: *Nach aktueller Rechtsprechung des BFH[2] liegt bei einer Übertragung gegen Gewährung von Gesellschaftsrechten keine Einlage vor. § 6 Abs. 1 Nr. 5 a und Nr. 5 b EStG sind daher nicht anwendbar.[3] Vielmehr handelt es sich um einen tauschähnlichen Vorgang und damit um eine* **Veräußerung.** *Aus der Sicht der Personengesellschaft ist bei diesem Ausgangspunkt von einem* **Anschaffungsvorgang** *auszugehen. Die Bewertung des unbebauten Grundstücks ebenso wie der wesentlichen Beteiligung hat dem folgend mit den Anschaffungskosten zu erfolgen. Nach § 6 Abs. 6 Satz 1 EStG ist der gemeine Wert des hingegebenen Wirtschaftsguts als Anschaffungskosten zugrunde zu legen. Da die A&B-KG Gesellschaftsrechte einräumt, wäre der gemeine Wert dieser Leistung zu bestimmen. Es kann für den Regelfall aber davon ausgegangen werden, dass der gemeine Wert der erworbenen Wirtschaftsgüter mit dem gemeinen Wert der eingeräumten Gesellschaftsrechte übereinstimmt.*

Für eine negative Ergänzungsbilanz ist im Rahmen dieser Lösung kein Raum, denn auf der Seite des Gesellschafters ist die Übertragung der wesentlichen Beteiligung nach § 17 EStG zu erfassen. Der Veräußerungsgewinn beträgt 20.000 DM. Wegen der Übertragung des Grundstücks liegt in 1998 kein Spekulationsgeschäft nach § 23 EStG vor, weil die Zweijahresfrist abgelaufen ist. Bei gleichem Sachverhalt mit Übertragung im Jahr 1999 wäre allerdings ein privates Veräußerungsgeschäft nach § 23 EStG in der Fassung des StEntlG 1999/2000/2002 anzunehmen.

b) Die **Einbringung des ganzen Betriebs** durch B gegen Gewährung von Gesellschaftsrechten ist ein tauschähnlicher Vorgang, bei dem die übernehmende A&B-KG die Wirtschaftsgüter nach § 24 UmwStG wunschgemäß zum **Buchwert** ansetzen darf (Wahlrecht). Unschädlich hierfür ist, dass das Grundstück in das Sonderbetriebsvermögen überführt wird, weil alle Wirtschaftsgüter Betriebsvermögen der Mitunternehmerschaft geworden sind.[4] Die Einbringung führt hinsichtlich der auf A anteilig übergehenden Wirtschaftsgüter zur Aufdeckung von stillen Reserven. Grundsätzlich würde hier ein Veräußerungsgewinn zu versteuern sein, der jedoch mithilfe der Aufstellung einer negativen Ergänzungsbilanz neutralisiert werden darf. Erst unter Berücksichtigung der Ergänzungsbilanzen ergibt sich, dass eine Einbringung zu Buchwerten erfolgt ist, sodass ein Veräußerungsgewinn nach § 24 Abs. 3 UmwStG nicht entstanden ist.

---

2 Urteil vom 19. 10. 1998 – VIII R 69/95.
3 Diese Lösung ist alternativ ebenfalls als zutreffend anerkannt worden.
4 BFH vom 26. 01. 1994, BStBl II 1994 S. 458; BMF vom 25. 03. 1998, BStBl I 1998 S. 268/339, Tz. 24.06.

Anmerkung: *Der Gesellschaftsvertrag ist lt. Sachverhalt notariell beurkundet worden. Zur Höhe der Notariatskosten schweigt der Sachverhalt. Richtigerweise müssten die Notariatskosten als Anschaffungsnebenkosten des Grundstücks aktiviert werden, weil die notarielle Beurkundung durch die mit dem Betrieb verbundene Grundstücksübertragung veranlasst ist (§ 313 BGB).*

c) Das **Betriebsgrundstück** ist ebenso wie die Hypothekenschuld in einer Sonderbilanz auszuweisen, denn es handelt sich um **notwendiges Sonderbetriebsvermögen.** Entsprechend der Ausübung des Wahlrechts der A&B-KG, Buchwerte ansetzen zu wollen, ist die Bewertung mit dem Buchwert auch in der Sonderbilanz zwingend, denn das Wahlrecht kann nur einheitlich ausgeübt werden. Die Pflicht zur Aufstellung der Sonderbilanz trifft ebenfalls die KG.[5]

d) Da das **unbebaute Grundstück** und die **wesentliche Beteiligung** der Aufgabenstellung zufolge in der Gesamthandsbilanz mit den Verkehrswerten angesetzt werden sollen, wäre es mehr als praxisfremd, würde man die übernommenen Wirtschaftsgüter des Einzelbetriebs lediglich mit ihren Buchwerten ausweisen, um dann umständlich mit positiven und negativen Ergänzungsbilanzen fortzufahren.[6] Konsequent ist vielmehr, auch die Wirtschaftsgüter des Einzelbetriebs, soweit diese Gesamthandsvermögen werden, mit den **Teilwerten** zu bewerten und die stillen Reserven in einer negativen Ergänzungsbilanz für B zu neutralisieren.[7] Dabei ist zu beachten, dass ein Firmenwert im vorliegenden Fall nicht existiert.

Die Aufgabenstellung verhindert diese Darstellung nicht, denn es ist lediglich verlangt, dass die Kapitalkonten im Verhältnis der Beteiligungen zueinander auszuweisen sind. Dies geschieht in beiden Darstellungsvarianten und sagt nichts über die Höhe des Kapitals aus.[8]

e) Der Aufstellung der Eröffnungsbilanz muss jedoch zunächst eine Berichtigung der Schlussbilanz der Einzelfirma vorangehen.

Die Anschaffungskosten für den Transporter betragen 62.500 DM. Bei linearer AfA beträgt der Buchwert zum 31. 12. 1996 56.250 DM. Gründe für eine Bewertung mit einem niedrigeren Teilwert liegen nicht vor, weil die Wiederbeschaffungskosten auch unter Berücksichtigung des Kursverfalls gestiegen sind. Nach Abzug der AfA für 1997 beträgt der Buchwert zum 31. 12. 1997 106.000 DM. Dementsprechend beträgt die stille Reserve lediglich 34.000 DM.

Aufgrund der gebotenen Berichtigung ist es unwichtig, dass der Steuerpflichtige die AfA für den Fuhrpark in 1997 hätte anders berechnen müs-

---

5 BFH v. 11. 03. 1992, BStBl II 1992 S. 797.
6 Vgl. Tz. 24.14 des UmwSt-Erlasses vom 25. 03. 1998, BStBl I 1998 S. 268/341.
7 Vgl. Tz. 24.14 letzter Absatz des UmwSt-Erlasses.
8 Beide Darstellungsvarianten wurden als zutreffende Lösung zugelassen.

sen. Da ohnehin eine Berichtigung des Buchwerts zum 31. 12. 1996 wegen des Verbots einer Teilwertabschreibung erfolgen muss, ist die AfA für 1997 im Ergebnis zutreffend.

Anmerkung: *Die Übertragung der Kfz löst Zulassungskosten und Kosten für neue Nummernschilder aus. Der Sachverhalt schweigt dazu.*

Der Warenbestand zum 31. 12. 1997 ist mit den Anschaffungskosten, zwingend mit dem niedrigeren Börsen- oder Marktpreis zu bewerten (§ 253 Abs. 1 und 3 HGB, § 5 Abs. 1 und § 6 Abs. 1 Nr. 2 EStG). Der Bleivorrat muss dementsprechend statt mit 15.200 DM zum Bilanzstichtag mit 14.400 DM bewertet werden (12.000 kg × 120 DM : 100). Der Warenbestand ist folglich um 800 DM zu verringern und mit 199.200 DM zu bewerten. Die stillen Reserven betragen daher 20.800 DM.

Die Verbindlichkeiten sind zum 31. 12. 1997 zutreffend bewertet worden. Nach § 253 Abs. 1 HGB, § 5 Abs. 1 und § 6 Abs. 1 Nr. 3 EStG sind Verbindlichkeiten mit dem Rückzahlungsbetrag anzusetzen. Da der Umrechnungskurs zum 31. 12. 1997 nicht gestiegen ist, liegen keine Gründe für eine Bewertung mit dem höheren Teilwert vor.

f) Eröffnungsbilanzen für den Fall, dass die Gesamthandsbilanz unter Ausweis von **Teilwerten** aufgestellt wird:

Gesamthandsbilanz 01. 01. 1998

Ausstehende Einlagen	30.000 DM	Kapital A (Kpl. – $^1/_3$)	150.000 DM
Unbebautes Grundstück	76.750 DM	Kapital B (Kdt. – $^2/_3$)	300.000 DM
Geschäftsausstattung	60.000 DM	Verbindlichkeiten	220.000 DM
Fahrzeuge	140.000 DM	sonstige Verbindlichkeiten	1.750 DM
GwG	20.000 DM		
Beteiligung C-GmbH	45.000 DM		
Warenbestand	220.000 DM		
Finanzkonten	80.000 DM		
	671.750 DM		671.750 DM

Sonderbilanz 01. 01. 1998 für B

Grundstück	60.000 DM	Sonderkapital	80.000 DM
Gebäude	120.000 DM	Hypothekenschuld	100.000 DM
	180.000 DM		180.000 DM

Ergänzungsbilanz 01. 01. 1998 für A

Minderkapital	70.000 DM	Unbebautes Grundstück	50.000 DM
		Beteiligung C-GmbH	20.000 DM
	70.000 DM		70.000 DM

Ergänzungsbilanz 01. 01. 1998 für B

Minderkapital	94.800 DM	Geschäftsausstattung	20.000 DM
		Fahrzeuge	34.000 DM
		GwG	20.000 DM
		Waren	20.800 DM
		Firmenwert	0 DM
	94.800 DM		94.800 DM

Anmerkung: *Oftmals sieht man in Lösungen, aber auch Darstellungen im Fachschrifttum, dass die Korrekturwerte in den Ergänzungsbilanzen etwa als „Minderwert Grundstück" ausgewiesen sind. Das Wort „Minderwert" ist völlig überflüssig, denn zum einen kann es sich in einer Ergänzungsbilanz nur um Korrekturwerte zur Gesamthandsbilanz handeln und andererseits ist ein Ausweis auf der Passivseite selbstredend ein Minderwert. Vermutlich beruht diese Handhabung auf der Darstellung im UmwSt-Erlass. Dort kann man noch Verständnis haben, weil unter Verzicht auf eine genaue Bezeichnung der Korrekturwerte eine pauschale Darstellung „Minderwert für Aktiva" bzw. „Minderwert für Passiva" gewählt worden ist. Ein Beleg für ein Erfordernis, die Worte „Mehrwert" oder „Minderwert" zu verwenden, ist dies sicher nicht.*

g) Eröffnungsbilanzen, für den Fall, dass die Gesamthandsbilanz unter Ausweis von **Buchwerten** aufgestellt wird, für das unbebaute Grundstück und die wesentliche Beteiligung jedoch der Aufgabenstellung entsprechend die Verkehrswerte angesetzt werden. Dabei ist zu beachten, dass die positive und die negative Ergänzungsbilanz hinsichtlich der Einbringung des Betriebs des B korrespondierend aufzustellen sind:

Gesamthandsbilanz 01. 01. 1998

Ausstehende Einlagen	30.000 DM	Kapital A (Kpl. – ¹/₃)	118.400 DM
Unbebautes Grundstück	76.750 DM	Kapital B (Kdt. – ²/₃)	236.800 DM
Geschäftsausstattung	40.000 DM	Verbindlichkeiten	220.000 DM
Fahrzeuge	106.000 DM	sonstige Verbindlichkeiten	1.750 DM
GwG	0 DM		
Beteiligung C-GmbH	45.000 DM		
Warenbestand	199.200 DM		
Finanzkonten	80.000 DM		
	576.950 DM		576.950 DM

Sonderbilanz 01. 01. 1998 für B

Grundstück	60.000 DM	Sonderkapital	80.000 DM
Gebäude	120.000 DM	Hypothekenschuld	100.000 DM
	180.000 DM		180.000 DM

Ergänzungsbilanz 01. 01. 1998 für A

Geschäftsausstattung	6.667 DM	Unbebautes Grundstück	50.000 DM
Fahrzeuge	11.333 DM	Beteiligung C-GmbH	20.000 DM
GwG	6.667 DM		
Warenbestand	6.933 DM		
Minderkapital	38.400 DM		
	70.000 DM		70.000 DM

Ergänzungsbilanz 01. 01. 1998 für B

Minderkapital	31.600 DM	Geschäftsausstattung	6.667 DM
		Fahrzeuge	11.333 DM
		GwG	6.667 DM
–		Waren	6.933 DM
	31.600 DM		31.600 DM

h) Kapitalkonten der Gesellschafter

	zu f)	zu g)
A: Gesamthandsbilanz	150.000 DM	118.400 DM
Ergänzungsbilanz	∕ 70.000 DM	∕ 38.400 DM
	80.000 DM	80.000 DM
B: Gesamthandsbilanz	300.000 DM	236.800 DM
Ergänzungsbilanz	∕ 94.800 DM	∕ 31.600 DM
Sonderbilanz	80.000 DM	80.000 DM
	285.200 DM	285.200 DM
Kapital der Einzelfirma lt. StB	280.000 DM	280.000 DM
Bilanzberichtigung	5.200 DM	5.200 DM
Kapital der Einzelfirma	285.200 DM	285.200 DM

II.1.1 Feuerschaden

a) Das Grundstück geht mit Auflassung und Eintragung in das bürgerlich-rechtliche Eigentum der KG (§§ 873, 925 BGB) über. Dies geschieht erst in 1999. Die KG wird wirtschaftliche Eigentümerin mit dem Übergang von Besitz, Nutzungen und Lasten (§ 39 Abs. 2 Nr. 1 AO). Dem Vertrag entsprechend soll dies erst zum 01. 01. 1999 erfolgen. Das Grundstück gehört folglich weder nach zivilrechtlichen Grundsätzen (§ 39 Abs. 1 AO) noch nach Grundsätzen wirtschaftlichen Eigentums am 31. 12. 1998 zum Vermögen der KG und darf deshalb nicht als Betriebsvermögen ausgewiesen werden.

Unmaßgeblich für diese Wertung ist der Gefahrenübergang mit dem Tage der notariellen Beurkundung, denn damit wird weder unmittelbarer noch mittelbarer Besitz verschafft.[9] Dies hat zur Folge, dass der Feuerschaden mangels Zurechnung des Gebäudes nicht im Wege einer AfaA (§ 7 Abs. 1 letzter Satz, § 7 Abs. 4 Satz 3 EStG) gewinnmindernd berücksichtigt werden kann. Aus den gleichen Überlegungen kann eine Rücklage für Ersatzbeschaffung wegen des Ausscheidens eines Gebäudes aus dem Betriebsvermögen aufgrund höherer Gewalt nicht passiviert werden.

b) Die Zahlung am 31. 12. 1998 ist als **Geleistete Anzahlung** zunächst mit 420.000 DM zu aktivieren. Der Feuerschaden führt aufgrund der Gefahrtragung zu einer Vermögenseinbuße bei der KG. Diese Vermögenseinbuße muss bei der Bewertung der Geleisteten Anzahlung zum 31. 12. 1998 im Wege einer Abschreibung i. H. von 310.000 DM auf den niedrigeren beizulegenden Wert/Teilwert von 110.000 DM berücksichtigt werden (§ 253 Abs. 2 HGB, § 5 Abs. 1 und § 6 Abs. 1 Nr. 2 EStG).

c) Aufgrund der Vereinbarungen steht der Versicherungsanspruch der KG zu. Da die Versicherungsgesellschaft die Regulierung des Schadens i. H. von 330.000 DM noch vor dem Bilanzstichtag zugesagt hat, ist der Anspruch realisiert und muss gewinnerhöhend als **Forderung** aktiviert werden (§ 252 Abs. 1 Nr. 4 HGB, § 5 Abs. 1 EStG).

d) Buchungen:

Anzahlungen	420.000 DM	an Finanzkonto	420.000 DM
Abschreibungen	310.000 DM	an Anzahlungen	310.000 DM
Forderungen	330.000 DM	an sonst. betr. Erträge	330.000 DM

Anmerkung: *Der Feuerschaden führt zweifellos zu einem Vermögensverlust infolge höherer Gewalt. R 35 EStR gewährt in solchen Fällen eine Steuervergünstigung, indem die durch Erlangung einer Entschädigung aufgedeckten stillen Reserven auf ein Ersatzwirtschaftsgut übertragen werden dürfen. Da das Gebäude noch nicht zum Betriebsvermögen gehört hat, kann sich die Anwendung des R 35 EStR zweifellos nicht auf das Gebäude beziehen.*

Fraglich ist indes, ob der Verlust der Geleisteten Anzahlung nach R 35 EStR begünstigt sein könnte. Nach R 35 Abs. 1 Nr. 1 EStR muss es sich um ein Wirtschaftsgut des Anlage- oder Umlaufvermögens handeln, das infolge höherer Gewalt aus dem Betriebsvermögen gegen Entschädigung ausscheidet. Auch Anzahlungen sind in diesem Sinne Wirtschaftsgüter. Nach Sinn und Zweck der Regelung sowie der Entstehungsgeschichte dieses Gewohnheitsrechts steht m. E. der Erlaubnis, eine Rücklage für Ersatzbeschaffung zu passivieren, nichts im Wege. Die amtliche Lösung geht auf dieses Problem nicht ein.

---

9 BFH vom 03. 08. 1988, BStBl II 1989 S. 21.

II.1.2 Unbebautes Grundstück

a) Die Übertragung des Grundstücks erfolgt entgeltlich, allerdings erreicht der vereinbarte Kaufpreis nicht den Verkehrswert. Es liegt mithin ein **teilentgeltliches Rechtsgeschäft** vor. Im Hinblick auf den entgeltlichen Teil liegt eine Veräußerung vor, die auch nach § 6 b EStG begünstigt ist. Hinsichtlich der anteiligen unentgeltlichen Übertragung liegt eine Entnahme vor, die zur Aufdeckung stiller Reserven führt. Insoweit ist § 6 b EStG nicht anzuwenden (vgl. zu allem auch Schmidt, EStG, 18. Aufl., § 15 Rz. 668, 674). Die Rücklage nach § 6 b EStG ist im Verhältnis des entgeltlichen zum unentgeltlichen Teil des Rechtsgeschäfts zu passivieren und beträgt daher $^{90}/_{115}$ der stillen Reserven i. H. von 25.000 DM, mithin 19.565 DM.

b) Der Entnahmegewinn aufgrund des unentgeltlichen Teils der Übertragung beträgt 5.435 DM ($^{25}/_{115}$) und ist allen Gesellschaftern nach Maßgabe ihrer Beteiligung zuzurechnen, denn aus dem Sachverhalt ergibt sich für Entnahmen keine abweichende Gewinnverteilungsabrede.[10]

Anmerkung: *Soweit die amtliche Lösung den Entnahmegewinn nur B zurechnen will, kann ihr nicht gefolgt werden. Allenfalls könnte in der Zuwendung selbst eine konkludente Änderung der Gewinnverteilungsabrede gesehen werden. Dafür müsste sich aber aus dem Sachverhalt mindestens das Motiv für die Unterpreisvereinbarung ableiten und das Wollen der Gesamtheit der Gesellschafter erkennen lassen, dass dem B insoweit ein Vorweggewinn zukommen sollte. Eine Unterstellung in diese Richtung ist unzulässig.*

c) Buchungen:

Entnahmen	25.000 DM	an sonst. betr. Erträge	25.000 DM
sonst. betr. Aufwendungen	19.565 DM	an Sonderposten mit Rücklageanteil nach § 6 b EStG	19.565 DM

Anmerkung: *Nicht zu folgen ist einer Lösung, die im vollen Umfang eine Entnahme annehmen würde. Diese Lösung würde die bei der Übertragung von Einzelwirtschaftsgütern zu beachtende Trennungstheorie missachten.[11] Insbesondere wäre es auch unzutreffend, die Forderung gegenüber dem Gesellschafter über Entnahme auszubuchen. Unstreitig besteht gegenüber B eine Forderung i. H. von 90.000 DM, die auch zum Gesamthandsvermögen gehört und nach § 246 Abs. 1 HGB i. V m. § 5 Abs. 1 EStG zu aktivieren ist. Da es sich um eine kurzfristig fällige Kaufpreisforderung handelt,*

---

10 BFH, BStBl II 1996 S. 276; Schmidt, EStG, 18. Aufl., § 15, Rz. 446, 673; Bolk, BuW 1995 S. 227; Reiß in Kirchhof/Söhn, § 15, Rz. E 145.
11 BMF vom 13. 01. 1993, BStBl I 1993 S. 80, Tz. 34.

kommt es nicht darauf an, ob diese Forderung nach Art eines Darlehens zu verzinsen und zu besichern ist.[12]

II.1.3 Patentrechtsverletzung

a) Die Rückstellung wegen Verletzung fremder Schutzrechte beträgt zum 31.12.1997 500.000 DM. Die KG muss mit einer Inanspruchnahme ernstlich rechnen, weil die Verletzung des fremden Rechts tatsächlich erfolgt ist und deshalb eine Verpflichtung zur Leistung von Schadenersatz droht. Dabei kommt es nicht darauf an, ob der Geschädigte seine Ansprüche bereits geltend gemacht oder überhaupt Kenntnis von der Verletzung seiner Rechte hat (§ 249 Abs. 1 Satz 1 HGB). Dies gilt innerhalb der ersten 3 Jahre nach Verursachung des Schadens auch für die Steuerbilanz (§ 5 Abs. 1 und § 5 Abs. 3 Nr. 2 EStG).

Buchung 1997:

sonst. betr. Aufwendungen 500.000 DM   an sonst. Rückstellungen   500.000 DM

b) Da der Inhaber des Patentrechts vor dem Bilanzstichtag Schadenersatzansprüche gegenüber der KG geltend gemacht hat, ist zum 31.12.1998 eine Rückstellung wegen Verletzung fremder Schutzrechte nach § 249 Abs. 1 Satz 1 HGB und § 5 Abs. 3 Nr. 1 EStG i. H. von 800.000 DM zu passivieren. Das nach dem 31.12.1998 ergangene Urteil und die dadurch rechtskräftig festgestellte Höhe der Schadenersatzverpflichtung ist nicht als wertaufhellender Umstand i. S. der Wertaufhellungstheorie nach § 252 Abs. 1 Nr. 4 HGB zu beurteilen. Nach Auffassung des BFH[13] ist eine Rückstellung wegen eines gerichtlich geltend gemachten Schadenersatzanspruchs erst zum Schluss des Wirtschaftsjahres aufzulösen, in dem über den Anspruch endgültig und rechtskräftig entschieden worden ist.

Buchung 1998:

sonst. betr. Aufwendungen 800.000 DM   an sonst. Rückstellungen   800.000 DM

c) Wegen der drohenden Belastung mit Prozesskosten ist zum 31.12.1998 hinsichtlich der angerufenen Instanz eine Rückstellung i. H. von 50.000 DM zu passivieren. Dagegen sind Prozesskosten für eine evt. anzurufende weitere Instanz am Bilanzstichtag noch nicht verursacht, weil es an der dafür erforderlichen Handlung, der Einlegung des gebotenen Rechtsmittels, noch fehlt. Auch für die Höhe der Prozesskostenrückstellung gilt, dass ein nach dem Bilanzstichtag ergehendes teilweise obsiegendes Urteil nicht wertaufhellend ist.

Buchung 1998:

Rechts- u. Beratungskosten 50.000 DM   an sonst. Rückstellungen   50.000 DM

---

12 BFH vom 09. 05. 1996, BStBl II 1996 S. 642.
13 BFH vom 27. 11. 1997, BStBl II 1998 S. 375.

II.2 Handelsrecht

a) Die Pflicht zur Aufstellung der Handelsbilanz trifft die KG als Kaufmann. Dabei fällt die **Bilanzaufstellung** nach der Rechtsprechung des BGH[14] in den alleinigen Zuständigkeitsbereich der **geschäftsführenden Gesellschafter** (§ 161 Abs. 2 i. V. m. §§ 114, 115, 164 HGB).

Bilanzierungsmaßnahmen, die auf zwingenden Vorschriften des Handels- und Steuerrechts beruhen und der Darstellung des Vermögens i. S. d. § 238 Abs. 1 Satz 2 HGB dienen, müssen von den geschäftsführenden Gesellschaftern im Rahmen der Bilanzaufstellung durchgeführt werden. Den Kommanditisten stehen insoweit lediglich Kontrollrechte zu.

b) Die **Bilanzfeststellung** ist dagegen ein Grundlagengeschäft, das vorbehaltlich anderweitiger Regelungen im Gesellschaftsvertrag der Zustimmung **aller Gesellschafter** bedarf. Dazu gehören auch die Kommanditisten.

Zur Bilanzfeststellung gehören solche Maßnahmen, die sich durch Inanspruchnahme von Wahlrechten als **Ergebnisverwendung** darstellen. Hierher gehören neben der Passivierung von Gewinnrücklagen auch die zusätzlichen Abschreibungen nach § 253 Abs. 4 HGB, die Aufwandsrückstellungen nach § 249 Abs. 1 Satz 3 und § 249 Abs. 2 HGB sowie insbesondere die steuerrechtlichen Abschreibungen (§ 254 HGB) und die Passivierung eines Sonderpostens mit Rücklageanteil (§ 247 Abs. 3 HGB).

III. Verdeckte Einlage

a) Die Beteiligung an der LKW-GmbH gehört ebenso wie die Beteiligung an der Meyer-GmbH zu den Finanzanlagen des Einzelunternehmens Fritz Meyer (vgl. § 247 Abs. 1 und 2 HGB). Nach der Übertragung ist die Beteiligung an der LKW-GmbH unter den Finanzanlagen im Jahresabschluss der Meyer-GmbH auszuweisen (§ 266 Abs. II A. III HGB, § 271 Abs. 1 HGB).

b) Aus der Sachverhaltsangabe, dass die Übertragung der Beteiligung an der LKW-GmbH in das Vermögen der Meyer-GmbH unentgeltlich erfolgt, muss wohl geschlossen werden, dass es sich nicht um eine Sachkapitalerhöhung und damit nicht um einen tauschähnlichen Vorgang (Veräußerung) aus der Sicht des Einzelunternehmens handelt. Dementsprechend liegt auch kein Anschaffungsgeschäft bei der Meyer-GmbH vor.

Vielmehr ist von einer Einlage auszugehen (§ 4 Abs. 1 Satz 5 EStG).[15] Allerdings bleibt dem Sachverhalt zufolge offen, ob es sich um eine gewollte Einlage in das Eigenkapital handelt. Für diesen Fall wäre die Kapitalrücklage nach § 272 Abs. 2 Nr. 4 HGB zu erhöhen. Soll der Wert der Einlage

---

14 BGH vom 29. 03. 1996 – II ZR 263/94, NJW 1996 S. 1678, BB 1996 S. 1105.
15 § 6 Abs. 6 Satz 1 EStG; BFH vom 19. 10. 1998 VIII R69/95, DStR 1999 S. 366.

dagegen verdeckt dem Vermögen der Meyer-GmbH zugeführt werden, dann wäre eine den Jahresüberschuss erhöhende Buchung erforderlich. Die Einlage ist in beiden Fällen nach § 6 Abs. 1 Nr. 5 EStG mit dem Teilwert zu bewerten. § 6 Abs. 1 Nr. 5 b EStG ist nicht zu beachten, weil keine wesentliche Beteiligung eingelegt wird.

Buchung der Meyer-GmbH, falls eine gewollte Einlage in das Eigenkapital vorliegen sollte:

Beteiligungen   100.0000 DM   an Kapitalrücklage   100.000 DM

Buchung der Meyer-GmbH, falls eine verdeckte Einlage vorliegen sollte:

Beteiligungen   100.0000 DM   an sonst. betr. Erträge   100.000 DM

Im Falle der verdeckten Einlage mit einer gewinnerhöhenden Buchung ist der Wert der Einlage bei der Ermittlung des zu versteuernden Einkommens der GmbH abzuziehen (§ 8 Abs. 1 KStG i. V. m. § 4 Abs. 1 Satz 1 EStG).

c) Unabhängig von der vorstehenden Beurteilung ist in beiden Fällen nach § 30 Abs. 2 Nr. 4 KStG das EK 04 zu erhöhen.

d) Aus der Sicht des Einzelunternehmens liegt kein Veräußerungsvorgang vor. Dies wäre angesichts des fehlenden Anschaffungsgeschäfts aufseiten der Meyer-GmbH auch kaum zu rechtfertigen.[16]

Für die Zeit vor dem 01. 01. 1999 ist unklar, wie der Vorgang im Einzelunternehmen rechtlich einzustufen ist. Ein Tausch liegt jedenfalls mangels Gegenleistung nicht vor, sodass auch § 6 b EStG nicht zum Zuge kommen kann. Insbesondere kann auf keinen Fall die Erhöhung der Kapitalrücklage als Gewährung von Gesellschaftsrechten beurteilt werden. Einigkeit besteht allerdings dahin gehend, dass es sich um einen gewinnrealisierenden Vorgang handelt, denn der Wert der Beteiligung ist um den Teilwert der verdeckten Einlage zu erhöhen. Im Allgemeinen wird deshalb auch von nachträglichen Anschaffungskosten auf die Beteiligung gesprochen.[17]

Anmerkung: *Seit dem 01. 01. 1999 regelt § 6 Abs. 6 Satz 2 EStG für den Fall der verdeckten Einlage eines Wirtschaftsguts in eine Kapitalgesellschaft, dass die Anschaffungskosten der Beteiligung um den Teilwert des eingelegten Wirtschaftsguts zu erhöhen sind. Damit ist die Aufdeckung der stillen Reserven verbunden. Anders als bei einer verdeckten Einlage einer wesentlichen Beteiligung, die nach § 17 Abs. 1 Satz 2 EStG ausdrücklich einer Veräußerung gleichgestellt wird, vermeidet der Gesetzgeber eine solche Gleichstellung im Rahmen des § 6 Abs. 6 Satz 2 EStG. Dies muss wohl zur Folge haben, dass wie bisher auch keine Veräußerung i. S. d. § 6 b EStG vorliegen kann.[18]*

---

16 A. A. ohne Begründung Schmidt/Glanegger, EStG, 18. Aufl., § 6, Rz. 550–551.
17 Vgl. auch Schmidt/Glanegger, EStG, 18. Aufl., § 6, Rz. 440 „Verdeckte Einlage".
18 A. A. ohne Begründung Schmidt/Glanegger, EStG, 18. Aufl., § 6, Rz. 550–551.

e) Die Notariatskosten sind betrieblich veranlasste Ausgaben des Einzelunternehmers und daher als Aufwand zu erfassen. Es handelt sich nicht um Anschaffungsnebenkosten auf die Beteiligung an der Meyer-GmbH im Zusammenhang mit der verdeckten Einlage. Wegen der Ungewissheit der Verbindlichkeit sind insoweit Rückstellungen zu passivieren.

f) Buchungen im Einzelunternehmen:

Beteiligung M-GmbH	100.000 DM	an Beteiligung L-GmbH	25.000 DM
		an sonst. betr. Erträge	75.000 DM
Rechts- u. Beratungskosten	600 DM	an sonst. Rückstellungen	600 DM

IV. Verdeckte Gewinnausschüttung

a) Die X-GmbH hat das Garagengrundstück als Wirtschaftsgut des nichtabnutzbaren Anlagevermögens zu aktivieren und mit den Anschaffungskosten zu bewerten (§ 246 Abs. 1, § 253 Abs. 1, § 255 Abs. 1 HGB, § 5 Abs. 1, § 6 Abs. 1 Nr. 2 EStG).

Da die Anschaffung sich im Rahmen eines Tauschvorgangs mit Baraufgabe vollzieht, ist neben der Kaufpreiszahlung und den Erwerbsnebenkosten auch der gemeine Wert des hingegebenen Mähdreschers den Anschaffungskosten hinzuzurechnen.[19] Darüber hinaus sind die Abbruchkosten als Teil der Anschaffungskosten zu beurteilen, weil das Gebäude innerhalb von drei Jahren nach dem Erwerb abgerissen wurde.[20]

Nicht zu den Anschaffungskosten gehören dagegen die abziehbare **Vorsteuer** (§ 9 b Abs. 1 Satz 1 EStG) sowie die **Abstandszahlung** an die Pächter. Diese Abfindung wird nicht aufgewendet, um das Grundstück zu erwerben (§ 255 Abs. 1 HGB), sondern um dem Betrieb der GmbH eine vorzeitige Nutzungsmöglichkeit zu verschaffen. Es handelt sich mithin um ein selbstständiges immaterielles Wirtschaftsgut des Anlagevermögens, das aufgrund entgeltlichen Erwerbs unter den immateriellen Vermögensgegenständen auszuweisen und mit den Anschaffungskosten abzüglich AfA zu bewerten ist (§ 246 Abs. 1, § 248 Abs. 2, § 253 Abs. 1 und 2, § 255 HGB, § 5 Abs. 1 und 2, § 6 Abs. 1 Nr. 1, § 7 Abs. 1 Satz 1 EStG). Die AfA beträgt für 1998 zeitanteilig 417 DM.

Schließlich ist bei der Bestimmung der Anschaffungskosten zu berücksichtigen, dass der Kaufpreis den Verkehrswert des Grundstücks übersteigt. Diese Mehrzahlung ist durch das Gesellschaftsverhältnis veranlasst und hat zu einer Vermögensminderung bei der GmbH geführt, ohne auf einem den gesellschaftsrechtlichen Vorschriften entsprechendem Beschluss zu beruhen. Es handelt sich mithin hinsichtlich der Mehrzahlung nicht um

---

19 Vgl. jetzt § 6 Abs. 6 Satz 1 EStG, für den VZ 1998 noch H 32 a EStH „Tausch".
20 Vgl. auch H 33 a EStH „Abbruchkosten".

Anschaffungskosten für das Grundstück, sondern nach § 8 Abs. 2 Satz 3 KStG um eine **verdeckte Gewinnausschüttung** (vGA).

Nach allem betragen die Anschaffungskosten:

Barzahlung	60.000 DM	
gemeiner Wert des hingegebenen WG	40.000 DM	
Kaufpreis	100.000 DM	
⁒ vGA (100.000 DM ⁒ 80.000 DM)	⁒ 20.000 DM	80.000 DM
Abbruchkosten Garage		8.000 DM
Erwerbsnebenkosten		900 DM
GrESt		3.500 DM
Anschaffungskosten		92.400 DM

Da der Barzahlungspreis bisher als Anschaffungskosten beurteilt und aktiviert worden ist, ist eine außerplanmäßige Abschreibung i. H. von 20.000 DM geboten. Die Aufwandsbuchungen hinsichtlich der Erwerbsnebenkosten sind rückgängig zu machen.

b) Die Lieferung des Mähdreschers im Rahmen des Tauschvorganges ist steuerbar und steuerpflichtig (§ 1 Abs. 1 Nr. 1, § 3 Abs. 1 UStG). Die USt ist aus der Gegenleistung herauszurechnen und beträgt 5.517 DM (§ 10 Abs. 2 Satz 1 UStG).

c) Buchungen bei der X-GmbH:

Grundstück	32.400 DM	an Rechts- u. Beratungskosten	900 DM
Abschreibungen	20.000 DM	sonst. Verbindlichkeiten	3.500 DM
Vorsteuer	1.280 DM	sonst. Verbindlichkeiten	9.280 DM
		Umsatzerlöse	34.483 DM
		Umsatzsteuer	5.517 DM
Immaterielle Vermögensgegenstände	10.000 DM	an sonstige Grundstücks- aufwendungen	10.000 DM
Abschreibungen	417 DM	an Immaterielle Vermögensgegenstände	417 DM

d) Der Einzelunternehmer Schulz hat ein Grundstück seines Anlagevermögens veräußert. Der Veräußerungspreis beträgt 80.000 DM. Nur in diesem Umfang ergibt sich nach Abzug des Buchwertes eine Aufdeckung stiller Reserven, und zwar i. H. von 30.000 DM. Da bisher lediglich 10.000 DM erfasst wurden, ist der Betrag von 20.000 DM noch gewinnerhöhend zu buchen.

e) Der über 80.000 DM hinausgehende Mehrbetrag stellt sich nicht als Zufluss eines Kaufpreises dar, sondern ist in der Form einer verdeckten Gewinnausschüttung als Beteiligungsertrag nach § 20 Abs. 1 Nr. 1 und

Abs. 3 i. V. m. § 15 Abs. 1 Nr. 1 EStG zu erfassen. Nach § 20 Abs. 1 Nr. 3 und Abs. 3, § 36 Abs. 2 Nr. 3 und § 15 Abs. 1 Nr. 1 EStG ist der Beteiligungsertrag um die anrechenbare KSt zu erhöhen. Gleichzeitig liegen Entnahmen vor (§ 12 Nr. 3 EStG).

f) Da zur Gegenleistung für die Übertragung des Grundstücks auch der Erwerb des Mähdreschers gehört, ist dieser als Zugang im Warenbestand und damit als Wareneinkauf zu erfassen, denn der Erwerber handelt mit Landmaschinen, sodass davon auszugehen ist, dass das erworbene Wirtschaftsgut zum Umlaufvermögen gehören soll.

g) Da sich aus der Aufgabe ergibt, dass Rechnungen mit gesondertem Steuerausweis erteilt wurden, ist der Einzelunternehmer Schulz zum Vorsteuerabzug berechtigt (§ 15 Abs. 1 Nr. 1 UStG).

h) Buchungen in der Einzelfirma Schulz:

Wareneinkauf	34.483 DM	an Erlöse aus Anlagenverkäufen	20.000 DM
Vorsteuer	5.517 DM	Beteiligungserträge	20.000 DM
Entnahmen	8.571 DM	Beteiligungserträge	8.571 DM

Lösung zu Aufgabe 7:
Verfahrensrecht und andere Steuerrechtsgebiete

Teil I: Abgabenordnung und Finanzgerichtsordnung

Frage 1

Straf- und bußgeldrechtliches Verhalten des B wegen der nicht erfassten Warengeschäfte

Durch die steuerliche Nichterfassung des Ankaufs und Verkaufs der Waren „dunkler Herkunft" hat B eine **Hinterziehung** der ESt 1995 nach **§ 370 Abs. 1 Nr. 1** und **Abs. 4 AO** bewirkt. Er hat unrichtige bzw. unvollständige Angaben über die Höhe der gewerblichen Einkünfte gegenüber dem Finanzamt gemacht. Dadurch ist die ESt 1995 nicht in voller Höhe festgesetzt worden. Die von B getätigten Betriebsausgaben (Wareneinkauf von 15.000 DM) sind mindernd zu berücksichtigen. Es handelt sich hierbei nicht um tatfremde Gründe im Sinne von § 370 Abs. 4 Satz 3 AO, da ohne diese Aufwendungen die Warenerlöse von 30.000 DM nicht hätten erzielt werden können.

Die Höhe der ESt-Verkürzung beträgt 6.000 DM (30.000 DM ∕ 15.000 DM = 15.000 DM Gewinnauswirkung × 40 % ESt-Satz).

Rechtfertigungsgründe liegen nicht vor. B handelte auch **vorsätzlich** im Sinne von § 15 StGB (§ 369 Abs. 2 AO), d. h. er kannte die Herkunft der Ware und hat die Vorgänge mit Wissen und Wollen steuerlich nicht erfasst.

B hat zugleich den Tatbestand der **Steuergefährdung** nach § 379 Abs. 1 Nr. 2 AO erfüllt, indem er die Geschäftsvorfälle entgegen §§ 143, 144 AO vorsätzlich nicht verbuchte. Dies Gefährdungsdelikt ist aber subsidiär gegenüber dem § 370 AO als Erfolgsdelikt und daher hier nicht zu ahnden.

Frage 2

Zutreffende Berichtigung des ESt-Bescheides 1995

Die Festsetzungsverjährung nach §§ 169 ff. AO steht einer Änderung des ESt-Bescheides 1995 offenkundig nicht entgegen. Sie beginnt nach § 170 Abs. 2 Nr. 1 AO mit Ablauf des Jahres 1996 (Eingang der ESt-Erklärung 1995) und beträgt grundsätzlich vier Jahre (§ 169 Abs. 2 Satz 1 Nr. 2 AO). Die Festsetzungsfrist endet daher frühestens mit Ablauf des Jahres 2000. Dies gilt unabhängig von der Ablaufhemmung nach § 171 Abs. 4 AO aufgrund der Außenprüfung und von der „insoweit" verlängerten zehnjährigen Frist wegen der ESt-Hinterziehung gem. § 169 Abs. 2 Satz 2 AO.

Die vom Finanzamt vorgenommene **Änderung des ESt-Bescheides 1995** war aus folgenden Gründen **unzutreffend**:

1. Die Änderung des Bescheides kann einmal wegen der von B begangenen ESt-Hinterziehung auf § 172 Abs. 1 Nr. 2 c in Verbindung mit § 370 AO gestützt werden. Denn B hatte durch die arglistige Täuschung „insoweit" eine zu niedrige ESt-Festsetzung von 6.000 DM bewirkt (Nichtansatz des Mehrgewinns von 15.000 DM × 40 %; siehe oben Frage 1). Die fehlende Angabe dieser Korrekturnorm könnte als Begründung gem. § 126 Abs. 1 Nr. 2 mit Abs. 2 AO nachgeholt werden.

2. Zulässig war auch der Ansatz der zusätzlichen **Betriebseinnahmen** von 30.000 DM als nachträglich bekannt gewordene Tatsache im Wege der Änderung nach § 173 Abs. 1 Nr. 1 AO. Dies führt zu einer höheren ESt von 12.000 DM (30.000 DM × 40 %).

3. Bei der Änderung nach § 173 Abs. 1 Nr. 1 AO hätte das Finanzamt jedoch die für den Wareneinkauf angefallenen **Betriebsausgaben** von 15.000 DM und die daraus resultierende Mindersteuer von 6.000 DM (15.000 DM × 40 %) gem. § 173 Abs. 1 Nr. 2 Satz 2 AO berücksichtigen müssen. Zwar liegt ein grobes Verschulden des B vor, als er diese Betriebsausgaben bewusst nicht erfasste, aber dies ist unbeachtlich wegen des unmittelbaren Zusammenhangs dieser Aufwendungen mit den Warenerlösen (vgl. AEAO zu § 173 Nr. 5).

4. Die **vergeblichen Aufwendungen** von 3.000 DM für die beabsichtigte Errichtung der Filiale in Altstadt stellen eine steuermindernde neue Tatsache im Sinne von § 173 Abs. 1 Nr. 2 AO dar. Sie ist dem Finanzamt erst nach der abschließenden ESt-Festsetzung im Rahmen der Außenprüfung bekannt geworden. Nach dem Sachverhalt trifft den B aber ein **grobes Verschulden** am nachträglichen Bekanntwerden, da grobe Buchführungsmängel die Ursache hierfür waren (vgl. AEAO zu § 173 Nr. 4). Die Ausnahmeregelung des § 173 Abs. 1 Nr. 2 Satz 2 AO greift hier nicht ein, weil insoweit der steuermindernde Vorgang nicht in einem inneren sachlichen Zusammenhang mit steuererhöhenden Tatsachen steht. Der bloße zeitliche Zusammenhang mit den o. a. Warenerlösen reicht nicht aus (vgl. AEAO zu § 173 Nr. 5 m. w. N.).

Diese Aufwendungen sind aber im Rahmen des § 177 Abs. 1 AO als materielle Fehler gegenläufig zu § 172 Abs. 1 Nr. 2 c AO bzw. zu § 173 Abs. 1 Nr. 1 AO zu berücksichtigen. Die ESt-Minderung beträgt insoweit 1.200 DM (3.000 DM × 40 %).

5. Zusammenfassung

• Änderung nach § 172 Abs. 1 Nr. 2 c AO	+ 6.000 DM
Saldierung nach § 177 Abs. 1 AO (vergebliche BA)	∕. 1.200 DM
Korrekturumfang insgesamt:	+ 4.800 DM

bzw.

• Änderung nach § 173 Abs. 1 Nr. 1 AO	+ 12.000 DM
Saldierung nach § 177 Abs. 1 AO (vergebliche BA)	∕. 1.200 DM
	.+ 10.800 DM
Korrektur nach § 173 Abs. 1 Nr. 2 AO	∕. 6.000 DM
Korrekturumfang insgesamt:	+ 4.800 DM

Das Finanzamt hätte die ESt 1995 nur um 4.800 DM erhöhen und auf **44.800 DM** festsetzen dürfen. Der geänderte ESt-Bescheid vom 29. 04. 1999 ist insoweit rechtswidrig.

Frage 3

Zulässigkeit des Einspruchs gegen den ESt-Bescheid 1995

Der Rechtsbehelf ist als Einspruch gegen den wirksam bekannt gegebenen ESt-Bescheid 1995 nach § 347 Abs. 1 Nr. 1 AO statthaft. Die Bekanntgabe erfolgte gem. §§ 122 Abs. 1, 124 Abs. 1 AO materiell wirksam am 30. 04. 1999 mit tatsächlichem Zugang beim Inhaltsadressaten B (§ 130 BGB analog).

Die – formelle – Drei-Tage-Regelung des § 122 Abs. 2 Nr. 1 AO hat – entgegen der Ansicht des Finanzamts – lediglich Bedeutung als gesetzliche Vermutung für eine vereinfachte pauschale Berechnung der Einspruchsfrist nach § 355 Abs. 1 AO. Für die Frage im Sinne von § 347 Abs. 1 Nr. 1 AO, ob ein anfechtbarer Verwaltungsakt vorliegt, ist die tatsächliche Bekanntgabe des Bescheides vom 30. 04. 1999 allein entscheidend (vgl. § 155 Abs. 1 Satz 2 AO).

Der Einspruch ist gem. § 357 Abs. 1 Satz 1 AO formgerecht, nämlich schriftlich eingelegt worden. Die fehlende Absenderangabe (Anschrift des B) und die fehlende Unterschrift sind unschädlich nach § 357 Abs. 1 Satz 2 AO, da durch die Angabe der Steuernummer und der konkreten Angaben zum Inhalt des ESt-Bescheides aus dem Schreiben klar hervorgeht, dass der B den Rechtsbehelf eingelegt hat. Unerheblich ist ferner nach § 357 Abs. 1 Satz 4 AO, dass B den Rechtsbehelf nicht ausdrücklich als „Einspruch" bezeichnet, sondern bloß als „zulässigen Rechtsbehelf" angeführt hat.

Der Einspruch ist am 30. 04. 1999 auch fristgerecht nach § 355 Abs. 1 AO eingelegt worden. Die Bekanntgabe erfolgte nach der Drei-Tage-Regelung des § 122 Abs. 2 Nr. 2 AO am 02. 05. 1999. Die Monatsfrist endete nach § 108 Abs. 1, § 188 BGB erst mit Ablauf des 02. 06. 1999.

B ist auch durch die zu hohe ESt-Festsetzung gem. § 350 AO beschwert.

Das Finanzamt hat somit den Einspruch in der Einspruchsentscheidung vom 14. 09. 1999 zu Unrecht als unzulässig nach § 358 AO verworfen.

Frage 4

Zulässigkeit der Klage

Als Klageart kommt im vorliegenden Fall die **Anfechtungsklage** nach § 40 Abs. 1 FGO in Betracht. Sie ist gerichtet auf die Änderung des ESt-Bescheides 1995. Das nach § 44 Abs. 1 FGO erforderliche Vorverfahren (Einspruchsverfahren nach §§ 347 ff. AO) ist durchgeführt.

Die **Klagefrist** beträgt nach § 47 Abs. 1 FGO einen Monat nach Bekanntgabe der Einspruchsentscheidung. Diese wurde dem B mit PZU nach §§ 366, 122 Abs. 5 AO, 3 VwZG wirksam zugestellt und damit bekannt gegeben am 15. 09. 1999. Die Klagefrist endet mit Ablauf des 15. 10. 1999 nach § 54 FGO, § 188 Abs. 2 BGB.

Die Klage ist innerhalb der o. a. Frist nach § 64 Abs. 1 FGO formgerecht – regelmäßig schriftlich – grundsätzlich beim örtlich und sachlich zuständigen Finanzgericht (§§ 35, 38 FGO) einzureichen. Sie kann auch nach § 47 Abs. 2 FGO beim Finanzamt Neustadt fristgerecht angebracht werden, d. h. eingehen, da diese Behörde den angefochtenen Bescheid erlassen hat. Die Schriftform verlangt gem. § 126 Abs. 1 BGB eine eigenhändige Unterschrift, wobei die Andeutung einzelner Buchstaben ausreicht (vgl. BFH, BStBl 1999 II S. 565, 668 m. w. N.).

Der Kläger kann sich vor dem Finanzgericht gem. § 62 FGO vertreten lassen. Die erforderliche Vollmacht ist im Original vorzulegen.

Der **Inhalt der Klage** bestimmt sich nach § 65 FGO.

Zum **Mussinhalt** der Klageschrift gehören nach § 65 Abs. 1 Satz 1 FGO:

• Bezeichnung des **Klägers** und **Beklagten**. Beklagter ist das Finanzamt Neustadt, vertreten durch den Vorsteher (§ 63 Abs. 1 Nr. 1 FGO).

• Bezeichnung des **angefochtenen Verwaltungsaktes** – hier ESt-Bescheid 1995 – und der angefochtenen Einspruchsentscheidung vom 14. 09. 1999.

• Bezeichnung des **Gegenstandes des Klagebegehrens**, d. h. die Angabe, inwieweit der angefochtene Bescheid rechtswidrig sei.

Zum **Sollinhalt** der Klage zählen nach § 65 Abs. 1 Satz 2 und 3 FGO:

• Ein bestimmter **Antrag**; dieser kann auch endgültig erst in der mündlichen Verhandlung gestellt werden (§ 76 Abs. 2, § 92 Abs. 3 und § 96 Abs. 1 Satz 2 FGO).

• Die Angabe der zur **Begründung** dienenden Tatsachen und Beweismittel. Spätere Begründungen sind im Rahmen des § 79 b FGO möglich.

Sonstige Zulässigkeitsprobleme liegen erkennbar nicht vor.

Frage 5

Klage gegen die Ablehnung des Antrags, den ESt-Bescheid 1996 zu ändern

Als Klageart kommt hier die **Verpflichtungsklage** nach § 40 Abs. 1 FGO in Betracht. Sie ist gerichtet auf Erlass eines geänderten ESt-Bescheides 1996. Das nach § 44 Abs. 1 FGO erforderliche **Vorverfahren** (Einspruchsverfahren) ist laut Aufgabenstellung durchgeführt.

Die **Klagefrist** beträgt nach § 47 Abs. 1 Satz 2 FGO einen Monat nach Bekanntgabe der Einspruchsentscheidung. Diese gilt nach §§ 366, 122 Abs. 2 Nr. 1 AO am 17. 09. 1999 als bekannt gegeben. Die Klagefrist endet daher grundsätzlich mit Ablauf des 17. 10. 1999 nach § 54 FGO, § 188 Abs. 2 BGB. Da dieser Tag aber ein Sonntag ist, endet die Klagefrist gem. § 193 BGB (§ 108 III AO) mit Ablauf des 18. 10. 1999.

Die Erfolgsaussichten der Klage richten sich danach, ob das Finanzamt hinsichtlich des ESt-Bescheides 1996 zu Unrecht Korrekturvorschriften verneint hat.

Bezüglich der Verwechslungen der beiden Feststellungsmitteilungen lässt sich die Auffassung vertreten, dass aus den beiden Feststellungsbescheiden nach §§ 171 Abs. 10, 182 Abs. 1 AO die notwendigen Folgerungen für die ESt 1996 dem B gegenüber insoweit bisher nicht gezogen sind und daher der ESt-Bescheid 1996 des B nach § 175 Abs. 1 Nr. 1 AO mit allen positiven und negativen Folgerungen zu ändern ist (vgl. BFH, DStR 1997 S. 558; BStBl 1999 II S. 545). Denn die Bindungswirkung der Feststellungsbescheide beschränkt sich nicht auf die bloße mechanische Übernahme der betreffenden Einkünfte, sondern sie erstreckt sich auch auf den jeweils an der Feststellung Beteiligten. Als Folge davon ist die Berücksichtigung der beiden Grundlagenbescheide gem. § 175 Abs. 1 Nr. 1 AO durch einen erneuten Änderungsbescheid nachzuholen (vgl. BFH, BStBl 1992 II S. 52 m. w. N.; AEAO zu § 175 Nr. 1 letzter Satz). Hierbei sind die festgestellten Einkünfte des B positiv anzusetzen und die Anpassungsfehler negativ zu korrigieren. Berechnung siehe unten.

Zweifelsfrei ist in den beiden Verwechslungsfällen auch der Tatbestand des § 129 AO erfüllt (vgl. von Wedelstädt, DB 1992 S. 606; a. A. BFH, BStBl 1992 II S. 52). Der falsche Ansatz des Verlustes beruht als „ähnliche offenbare Unrichtigkeit" jeweils auf einem mechanischen Versehen des Bearbeiters wegen der großen Namensähnlichkeit der Beteiligten (Mario bzw. Maria

Bärenkötter). Ein Rechtsanwendungsfehler ist in diesem konkreten Fall ausgeschlossen.

Soweit sich die Berichtigung im Falle der Beteiligung an der Hotel KG zugunsten des B auswirkt, besteht wegen des berechtigten Interesses ein Berichtigungszwang nach § 129 Satz 2 AO. Soweit die Berichtigung im Falle der Erbengemeinschaft für B steuererhöhend ist, ist ebenfalls die Korrektur nach §§ 129 Satz 1, 85, 5 AO durchzuführen (Ermessensreduzierung auf null = „Ermessensvorschrift mit Berichtigungszwang").

Somit ergeben sich nach § 175 Abs. 1 Nr. 1 bzw. § 129 AO folgende Berichtigungen und ESt-Auswirkungen:

• Hotel KG:	Verlust richtig 8.500 DM statt 8.050 DM;	
	ESt-Minderung: 40 % von 450 DM =	180 DM
• Erbengemeinschaft:	Verlust richtig 5.020 DM statt 5.220 DM;	
	ESt-Erhöhung: 40 % von 200 DM =	80 DM
ESt insgesamt:		⁄ 100 DM

Die Verpflichtungsklage wäre in diesem Umfang (⁄ 100 DM ESt) erfolgreich. Die richtige ESt 1996 beträgt somit 49.900 DM.

Frage 6

Änderung des ESt-Bescheides 1997

Die Änderung des ESt-Bescheides 1997 ist dem Grunde (Rechtsnorm) und der Höhe nach rechtswidrig erfolgt.

Der vom Finanzamt als Änderungsgrundlage zitierte § 175 Abs. 1 Nr. 2 AO greift hier nicht ein, weil kein Ereignis mit steuerlicher Rückwirkung für die Vergangenheit eingetreten ist. Hierfür ist nach ständiger Rechtsprechung erforderlich, dass der betreffende Bescheid im Zeitpunkt des Erlasses (abschließende Zeichnung) rechtmäßig war und erst später durch Eintritt des Ereignisses „Wegfall der Zweckbestimmung der getätigten Spende und deren Rückzahlung" unrichtig geworden ist. Im vorliegenden Falle war die Spende von 1.000 DM Ende Oktober 1998 und damit bereits vor der ESt-Festsetzung für 1997 zurückgezahlt worden. Das hatte B dem Finanzamt auch am 11. 12. 1998 (Eingang) schriftlich mitgeteilt. Der Abzug als Spende durfte daher bei der Veranlagung zur ESt 1997 mangels endgültigen Aufwandes nicht mehr erfolgen. Ein Ereignis mit steuerlicher Rückwirkung scheidet daher aus.

Die Änderung kann auch nicht mit § 173 Abs. 1 Nr. 1 AO begründet werden. Steuerlich relevante Tatsache ist zwar hier, dass die Spende zurückgezahlt worden war und damit kein Abzug als Sonderausgabe in Betracht kam. Der ESt-Bescheid 1997 war insoweit rechtswidrig. Diese Tatsache ist aber dem Finanzamt nicht nachträglich bekannt geworden. „Nachträglich bekannt" werden nur solche Tatsachen, die vor der abschließenden Zeichnung bzw. Dateneingabe der Steuerfestsetzung bereits vorhanden sind, aber dem zuständigen Bearbeiter erst nach der abschließenden Willensbildung bekannt werden (vgl. AEAO zu § 173 Nr. 2; BFH, BStBl 1998 II S. 450 m. w. N.).

Nach den vorliegenden Feststellungen war das Schreiben des B am 11. 12. 1998 beim zuständigen Finanzamt eingegangen. Am gleichen Tag ist auch der ESt-Bescheid 1997 manuell gefertigt worden. Es ist laut Sachverhalt nicht zu klären, ob der zuständige Sachgebietsleiter das Schreiben des B vor oder nach der abschließenden Zeichnung der ESt-Festsetzung des B gesehen hat. Die **Feststellungslast** für das Vorliegen steuererhöhender neuer Tatsachen hat grundsätzlich die Finanzbehörde. Sie hat deshalb den Nachteil zu tragen, der sich aus der vorliegenden Nichtaufklärbarkeit ergibt (vgl. BFH, BStBl 1989 II S. 259). Die Tatsache der Spendenrückzahlung gilt daher als bekannt. Die Änderung des ESt-Bescheides war somit nicht rechtmäßig. Die steuerliche Auswirkung beträgt 400 DM (40 % von 1.000 DM).

Der B sollte gegen den ESt-Änderungsbescheid form- und fristgerecht **Einspruch** gem. §§ 347 Abs. 1 Nr. 1, 355 Abs. 1, 357 Abs. 1 AO einlegen. Der am 14. 09. 1999 mit einfachem Brief zur Post aufgegebene ESt-Bescheid gilt nach § 122 Abs. 2 Nr. 1 AO am 17. 09. 1999 als bekannt gegeben. Die Einspruchsfrist endet daher grundsätzlich mit Ablauf des 17. 10. 1999 gem. § 108 I AO, § 188 Abs. 2 BGB. Da dieser Tag aber ein Sonntag ist, endet die Frist gem. § 108 III AO (§ 193 BGB) mit Ablauf des 18. 10. 1999.

Teil II: Umsatzsteuer

Unternehmereigenschaft/Entstehung der Steuerschuld

1. Seeger und Born sind Unternehmer i. S. d. § 2 UStG. Durch die Vermietung des Mehrfamilienhauses (Sachverhalt 2) erbringen sie gemeinschaftlich nachhaltig gegen Entgelt sonstige Leistungen. Sie sind insoweit auch selbstständig. Offen bleiben kann, ob sie dabei aufgrund eines Gesellschaftsvertrages i. S. d. § 705 BGB tätig werden oder ob sie lediglich Bruchteilseigentümer nach § 741 BGB sind und zur Verwaltung einer Bruchteilsgemeinschaft auch noch die Vermietung gehört. Umsatzsteuerlich kann Unternehmer auch eine nicht rechtsfähige Personengesellschaft oder ein sonstiges nicht rechtsfähiges Gebilde sein, sofern von diesem nach außen nachhaltig Leistungen gegen Entgelt erbracht werden. Dies ist hier der Fall. Daher ist jedenfalls von der Unternehmereigenschaft der Gemeinschaft/ Gesellschaft von Seeger und Born auszugehen, gleichgültig, ob es sich um eine **GbR oder** eine **Bruchteilsgemeinschaft** handelt. Im Folgenden wird die Bezeichnung GbR gewählt. Das Unternehmen umfasst die Vermietungsleistungen zuzügl. eventueller Hilfs- und Nebengeschäfte.

2. Seeger ist (allein) ebenfalls Unternehmer nach § 2 UStG, soweit er nachhaltig und selbstständig Leistungen gegen Entgelt erbringt. Dies betrifft zunächst einmal die entgeltlichen Vermittlungsleistungen (Sachverhalt 1) für seinen Auftraggeber Kämmer. Da Seeger hier nicht als weisungsabhängiger Angestellter tätig wird, ist er auch selbstständig. Zum Unternehmen des Seeger gehören hingegen die nachhaltig (mehrfache) und selbstständig erbrachten entgeltlichen Lieferungen an den Zanki (Sachverhalt 3), ebenso wie die Lieferungen der gebrauchten PCs (Sachverhalt 5).

Die Vermietungsleistungen (Sachverhalt 2) gehören nicht zum Unternehmen des Seeger, sondern zum Unternehmen der Seeger/Born GbR.

Hinweis: *Soweit hier darauf verwiesen wird, dass die Vermietungsumsätze mangels Selbstständigkeit nicht zum Unternehmen des Seeger (oder der Born) gehören, trifft dies nicht den Kern der Sache. Sie sind den beiden schon im Außenverhältnis nicht zuzurechnen. Im Innenverhältnis kann im Übrigen keine Rede davon sein, dass die Mitglieder einer Vermietungs-GbR oder die Bruchteilseigentümer unselbstständig seien.*

3. Die Steuerschuld entsteht jeweils mit Ablauf des Voranmeldungszeitraumes – hier monatlich –, in dem die entsprechende Leistung oder Teilleistung ausgeführt wurde (§ 13 Abs. 1 Nr. 1a UStG), da nach dem Sachverhalt von einem monatlichen Voranmeldungszeitraum (§ 18 Abs. 1 UStG) und Sollversteuerung (§ 16 Abs. 1 UStG im Gegensatz zu § 20 UStG) auszugehen ist. Die Vorsteuer ist in den Voranmeldungszeiträumen (Monate) zu berücksichtigen, in denen die Voraussetzungen des § 15 Abs. 1 UStG erfüllt sind (§§ 18 Abs. 11 i.V. m. § 16 Abs. 2 UStG).

Sachverhalt 1

1. Seeger erbringt durch die Vermittlungen 10 **sonstige Leistungen** (§ 3 Abs. 9 UStG) in Neubrandenburg (§ 3a Abs. 1 UStG), mithin im Inland (§ 1 Abs. 2 UStG). Da diese auch entgeltlich erbracht werden, liegen nach § 1 Abs. 1 Nr. 1 UStG steuerbare Umsätze vor. Die Umsätze sind allerdings nach § 4 Nr. 11 UStG befreit. Die Bemessungsgrundlage beträgt 250 DM je Umsatz. Die Umsätze sind in den monatlichen Voranmeldungen zu erfassen, in denen die Leistungen ausgeführt wurden, also von 1/99 bis 9/99 (§§ 18 Abs. 1, 16 Abs. 1 i.V. m. § 13 Abs. 1a UStG analog).

2. Fraglich kann allerdings sein, ob Seeger nicht zur Steuerpflicht optiert hat. Eine solche Option ist nach § 9 Abs. 1 UStG allerdings nicht möglich, da dort die Umsätze aus § 4 Nr. 11 UStG nicht genannt sind. Daher kann auch der Hinweis auf eine 15%ige Mehrwertsteuer in der Quittung nicht zu einer zulässigen Option führen.

3. Allerdings könnte Seeger die Steuer möglicherweise nach § 14 Abs. 2 UStG schulden. Dann müsste es sich um eine Rechnung handeln und die Steuer müsste gesondert ausgewiesen sein. Ob hier die Quittung als Rechnung i. S. d. § 14 Abs. 2 i. V. m. § 14 Abs. 4 oder Abs. 5 UStG anzusehen wäre, kann zweifelhaft sein. Sollte es sich um eine Gutschrift handeln, weil die Berechnungsgrundlagen nur dem Kämmer bekannt waren – dagegen spricht aber der Sachverhalt, wonach von vornherein 250 DM vereinbart waren, allerdings könnte dem Seeger immerhin unbekannt sein, ob es aufgrund seiner Vermittlung zum Vertragsabschluss kam –, so läge schon keine Rechnung vor. Denn wenn die Abrechnungslast bei Kämmer lag, so fehlte es an der Gutschrift über eine steuerpflichtige sonstige Leistung, sodass nach § 14 Abs. 5 Satz 1 UStG die Gutschrift nicht als Rechnung anzuerkennen wäre. Das kann aber dahinstehen, wenn es an einem **offenen Steuerausweis** mangelt. Dieser verlangt den Ausweis der Steuer in einem Betrag. Die Angabe des Steuersatzes genügt gerade nicht. Anders ist es aber bei Kleinbetragsrechnungen. Bei diesen darf aber der Rechnungsbetrag einschließlich Umsatzsteuer 200 DM nicht übersteigen (§ 33 UStDV). Dies aber ist hier der Fall, denn pro Leistung wurden 250 DM berechnet. Daher liegt keine Kleinbetragsrechnung vor, sodass es i. S. d. § 14 Abs. 2 UStG an einem offenen Steuerausweis fehlt. Seeger schuldet daher keine Steuer nach § 14 Abs. 2 UStG.

Sachverhalt 2

1. Seit dem 01. 11. 1998 erbringt die Seeger und Born GbR sonstige Leistungen durch **Nutzungsüberlassung** an V. Tex und Kurz. Denn ab diesem Zeitpunkt sind ihr durch Eintritt in den Mietvertrag die Leistungen zuzurechnen. Die sonstigen Leistungen (§ 3 Abs. 9 UStG) werden im Inland (§ 1 Abs. 2 UStG), nämlich in Neubrandenburg (§ 3 a Abs. 2 Nr. 1 a UStG), gegen Entgelt erbracht und sind daher nach § 1 Abs. 1 Nr. 1 UStG steuerbar. Allerdings sind sie nach § 4 Nr. 12 a UStG befreit.

2. Bezüglich der an die V. Tex erfolgten Leistung könnte allerdings optiert worden sein. Die **Option** ist auch nach § 9 Abs. 1 UStG zulässig. Denn für nach § 4 Nr. 12 a UStG befreite Umsätze kann optiert werden, wenn der Umsatz an einen anderen Unternehmer für dessen Unternehmen erfolgt. Dies trifft hier zu, denn V. Tex ist Unternehmer und der Laden wird für sein Unternehmen angemietet. Auch § 9 Abs. 2 UStG schließt die Option nicht aus. Denn V. Tex verwendet den Laden nicht zur Ausführung steuerfreier Umsätze. Da nach dem Sachverhalt davon auszugehen ist, dass Optionsrechte ausgeübt wurden, braucht nicht weiter untersucht zu werden, ob eine solche Option bereits dadurch ausgesprochen wurde, dass im Vertrag ausdrücklich eine zusätzliche Zahlung von USt vereinbart wurde (dies wäre richtigerweise zu verneinen).

3. Bezüglich der an Kurz erbrachten Vermietungsleistung scheidet eine Option allerdings aus. Zwar ist § 9 Abs. 1 möglicherweise erfüllt – falls es sich um die Vermietung der Praxisräume handelt und nicht um die Vermietung einer Wohnung (der Sachverhalt sagt dazu nichts) –, aber jedenfalls schließt § 9 Abs. 2 UStG eine Option aus. Denn falls es sich um Praxisräume handelt, würden diese von Kurz zur Ausführung von den Vorsteuerabzug nach § 15 Abs. 2 ausschließenden, nach § 4 Nr. 14 UStG steuerbefreiten ärztlichen Leistungen verwendet. § 9 Abs. 2 UStG ist anwendbar nach § 27 Abs. 2 Nr. 3 UStG, da mit dem Bau vor dem 11.11.1993 begonnen wurde.

4. Die Leistungen wurden in monatlichen **Teilleistungen** ausgeführt (§ 13 Abs. 1 Nr. 1a Satz 2 und 3 UStG). Für die Monate 11 und 12/98 und folgende ergeben sich danach je 5.000 und 6.000 DM Bemessungsgrundlage nach § 10 Abs. 1 UStG und für die steuerpflichtigen Teilleistung je eine USt-Schuld von 6.000 × 16 % (§ 12 Abs. 1 ab 01.04.1998) = 960 DM.

4.1 Die private Nutzung der 40 m² ab 1999 könnte sich bis zum 01.04.1999 entweder als Eigenverbrauch nach § 1 Abs. 1 Nr. 2 b UStG (a. F.) darstellen oder als von vornherein nicht steuerbarer Vorgang. Das hängt bei einer gemischten Nutzung an sich davon ab, ob das Grundstück und Gebäude insgesamt dem Unternehmen zugeordnet wird oder nicht. Insoweit besteht für den Unternehmer, hier die GbR, ein **Zuordnungswahlrecht** (vgl. R 192 Abs. 18 UStR 2000). Übt er dies dahin gehend aus, dass der Gegenstand insgesamt dem Unternehmen zugeordnet wird, stellt sich die dann erfolgende private Nutzung als Eigenverbrauch dar. Umgekehrt (d. h. bei Aufteilung) wird erst gar kein dem Unternehmen dienender Gegenstand für außerunternehmerische Zwecke verwendet. Allerdings sind dafür – wie für den Vorsteuerabzug nach § 15 Abs. 1 UStG – die Verhältnisse im Zeitpunkt des Umsatzes an den Unternehmer maßgebend (vgl. dazu R 192 Abs. 14 UStR 2000). Vorliegend war bei Bezug der Leistung, nämlich der Lieferung des bebauten Grundstückes am 01.11.1998, beabsichtigt, das Dachgeschoss an einen Programmierer zu vermieten. Diese (beabsichtigte) Leistung hätte zum Unternehmen gehört. Ebenso wenig wie die Unternehmereigenschaft nachträglich wegfällt (dazu R 19 Abs. 1 UStR 2000 und EuGH, BStBl 1996 II S. 655), kann ein Bezug, der für das Unternehmen erfolgte, nachträglich (hier wegen anderweitiger Nutzung) als nicht für das Unternehmen erfolgt angesehen werden.

Daher ist hier von der privaten Nutzung eines für das Unternehmen insgesamt gelieferten Gegenstandes auszugehen, sodass grundsätzlich ein **steuerbarer Eigenverbrauch** nach § 1 Abs. 1 Nr. 2 b UStG zu bejahen ist. Der Ort ergibt sich aus § 3 a Abs. 2 Nr. 1 UStG in Neubrandenburg, Inland. Dieser Eigenverbrauch allerdings ist nach § 4 Nr. 12 a UStG steuerfrei. Die monatliche Bemessungsgrundlage ergibt sich aus den Kosten nach § 10 Abs. 4 Nr. 1 UStG.

Hinweis: *Allerdings kann strittig sein, ob entgegen der 6. Richtlinie über-haupt ein steuerbarer, lediglich steuerfreier Eigenverbrauch angenommen werden darf, wenn ein Vorsteuerabzug aus dem verwendeten Gegenstand nicht zulässig ist. Eine Eigenverbrauchsbesteuerung verstößt dann gegen Art. 6 Abs. 2 der 6. Richtlinie. Genau aus diesem Grunde ist die bisherige Eigenverbrauchsbesteuerung seit dem 01. 04. 1999 durch die Sonderrege-lung des § 3 Abs. 1 b UStG und § 3 Abs. 9 UStG ersetzt worden, wonach in diesen Fällen erst gar kein steuerbarer Umsatz mehr vorliegt. Dies mag hier dahinstehen, weil im Ergebnis jedenfalls Übereinstimmung besteht, näm-lich es fällt einerseits keine Umsatzsteuer an, aber andererseits gibt es kei-nen Vorsteueranspruch (siehe unter 4.2 und 5).*

4.2 Für die Zeit ab 01. 04. 1999 könnte eine unentgeltliche Leistung nach § 3 Abs. 9 a Nr. 1 UStG vorliegen. Dies würde aber voraussetzen, dass ein Vorsteuerabzug ganz oder teilweise möglich war. Da dies nicht zu-trifft (siehe unter 5.2), liegt ab 01. 04. 1999 kein steuerbarer Vorgang mehr vor.

5.1 Für den **Vorsteuerabzug** aus den 1998 in Rechnung gestellten 6.400 DM wäre zunächst nach § 15 Abs. 1 UStG Voraussetzung, dass diese Leistun-gen (Gutachter und Makler) für das Unternehmen der GbR erbracht wur-den. Dies könnte deshalb zweifelhaft sein, weil die 40 m² Dachgeschoss letztlich (aber erst ab 1999) für private Zwecke genutzt werden. Für den Vorsteuerabzug ist jedoch maßgebend, ob im Zeitpunkt der Ausführung des Umsatzes an den Unternehmer die Leistung (hier des Maklers und Gut-achters) für das Unternehmen erbracht wurde (so zutreffend R 192 Abs. 14 UStR 2000). Dies trifft hier zu, denn zu diesem Zeitpunkt sollte das Dach-geschoss noch vermietet werden. Mithin steht § 15 Abs. 1 UStG einem Vor-steuerabzug für 1998 nicht entgegen, da die übrigen Voraussetzungen zweifelsfrei vorliegen.

Hinweis: *Ein Zuordnungswahlrecht hinsichtlich der Einbeziehung oder Nichteinbeziehung des Dachgeschosses besteht daher gerade nicht – ent-gegen dem amtlichen Lösungshinweis. Das zitierte EuGH-Urteil (BStBl II 1996, 390) besagt dazu nichts.*

5.2 Allerdings könnte § 15 Abs. 2, Abs. 4 UStG dem Vorsteuerabzug ent-gegenstehen. Danach ist der Vorsteuerabzug ganz oder teilweise ausge-schlossen, wenn der gelieferte Gegenstand oder – wie hier – die sonstige Leistung ganz oder teilweise zu **steuerfreien Umsätzen** verwendet werden. Dies trifft hier bezüglich der an Kurz vermieteten Wohnung zu, nicht hin-gegen bezüglich des an V. Tex vermieteten Ladens. Danach ist der Vor-steuerabzug jedenfalls im Verhältnis von $^{60}/_{150}$ × 6.400 DM = 2.560 DM für 1998 zulässig. Er ist an sich genau in den Voranmeldungsmonaten, in denen die Rechnungen erteilt wurden und die Leistungen ausgeführt wur-den (§ 15 Abs. 1 UStG i.V. m. § 18 Abs. 1 i.V. m. § 16 Abs. 2 UStG) – nach anderer, aber abzulehnender Auffassung in entsprechender Anwendung des § 13 Abs. 1 Nr. 1 a UStG – vorzunehmen. In Höhe von $^{50}/_{150}$ × 6.400 DM = 2.133,34 DM ist der Vorsteuerabzug ausgeschlossen.

5.3 Fraglich ist, wie hinsichtlich des **Dachgeschosses** zu verfahren ist. Hier war nach bisheriger und zutreffender Auffassung des BFH – angesichts der tatsächlichen Nichtnutzung im Erstjahr – darauf abzustellen, wie im ersten Folgejahr die tatsächliche Nutzung unter dem Aspekt des § 15 Abs. 2 UStG zu beurteilen ist (vgl. R 203 Abs. 3 UStR 2000 und BFH, BStBl II 1977 S. 448; BFH, BStBl II 1979 S. 394). Für die Zeit bis zum 31. 03. 1999 lag insoweit ein den Vorsteuerabzug ausschließender steuerfreier Eigenverbrauch vor (siehe unter 4.1). Ab dem 01. 04. 1999 liegt aber eine unter § 3 Abs. 9 a Nr. 1 UStG fallende sonstige Leistung für Zwecke außerhalb des Unternehmens vor. Allerdings wäre diese Leistung nach § 4 Nr. 12 a UStG steuerfrei. Daher ist nach § 15 Abs. 2 Nr. 3 UStG insoweit der Vorsteuerabzug ausgeschlossen. Deshalb steht der GbR auch schon für 1998 i. H. von $^{40}/_{150}$ × 6.400 DM = 1.706,66 DM kein Vorsteuerabzug zu. Da ihr kein Vorsteuerabzug zusteht, liegt auch keine nach § 3 Abs. 9 a Nr. 1 UStG steuerbare unentgeltliche sonstige Leistung vor (siehe 4.2, aber a. A. möglicherweise R 24 c Abs. 7 UStR 2000).

5.4 Insgesamt sind die 6.400 DM daher aufzuteilen (nach § 15 Abs. 4 i. V. m. Abs. 2) in 2.560 DM abziehbare und 3.840 DM nicht abziehbare Vorsteuer. Soweit in 1998 der Vorsteuerabzug auch bezüglich des Dachgeschosses vorgenommen wurde, müsste dies nach §§ 164, 168 AO oder nach § 175 Abs. 1 Nr. 2 AO (tatsächliche Nutzung für steuerfreie Umsätze als rückwirkendes Ereignis, so jedenfalls bisher der BFH, a. a. O.) **korrigiert** werden.

Hinweis: *Es ist nicht völlig klar, ob diese Rechtsprechung aufrechterhalten werden kann, nachdem der EuGH beim sog. erfolglosen Unternehmer (vgl. dazu EuGH, BStBl II 1996 S. 655 und EuGH, UR 1998, 149 und Vorlagebeschlüsse des BFH vom 27. 08. 1998 VR 18/97 und VR 77/98, UR 1999, 26, 30) eine rückwirkende Versagung des Vorsteuerabzuges ausdrücklich verneint hat und stattdessen auf die dem § 15 a UStG entsprechende Korrekturvorschrift der 6. Richtlinie (Art. 20) verweist. Sollte der EuGH auf die Vorlagebeschlüsse entscheiden, dass der Vorsteuerabzug nicht rückwirkend verneint werden darf, so wäre wohl § 15 a UStG hier anwendbar mit der Folge, dass ab Nutzung für eigene Zwecke ab 1999 jährlich pro rata temporis eine Korrektur vorzunehmen wäre. Soweit die Anwendung des § 15 a UStG anstelle einer Versagung des Vorsteuerabzuges nach § 15 Abs. 4, Abs. 2 UStG kategorisch verneint wird, ist dies mit den o. a. Vorlagebeschlüssen des BFH kaum vereinbar.*

5.5 Aus der **Lieferung des Grundstückes** kommt ein Vorsteuerabzug mangels Rechnung mit offenem Steuerausweis nicht in Betracht. Ansonsten – bei einer unterstellten Option (der Sachverhalt ist insoweit nicht völlig klar) und Erteilung entsprechender Rechnung mit offenem Steuerausweis – wäre ein Vorsteuerabzug nach § 15 Abs. 1, Abs. 4 und Abs. 2 UStG i. H. von $^{60}/_{150}$ des ausgewiesenen Steuerbetrages zulässig. Zulässig wäre auch, dass schon der Veräußerer nur hinsichtlich der Lieferung des Gebäudeteiles optiert, den die GbR durch Option steuerpflichtig an den V. Tex vermietet. Dann ergäbe sich letztlich dasselbe Ergebnis, allerdings hier schon aus § 15 Abs. 1 UStG, weil nur insoweit ein offener Steuerausweis vorläge, der dann zu 100 % zu berücksichtigen wäre.

Sachverhalt 3

1. Seeger erbringt an den Zanki Lieferungen (§ 3 Abs. 1 UStG) von Winterstiefeln, Fellmützen usw. im Rahmen seines Unternehmens gegen Entgelt. Diese Lieferungen erfolgten nach § 3 Abs. 6 Satz 1 UStG (Befördern durch den Abnehmer) im Inland (§ 1 Abs. 2 UStG), nämlich in Neubrandenburg, und sind daher nach § 1 Abs. 1 Nr. 1 UStG steuerbar. Sie sind allerdings nach § 4 Nr. 1 a i. V. m. § 6 Abs. 1 Nr. 2 UStG als **Ausfuhrlieferungen** steuerfrei. Die Gegenstände gelangen bei der Lieferung nach Polen (Drittlandsgebiet; § 1 Abs. 2 a UStG), und Zanki ist ausländischer Abnehmer (§ 6 Abs. 2 UStG). Ausfuhr und Buchnachweis (§ 6 Abs. 4 UStG) liegen vor.

Die Bemessungsgrundlage beträgt nach § 10 Abs. 1 UStG 17.000 DM. Die Lieferungen sind für 6/98 zu erklären.

2. Seeger liefert im Juli in Neubrandenburg das Paket mit dem Vitaminpräparat steuerbar nach § 1 Abs. 1 Nr. 1 UStG. Der Lieferort ergibt sich aus § 3 Abs. 6 Satz 1 UStG (Befördern durch den Lieferer). Die Lieferung ist mangels Ausfuhrnachweises (§ 6 Abs. 3 UStG i. V. m. § 8 ff. UStDV) nicht nach § 4 Nr. 1 a UStG befreit und daher steuerpflichtig. Die Quittung des Zanki stellt keinen Ausfuhrnachweis i. S. d. § 9 UStDV dar. Es fehlt auf jeden Fall die Bestätigung der Grenzzollstelle. Bei einem Steuersatz von 16 % (§ 12 Abs. 1 UStG) ergibt sich für den Voranmeldungszeitraum 7/98 eine Bemessungsgrundlage (§ 10 Abs. 1 UStG) von 21.551,72 DM und eine USt von 3.448,28 DM. Bei Führung des **Ausfuhrnachweises** lägen allerdings die Voraussetzungen für eine Steuerbefreiung nach § 4 Nr. 1 a UStG im Übrigen vor (vgl. unter 1.). Daher müsste der Steuerberater prüfen, ob der Ausfuhrnachweis nicht noch nachträglich geführt werden kann. Denn dann wäre nachträglich die Steuerbefreiung zu gewähren. Allerdings dürfte dies hier praktisch ausscheiden. Denn die Grenzzollstelle wird hier mangels Kenntnis schlechterdings nicht nachträglich bescheinigen können, dass die Präparate nach Polen gelangt sind.

Hinweis: *Da hier die Gegenstände in das Drittland Polen geliefert wurden, ist selbstverständlich, dass keine innergemeinschaftlich befreiten Lieferungen vorliegen können. Weitere Erörterungen dazu erübrigen sich mithin, falls dies überhaupt zu erwähnen sein sollte.*

3. Ein Vorsteuerabzug scheidet mangels Rechnungen mit offenem Steuerausweis aus (§ 15 Abs. 1 UStG).

Sachverhalt 4

1. Aus der **Errichtung** des **Lagerschuppens** steht dem Seeger mangels Rechnung mit offenem Vorsteuerausweis kein Vorsteuerabzug nach § 15 Abs. 1 UStG zu. Das Abzugsverfahren nach § 18 Abs. 8 UStG i.V. m. § 51 ff. UStDV könnte durchzuführen sein. Allerdings greift hier die sog. **Nullregelung** nach § 52 Abs. 2 UStDV ein. Denn der im Ausland ansässige Unternehmer Gierek (§ 51 Abs. 1 i.V. m. Abs. 3 UStDV) hat für die an Seeger erbrachte Werklieferung (§ 51 Abs. 1 Nr. 1 UStDV i.V. m. § 3 Abs. 4 UStG) keine Rechnung mit offenem Steuerausweis erteilt (§ 52 Abs. 2 Nr. 1 UStDV), und Seeger wäre nach § 15 UStG bei Erteilung einer Rechnung mit offenem Steuerausweis zum Vorsteuerabzug berechtigt gewesen. § 15 Abs. 2 und Abs. 4 UStG stünden trotz der Steuerfreiheit der Ausfuhrlieferungen einem Vorsteuerabzug nicht entgegen (§ 15 Abs. 3 UStG).

2. Aus der Dachsanierung steht der Seeger und Born GbR (Auftraggeber!) nach § 15 Abs. 1, Abs. 4 i.V. m. Abs. 2 UStG (dazu unter Sachverhalt 2) der Vorsteuerabzug nur i. H. von $^{60}/_{150}$ × 8.000 DM = 3.200 DM zu, im Übrigen ist der Vorsteuerabzug ausgeschlossen. Der Vorsteuerabzug ist für den Voranmeldungszeitraum 12/98 (Beendigung und Rechnungserteilung) zu berücksichtigen. Soweit für 12/98 in einer Voranmeldung auch bezüglich des Dachgeschosses vorläufig ein Vorsteuerabzug vorgenommen worden wäre, hätte dies nach §§ 168, 164 AO berichtigt werden müssen.

Hinweis: *Bezüglich der an sich strittigen Frage, ob nicht anstatt einer rückwirkenden Korrektur eines vorgenommenen Vorsteuerabzuges doch § 15 a UStG anzuwenden wäre, ist auf die Ausführung zu Sachverhalt 2 zu verweisen.*

3. Nach § 18 Abs. 8 UStG i.V. m. § 51 UStDV hat die GbR das **Abzugsverfahren** durchzuführen. Der im Ausland (Polen) ansässige Unternehmer Gierek hat im Inland eine **steuerpflichtige Werklieferung** erbracht (§ 1 Abs. 1 Nr. 1 UStG i.V. m. §§ 2, 3 Abs. 4, § 3 Abs. 7 UStG) und die GbR ist Unternehmer. Damit sind die Voraussetzungen des § 51 Abs. 1 und Abs. 2 UStDV erfüllt. Die Steuer i. H. von 8.000 DM bei einer Bemessungsgrundlage von 50.000 DM (§ 53 UStDV i.V. m. § 10 Abs. 1, § 12 Abs. 1 UStG) ist für den VZ 12/98 anzumelden und abzuführen gewesen (§ 54 UStDV). Dafür haftet die GbR nach § 55 UStDV. Die Nullregelung des § 52 Abs. 2 UStDV ist schon wegen des offenen Steuerausweises nicht anwendbar. Im Übrigen auch deshalb, weil die GbR nicht vollständig zum Vorsteuerabzug berechtigt ist (dazu unter 2.).

Sachverhalt 5

1. Die **PCs** werden zum Zwecke der entgeltlichen Weiterveräußerung erworben und damit für das Unternehmen des Seeger. Dennoch steht ihm mangels offenem Steuerausweises nach § 15 Abs. 1 UStG kein Vorsteuerabzug zu. Hingegen steht dem Seeger aus der steuerbaren und steuerpflichtigen Werkleistung (§ 1 Abs. 1 Nr. 1 UStG i. V. m. §§ 2, 3 Abs. 9, § 3 a Abs. 2 Nr. 3 c UStG) des ortsansässigen Händlers ein Vorsteuerabzug in Höhe der offen ausgewiesenen Umsatzsteuer von 32 DM zu (VZ?).

2. Bezüglich des der Tochter Weihnachten 1998 geschenkten PCs liegt dem Wortlaut des deutschen Gesetzes folgend ein **Eigenverbrauch** nach § 1 Abs. 1 Nr. 2 a UStG (a. F. bis 31. 03. 1999) vor. Denn ein dem Unternehmen dienender Gegenstand wurde dem Unternehmen für Zwecke außerhalb des Unternehmens (Geschenk an Tochter) entnommen. Der Ort ist in entsprechender Anwendung des § 3 Abs. 6 UStG im Inland (nach anderer, aber abzulehnender Auffassung sollte der Ort immer am Sitzort des Unternehmens liegen, weil dort der Wertverzehr eintrete). Allerdings verstößt eine Besteuerung des Eigenverbrauches entsprechend dem Wortlaut des deutschen Gesetzes gegen Art. 5 Abs. 6 der 6. Richtlinie, wenn bezüglich des entnommenen Gegenstandes oder seiner Bestandteile ein Vorsteuerabzug nicht möglich war.

Hinweis: *Zur Rechtslage ab 01. 04. 1999 siehe § 3 Abs. 1 b Nr. 1 UStG.*

Dies ist hier der Fall (siehe unter 1.). Der Vorsteuerabzug aus der Funktionsprüfung betrifft weder den Erwerb des Computers, noch wurden diesem Bestandteile hinzugefügt (vgl. nunmehr R 24 b UStR 2000 – Erhaltungsaufwand). Daher darf hier der Eigenverbrauch nicht besteuert werden – Anwendungsvorrang der 6. Richtlinie.

Hinweis: *Zu demselben Ergebnis gelangt hier auch das inzwischen überholte BMF-Schreiben vom 13. 05. 1994, BStBl 1994 I S. 298 – „Scheibenwischer" –).*

Sachverhalt 6

1. Aus der **Lieferung des PKW** steht dem Seeger nach § 15 Abs. 1 UStG für 1998 der Vorsteuerabzug in Höhe von 5.700 DM (an sich für den VZ 1/98) zu. Da der PKW sowohl unternehmerisch als auch privat (außerunternehmerisch) genutzt wird, ist allerdings fraglich, ob der gesamte PKW für das Unternehmen geliefert wurde. Hier wird dem Unternehmer jedoch – im Anschluss an die EuGH-Rechtsprechung – ein volles Zuordnungswahlrecht gewährt, wenn es sich um die Lieferung eines einheitlichen Gegenstandes handelt (vgl. R 192 Abs. 18 UStR 2000). Danach darf Seeger den PKW im vollen Umfang seinem Vermögen zuordnen, um einen möglichst hohen Vorsteuerabzug zu erlangen. Davon ist hier auszugehen.

Hinweis: *Veränderte Rechtslage – Vorsteuerabzug nur noch zu 50 % – für nach dem 31. 03. 1999 angeschaffte gemischt genutzte PKWs (vgl. § 15 Abs. 1 b i. V. m. § 27 Abs. 3 UStG und außerdem § 15 Abs. 1 Satz 2 UStG) – kein Vorsteuerabzug bei unternehmerischer Verwendung von weniger als 10 %!*

Der Vorsteuerabzug ist allerdings nach § 15 Abs. 4 i. V. m. § 15 Abs. 2 und § 4 Nr. 11 UStG ausgeschlossen, soweit Seeger den PKW für die steuerfreien Vermittlungsumsätze verwendet hat, hier zu $^{2.000}/_{35.000}$ von 5.700 DM = 325,71 DM.

2. Aus den den Kfz-Aufwendungen zugrunde liegenden sonstigen Leistungen anderer Unternehmer ist entsprechend den Ausführungen unter 1. der Vorsteuerabzug i. H. von $^{2.000}/_{35.000}$ von 1.550 DM = 88,57 DM ausgeschlossen. Aus der Kfz-Steuer (schon keine Leistung) und der Kfz-Versicherung (steuerfreie Leistung) ergibt sich nach § 15 Abs. 1 UStG kein Vorsteuerabzug, dies im Übrigen auch schon mangels offenem Steuerausweises.

3.1 Für 1998 liegt hinsichtlich der **privaten Nutzung des PKW** ein Eigenverbrauch nach § 1 Abs. 1 Nr. 2 b UStG (a. F.) vor mit dem Ort nach § 3 a Abs. 1 UStG im Inland, da von einer Zuordnung zum Unternehmen auszugehen ist. Der Eigenverbrauch ist steuerbar und mangels Befreiung steuerpflichtig. Die Bemessungsgrundlage ergibt sich aus § 10 Abs. 4 UStG mit den auf die private Nutzung entfallenden Aufwendungen. Auszuscheiden sind dabei solche Aufwendungen, bei denen ein Vorsteuerabzug nicht möglich war (vgl. nunmehr R 155 Abs. 2 UStR 2000), hier also Kfz-Steuer und Versicherungen i. H. von 3.000 DM. Dies beruht auf einer richtlinienkonformen Auslegung. Danach ergibt sich an sich folgende Bemessungsgrundlage aus den im Übrigen nicht angezweifelten Aufzeichnungen des Seeger:

20.000 DM/35.000 DM × (10.000 DM + 7.600 DM AfA bei bND von 5 Jahren) 17.600 DM = 10.057 DM. Dies führt zu einer Steuer von 10.057 DM : 12 × 3 = 2.514 DM × 15 % = 377,13 DM (1 –3/98) und 10.057 DM : 12 × 9 = 7.542 DM × 16 % = 1.206 DM (4 –12/98).

Hinweis: *Der Steuersatz von 16 % gilt erst für Umsätze nach dem 31. 03. 1998 (§ 27 Abs. 1 UStG). Mangels näherer Sachverhaltsangabe wird hier unterstellt, dass die private Nutzung zeitanteilig zu berücksichtigen ist.*

3.2 Alternativ lässt die Verwaltung (s. BMF, BStBl I 1999 S. 581) auch zu, dass die Bemessungsgrundlage für den Eigenverbrauch mit 1 % des Listenpreises/Monat **geschätzt** wird. Dabei ist dann aber eine Kürzung um 20 % zur Berücksichtigung von Aufwendungen vorzunehmen, bei denen ein Vorsteuerabzug nicht zulässig war. Danach ergäbe sich folgende Bemessungsgrundlage für 1998 (beachte: An sich ist der Eigenverbrauch pro Voranmeldungszeitraum zu erfassen, § 13 Abs. 1 Nr. 2 UStG):

(40.000 DM + 6.000 DM =) 46.000 DM × 1 % = 460 DM × 12 = 5.520 DM ∕ 20 % = 4.416 DM. Auch hier wäre eine Aufteilung vorzunehmen in ³/₁₂ × 4.416 DM × 15 % = 165,60 DM USt und ⁹/₁₂ × 4.416 DM × 16 % = 529,92 DM.

Dieses Verfahren wäre also für den Steuerpflichtigen günstiger. Dementsprechend wird der Steuerberater dem Seeger einen entsprechenden Vorschlag machen.

Hinweis: *§ 6 Abs. 1 Nr. 4 EStG zur Bewertung der privaten Kfz-Nutzung als Entnahme ist für die Umsatzsteuer grundsätzlich nicht anwendbar (a. A. wohl BMF, a. a. O.). Daher kann auch die Führung eines Fahrtenbuches für die USt nicht verlangt werden. Fraglich erscheint allerdings, ob eine Schätzung nach der 1%-Regelung – ihre Sachgemäßheit einmal unterstellt – überhaupt noch zulässig ist, wenn die tatsächlichen Aufwendungen bekannt sind (so aber wohl BMF, BStBl I 1999 S. 581). Richtigerweise sollte dies verneint werden, denn Steuern sind nach dem Gesetz und dem tatsächlich verwirklichten Sachverhalt zu erheben!*

Teil III: Erbschaft- und Schenkungsteuer

I. ErbSt-Berechnung für den Neffen

1. Roherwerb des Neffen

Der Neffe ist – davon ist auszugehen – Inländer i. S. d. § 2 Abs. 1 Nr. 1 a ErbStG, denn er dürfte zum Besteuerungszeitpunkt gem. § 9 ErbStG im Bundesgebiet Deutschland seinen Wohnsitz haben.

Die unbeschränkte Steuerpflicht erstreckt sich auf das gesamte inländische (und ausländische) Vermögen, das zu dem Erbvorgang gehört; das ist im Einzelnen:

1.1 Eigentumswohnung, Augsburg, Am Wiesengrund 4 – anzusetzen mit dem Grundbesitzwert gem. § 12 Abs. 3 ErbStG von: 270.000 DM

1.2 30%ige **Beteiligung** an der X-GmbH in Augsburg – anzusetzen mit dem Steuerwert gem. § 12 Abs. 1 ErbStG i. V. m. § 11 Abs. 2 BewG –, gemeiner Wert:

Für den Erwerb der 30%igen GmbH-Beteiligung kann nicht der Freibetrag gem. § 13 a Abs. 1 i. V. m. Abs. 4 Nr. 3 ErbStG gewährt werden, da der Freibetrag schon durch den Vorerwerb des Neffen am 01. 01. 1998 verbraucht worden war – § 13 a Abs. 1 Satz 2 ErbStG – und der Erblasser für diese Schenkung (vorweggenommene Erbfolge) unwiderruflich erklärt hatte, den Freibetrag in Anspruch zu

nehmen für diese Schenkung (es ist dabei davon auszugehen, dass für die Schenkung am 01. 01. 1998 bei der
Steuerfestsetzung tatsächlich auch ein (Teil-)Freibetrag
abgezogen worden ist – vgl. R 59 Abs. 1 Satz 3 ErbStR);
allerdings kann für den Erwerb der 30%igen GmbH-
Beteiligung der **verminderte Wertansatz** gem. § 13 a Abs. 2
ErbStG erfolgen; somit ist die GmbH-Beteiligung nur
anzusetzen mit 60 v. H. von 300.000 DM, folglich mit: 180.000 DM

1.3 Übriges Vermögen (§ 12 Abs. 1 ErbStG):

1.3.1 Bargeld – anzusetzen mit dem gemeinen Wert – (§ 9 Abs. 1 BewG):   30.000 DM

1.3.2 Bankguthaben – anzusetzen mit dem
gemeinen Wert – (§ 9 Abs. 1 BewG):   140.000 DM

1.3.3 Aktien – anzusetzen mit dem Kurswert – (§ 11 Abs. 1 BewG).

400 % des Nennwerts von 80.000 DM: 320.000 DM

(Es ist dabei davon auszugehen, dass es
sich bei den Aktien mit dem Nennwert von
80.000 DM nicht um eine wesentliche
Beteiligung handelt – der Sachverhalt ist
insofern fälschlicherweise offen –, sodass
§ 13 a Abs. 1 bzw. Abs. 2 ErbStG nicht in
Betracht kommen dürfte.)

1.3.4 Hausrat – anzusetzen mit dem gemeinen Wert – (§ 9 Abs. 1 BewG):   80.000 DM
Übriges Vermögen   570.000 DM   570.000 DM

Der **Hausratsfreibetrag** gem. § 13 Abs. 1 Nr. 1 Buchst. a
ErbStG kann der Neffe **nicht** in Anspruch nehmen, da
nicht er, sondern die Lebensgefährtin qua Vermächtnis –
s. u. – den Hausrat erhält.

Gesamter **Roherwerb**   1.020.000 DM

2. Von diesem Roherwerb sind gem. § 10 Abs. 5 ErbStG
(die Absätze 6 bis 9 greifen nicht ein) die **Nachlassverbindlichkeiten** abzuziehen:

2.1 Das sind gem. § 10 Abs. 5 Nr. 1 ErbStG die **Erblasserschulden**, also die Schulden, die vom Erblasser herrühren;

hierzu gehört die Leibrentenverpflichtung, die der Erblasser mit Vertrag vom 28. 01. 1982 seiner Schwester ausgesetzt hatte (zur Klarstellung: Der Neffe musste nicht diese Rentenverpflichtung aufgrund des Testamentes, sondern aufgrund der Gesamtrechtsnachfolge – als Erbe – übernehmen; die Formulierung im Sachverhalt „aufgrund des Testamentes" ist somit falsch, zumindest irreführend!).

Die Rente ist abzugsfähig als Nachlassverbindlichkeit mit ihrem Kapitalwert; dieser berechnet sich gem. § 12 Abs. 1 ErbStG, § 14 Abs. 1 BewG:

Jahreswert: 12 × 1.500 DM = 18.000 DM × 5,622 – Vervielfältiger nach Anlage 9 zu § 14 BewG – (die Berechtigte hatte im Zeitpunkt des Erbfalls – 04. 03. 1999 – das 80. Lebensjahr vollendet):

	101.196 DM

2.2 Des Weiteren sind vom Roherwerb u. a. abzuziehen gem. § 10 Abs. 5 Nr. 2 ErbStG **Verbindlichkeiten aus Vermächtnissen** (sog. **Erbfallschulden**):

2.2.1 Hierzu zählt zunächst das **Geldvermächtnis** i. H. von 200.000 DM zum Erwerb der Eigentumswohnung Nr. 4 in Augsburg, Am Stadtgraben 12. Die Grundsätze der mittelbaren Grundstücksschenkung sind jedoch auf dieses Geldvermächtnis nicht anzuwenden (BFH vom 23. 01. 1991, BStBl 1991 II S. 310 und vom 10. 07. 1996, BFH/NV 1997 S. 28). Das Geldvermächtnis ist somit mit dem Nennwert gem. § 12 Abs. 1 ErbStG, § 12 Abs. 1 BewG anzusetzen:

	200.000 DM

2.2.2 Des Weiteren ist als Nachlassverbindlichkeit gem. § 10 Abs. 5 Nr. 2 ErbStG das **Sachvermächtnis** der ETW, Augsburg, Am Stadtgraben 12, abzuziehen, und zwar mit dem Grundbesitzwert gem. § 12 Abs. 3 ErbStG, §§ 146 BewG; dieser beträgt lt. Sachverhalt:

	270.000 DM

2.2.3 Das Sachvermächtnis in Form des **Hausrats** ist gem. § 10 Abs. 5 Nr. 2 ErbStG abzuziehen, und zwar mit dem gemeinen Wert gem. § 12 Abs. 1 ErbStG, § 9 Abs. 1 BewG:

	80.000 DM

2.2.4 Schließlich sind (als Erbfallschulden) die **Beerdigungskosten** pauschal mit 20.000 DM gem. § 10 Abs. 5 Nr. 3 ErbStG abzuziehen, da die tatsächlichen Kosten niedriger sind:

	20.000 DM
abzugsfähige Beträge gem. § 10 Abs. 5 ErbStG:	671.196 DM

3. Berücksichtigung früherer Erwerbe (§ 14 ErbStG):

Mehrere innerhalb von 10 Jahren von derselben Person anfallende Vermögensvorteile sind zusammenzurechnen, und zwar indem dem letzten Erwerb die früheren Erwerbe nach ihrem früheren Wert zugerechnet werden. In 1998, also innerhalb von 10 Jahren zum Erwerb 1999, ist dem Neffen vom Erblasser im Wege der vorweggenommenen Erbfolge (freigebige Zuwendung) ein Gewerbebetrieb übertragen worden;

der Steuerwert des Gewerbebetriebs betrug in 1998:	600.000 DM
darauf wurde gem. § 13 a Abs. 1 ErbStG ein Freibetrag gem. § 13 a Abs. 1 ErbStG gewährt i. H. von	./. 500.000 DM
Der steuerpflichtige Erwerb des Neffen in 1998 betrug unter Berücksichtigung des verminderten Wertansatzes gem. § 13 a Abs. 2 ErbStG somit:	60.000 DM

Der gesamte steuerliche Wert der addierten Erwerbe in 1998 und 1999 beträgt somit:

Erwerb **1998** (s. o. Tz. 3):		60.000 DM
Erwerb **1999**:	**1.020.000 DM**	
./. (s. o. Tz. 2):	671.196 DM	348.804 DM
		408.804 DM

4. Freibetrag gem. § 16 ErbStG

Dem Neffen steht im Verhältnis zum Erblasser ein Freibetrag gem. § 16 Abs. 1 Nr. 4 i. V. m. § 15 Abs. 1 StKl. II Nr. 3 ErbStG als Abkömmling ersten Grades von Geschwistern zu i. H. von:

	./. 20.000 DM
sodass der **steuerpflichtige Erwerb** beträgt:	388.804 DM
abgerundet gem. § 10 Abs. 1 Satz 5 ErbStG auf:	388.800 DM

5. Festzusetzende ErbSt

5.1 Grundsätzlich ergäbe sich bei einem steuerpflichtigen Erwerb i. H. von 388.800 DM in der Steuerklasse II bei einem Steuersatz von 17 v. H. eine festzusetzende ErbSt i. H. von:

$$66.096 \text{ DM}$$

5.2 Im vorliegenden Fall ist jedoch eine **Steuerentlastung** gem. § 19 a ErbStG zu gewähren:

– es liegt ein steuerpflichtiger Erwerb von Betriebsvermögen (Gewerbebetrieb) bzw. von Kapitalgesellschaftsanteilen (GmbH-Beteiligung) vor (§ 19 a Abs. 2 Nr. 1, 3 ErbStG)

– durch eine natürliche Person
– der Steuerklasse II (oder III).

5.3 Berechnung des Steuerentlastungsbetrages

5.3.1 Zunächst ist gem. § 19 a Abs. 4 Satz 1 ErbStG die
Steuer für den steuerpflichtigen Erwerb nach der tatsächlichen Steuerklasse (hier: StKl. II) zu berechnen (s. o.): 66.096 DM

5.3.2 und nach Maßgabe des § 19 a Abs. 3 ErbStG aufzuteilen, d. h.
nach dem Verhältnis des Wertes dieses Vermögens **nach
Anwendung des § 13 a ErbStG**
zum Wert des gesamten Vermögensanfalls, somit nach
dem Verhältnis:

$$\frac{X}{100} = \frac{180.000\ DM\ (GmbH\text{-}Anteil\ -\ s.\ o.\ 1.2)\ +\ 60.000\ DM\ (Gewerbebetrieb)\ -\ s.\ o.\ 3\ -}{1.020.000\ DM\ (s.\ o.\ 1.1\ -\ 1.3.4)\ +\ 60.000\ DM\ (Erwerb\ 1998)} =$$

$$\frac{240.000\ DM}{1.080.000\ DM} = 22,22\ v.\ H.$$

Auf das nach § 19 a ErbStG begünstigte Vermögen entfällt
somit ein Anteil von: **22,22 v. H.**

5.3.3 Sodann ist gem. § 19 a Abs. 4 Satz 2 ErbStG für den
steuerpflichtigen Erwerb die Steuer nach der Steuerklasse I zu berechnen und nach Maßgabe des Absatzes 3
(s. o. 5.3.2) aufzuteilen; das ergibt im vorliegenden Fall:
bei einem Betrag von 388.800 DM und einem **Steuersatz
von 11 v. H.:** 42.768 DM × 22,22 v. H. = 9.503 DM

und bei einem **Steuersatz von 17 v. H.** (StKl. II) (s. o. 5.1;
§ 19 a Abs. 3 Satz 4 ErbStG): 66.096 DM × 22,22 v. H. = 14.686 DM

5.3.4 Der Unterschiedsbetrag zwischen: 14.686 DM
und 9.503 DM

ist der Entlastungsbetrag; und dieser beträgt somit: 5.183 DM

5.4 Endgültig festzusetzende ErbSt:

Ausgangswert (s. o. 5.1): 66.096 DM

∕. Entlastungsbetrag gem. § 19 a ErbStG: ∕. 5.183 DM

∕. in 1998 bereits – auf den damaligen Erwerb – gezahlte
   Steuer ∕. 2.800 DM

endgültige Erbschaftsteuer: 58.113 DM

Die für den Erwerb in 1998 tatsächlich zu entrichtende (und entrichtete) ErbSt i. H. von 2.800 DM ist identisch mit der für den früheren Erwerb nach den persönlichen Verhältnissen des Erwerbers und auf der Grundlage der geltenden Vorschriften zur Zeit des letzten Erwerbs zu erhebenden Steuer:

steuerpflichtiger Erwerb des Neffen –	
Steuerwert am 01. 01. 1998:	600.000 DM
./. Freibetrag gem. § 13 a Abs. 1 ErbStG	500.000 DM
Restbetrag:	100.000 DM
verminderter Wertansatz gem. § 13 a Abs. 2 ErbStG mit 60 v. H.:	60.000 DM
./. Freibetrag gem. § 16 Abs. 1 Nr. 4 i. V. m. § 15 Abs. 1 ErbStG, StKl. II Nr. 3:	./. 20.000 DM
steuerpflichtiger Erwerb:	40.000 DM

Steuersatz: 7 v. H. (statt des an sich bei StKl. II anzusetzenden Steuersatzes von 12 v. H.), da für diesen Erwerb § 19 a ErbStG anzuwenden war; die (umständliche) Vergleichsberechnung ist bezüglich der vorweggenommenen Erbfolge in 1998 entbehrlich, da in 1998 lediglich nach § 19 a ErbStG begünstigtes Vermögen übertragen wurde.

Für den Erwerb in 1998 wären fiktiv somit festzusetzen gewesen: 7 v. H. von 40.000 DM = 2.800 DM.

Die tatsächlich festgesetzte und die fiktiv festzusetzende Steuer waren somit identisch, sodass sich kein Wertunterschied zwischen § 14 Abs. 1 Satz 2 und Satz 3 ErbStG ergibt und bei richtiger Steuerfestsetzung unter der Geltung der gleichen Bewertungen/Freibeträge auch nicht ergeben kann bzw. ergeben dürfte.

II. Erbschaftsteuerberechnung für die Schwester

Die Schwester ist Vermächtnisnehmerin eines **Geldvermächtnisses**, nicht eines Grundstücksvermächtnisses; auch wenn der Schwester die 200.000 DM zum Erwerb der Eigentumswohnung Nr. 4 in Augsburg, Am Stadtgraben 12, per Vermächtnis zugewendet wurde, so sind auf dieses Vermächtnis nicht die Grundsätze der mittelbaren Grundstücksschenkung anzuwenden (s. o. I 2.2.1).

Das Geldvermächtnis ist anzusetzen mit dem Nennwert
gem. § 12 Abs. 1 ErbStG, § 12 Abs. 1 BewG: 200.000 DM

abzuziehen ist der Freibetrag gem. § 16 Abs. 1 Nr. 4 i.V. m.
§ 15 Abs. 1 ErbStG, StKl. II Nr. 2 ErbStG: ⁒ 20.000 DM

Steuerpflichtiger Erwerb somit: 180.000 DM

ErbSt, StKl. II, 17 v. H., ErbSt somit: 30.600 DM

III. Erbschaftsteuerberechnung für die Lebensgefährtin

Die Lebensgefährtin ist Vermächtnisnehmerin:

1. bezüglich des **Grundstücks**, Eigentumswohnung Nr. 4,
Augsburg, Am Stadtgraben 12, erbschaftsteuerlich anzusetzen mit dem Grundbesitzwert gem. § 12 Abs. 3 ErbStG,
§§ 146 ff. BewG: 270.000 DM

(unstr. liegt ein Grundstücks-(Sach-)Vermächtnis vor, sodass die Problematik: Geldvermächtnis, das durch Leistung an Erfüllungs statt in Form der Übertragung eines
Grundstücks – vgl. BFH-Urteil vom 25. 10. 1995, BStBl
1995 II S. 97 –, erfüllt wird, hier überhaupt nicht tangiert
wird); auch bezüglich des Hausrats liegt ein Sachvermächtnis vor, das zu bewerten ist gem. § 12 Abs. 1 ErbStG,
§ 9 Abs. 1 BewG mit dem gemeinen Wert: 80.000 DM

Zwischenwert: 350.000 DM

2. Davon ist abzuziehen:

2.1 der Hausratsfreibetrag gem. § 13 Abs. 1 Nr. 1 c ErbSt
i. H. von: ⁒ 20.000 DM

– er wird gewährt jedem Erwerber von Hausrat, unabhängig davon, ob der Erwerber Erbe oder Vermächtnisnehmer
ist; der Erwerber muss nur „Hausrat" erwerben –

2.2 der Freibetrag gem. § 16 Abs. 1 Nr. 5 i.V. m. § 15
Abs. 1 ErbStG, StKl. III ErbStG i. H. von: ⁒ 10.000 DM

3. Der steuerpflichtige Erwerb beträgt somit: 320.000 DM

die ErbSt beträgt, StKl. III, Steuersatz: 23 v. H.:   73.600 DM